职业教育课程改革规划新教材

实用口才技巧与训练

第2版

主　编　罗　爽　许金渤
副主编　王　宇　徐　艳
参　编　张国静　穆晓娇
主　审　冯　丽

机 械 工 业 出 版 社

本书依据教育部最新颁布的语文教学大纲编写而成，立足于提高学生的整体素质和职业能力，尤其是加强学生口语表达能力的培养和训练。本书在内容上按照口才基础训练、基础口才技巧与训练、演讲口才技巧与训练、社交口才技巧与训练、职场口才技巧与训练分五章编排，力求系统而完整。第一、二章为口才基础训练、基础口才技巧与训练，展现口才所必备的基础性知识与训练方法；第三至五章分别从演讲口才技巧与训练、社交口才技巧与训练、职场口才技巧与训练三个模块入手教人以技巧，强化技能训练。本书在编排体例上按照知识点津、案例点评、技巧扫描、实用训练设计，形式新颖别致；尤其是选取的大量经典案例，起着示范和指导作用，为学生所喜闻乐见；大量的实用训练题又促使学生能够实际运用所学知识，突显学生的主体活动，切实、有效地提高学生的口才能力。

本书注重实用性和实践性，力求淡化理论、突出技巧、强化训练，便于学生学习和掌握。本书还具有指导性、适用性和可操作性等特点，既可以作为中职学校的教学教材，也可供高中、高职教学和社会有需之士使用。

图书在版编目（CIP）数据

实用口才技巧与训练/罗爽，许金渤主编．—2版．—北京：机械工业出版社，2017.3（2024.8重印）
职业教育课程改革规划新教材
ISBN 978-7-111-57074-5

Ⅰ.①实…　Ⅱ.①罗…　②许…　Ⅲ.①口才学—中等专业学校—教材
Ⅳ.①H019

中国版本图书馆CIP数据核字（2017）第132633号

机械工业出版社（北京市百万庄大街22号　邮政编码100037）
策划编辑：宋　华　　责任编辑：宋　华　王　慧　徐永杰
封面设计：路恩中　　责任校对：马丽婷
责任印制：单爱军
北京虎彩文化传播有限公司印刷
2024年8月第2版第9次印刷
184mm×260mm・12印张・284千字
标准书号：ISBN 978-7-111-57074-5
定价：35.00元

电话服务　　网络服务
客服电话：010-88361066　　机　工　官　网：www.cmpbook.com
010-88379833　　机　工　官　博：weibo.com/cmp1952
010-68326294　　金　书　网：www.golden-book.com
封底无防伪标均为盗版　　机工教育服务网：www.cmpedu.com

第 2 版 前言

本书是在第 1 版的基础上，根据国家“十三五”发展规划的总体要求，针对职业院校学生的实际情况修订而成的。

在竞争日益激烈的当今社会，口才已成为一个人综合能力的重要标志，成为一个人在社会上生存的重要能力之一。在生活中，出色的语言表达，可以使陌生人熟悉进而欣赏，达成友谊；可以使相互熟识的人情意浓烈，友谊长久；可以使意见分歧的人相互理解，消除矛盾；拥有良好的口才更是获得就业机会、提高事业成功率最直接、最有效的途径之一。本书第 1 版自 2009 年出版以来，得到了全国多所职业院校师生的欢迎和认可。为适应职业教育发展的新形势，提高学生的人文素养和综合能力，切实有效地为学生职业生涯发展奠定坚实的基础，使学生具备从事职业工作和适应职业变化所需的口才能力，我们结合学生的知识结构、身心特点和能力基础，对第 1 版进行了修订。

口才训练是一个系统的、有计划的、有步骤的过程。在修订的过程中，我们依然按照口才基础训练、基础口才技巧与训练、演讲口才技巧与训练、社交口才技巧与训练、职场口才技巧与训练五章进行了编排，内容系统、完整、实用、适用，学生能够从不同角度、不同方面、不同领域掌握口才知识与技巧。在编排体例上将知识点津、案例点评、技巧扫描、实用训练四个模块穿插配合、适当取舍，形式新颖活泼。修订后，知识点更为清晰、准确，同时替换和增添了更鲜活、更贴近学生实际的案例，并画龙点睛地加以点评，通过案例分析使学生明确如何获得勇气和自信，掌握口才的技巧，拥有良好的台风，使语言华丽壮美，激发听众的热情，向听众清晰明确地传递信息等。

本书力求淡化理论，突出技巧，强化训练，便于理解和掌握，既可以作为职业院校的教学教材，也可供喜爱演讲与口才艺术的爱好者学习参考。

本书教学时数建议为 60 学时，各部分的内容可根据不同专业和实际需要及具体情况做适当调整。学时分配建议见下表。

学时分配建议表（共 60 学时）

章	节	建议学时
第一章　口才基础训练	第一节　倾听能力	2
	第二节　思维能力	2
	第三节　心理素质	2
	第四节　态势语言	2
	第五节　基本礼仪	2
第二章　基础口才技巧与训练	第一节　说好普通话	4
	第二节　诵读	4
	第三节　复述	2
第三章　演讲口才技巧与训练	第一节　演讲	4
	第二节　即席发言	2
	第三节　致辞	2

（续）

章	节	建议学时
第四章　社交口才技巧与训练	第一节　介绍	2
	第二节　交谈与讨论	2
	第三节　道谢与道歉	2
	第四节　赞美与批评	2
	第五节　说服与婉拒	2
	第六节　询问与应答	2
	第七节　拜访与接待	2
	第八节　拨打与接听电话	2
第五章　职场口才技巧与训练	第一节　求职应聘	4
	第二节　采访	2
	第三节　主持	2
	第四节　讲解	2
	第五节　辩论	2
	第六节　推销	2
	第七节　洽谈与协商	2

本书由罗爽、许金渤主编，冯丽主审。参编的人员都是从事一线教学和管理的教师，具有扎实的学术功底和丰富的教学实践经验。

本书在编写过程中，参考了近年来出版的相关专著，并且选取了网络上的部分例文，在此谨向原著者致谢，并对所有帮助和支持本书出版的朋友表示衷心的感谢！

由于水平所限，书中难免存在缺点和纰漏，诚盼广大读者斧正。

编　者

第1版 前言

随着社会的发展，人类自身素质不断提高，对口才能力的要求也越来越高。毕业生在求职应聘时离不开口才，人们在社会竞争与合作中离不开口才。口才，已经成为决定一个人生活和事业优劣成败的一个极为重要的因素。卡耐基说："80%的成功人士靠一根舌头打天下。"口才是一个人学识、才干和智慧的重要标志。一流的口才，可以使你的表达更清晰，可以使你的话语更动听，可以使你的说理更有力，可以使你的人际关系更融洽，可以使你的事业更辉煌。所谓"良言一句三冬暖""三寸不烂之舌，胜于雄兵百万"说的就是这个道理。

口才能力不是与生俱来的天赋，是靠有效的训练得来的。纵观历史，横看现实，那些口若悬河、能言善辩的演讲家、雄辩家，无一不是靠刻苦训练而获得成功的。练就过硬的口才，必须掌握一定的科学方法。口才训练是学生个人生存发展的需要，是职业能力培养与素质教育的需要，也是社会发展与岗位人才培养的需要。加强学生口语表达训练，使学生具备日常生活和职业岗位需要的口语交际能力，是职业教育改革的一个重要内容。

为适应职业教育的发展，贯彻执行新的语文教学大纲，坚持"以学生发展为中心，以能力提高为本位"的教学理念，切实有效地为学生职业生涯的发展奠定基础，使学生具备从事职业工作和适应职业变化所需的口才能力，充分彰显职业教育的特色，我们编写了这本《实用口才技巧与训练》教材。

口才不仅是指一个人能说会道，而且是一个人思维能力、心理素质、生活阅历、处世之道、应变能力、知识储备、文化修养、文明礼仪等的综合表现。口才训练必须是一个系统的、有计划的、有步骤的过程。因此，我们在教材内容上按照口才基础训练、基础口才技巧与训练、演讲口才技巧与训练、社交口才技巧与训练、职场口才技巧与训练五章编排，内容系统、完整、实用、适用，学生能够从不同角度、不同方面、不同领域掌握口才知识与技巧。在编排体例上将知识点津、案例点评、技巧扫描、实用训练四个模块穿插配合、适当取舍，形式新颖活泼。知识点津切合学生学习状况，淡化理论，只是对必备的基本知识做简要的介绍，浅显易懂。案例点评选取经典案例作为示范与指导，供学生体会模仿；点评起到画龙点睛的作用，帮助学生理解、掌握口才技巧。技巧扫描使学生进一步掌握和提升口才能力。实用训练通过设计大量贴近生活实际的训练题，使学生能够实际运用所学知识、技巧，可有效地促进学生口才能力的提高。

本书由罗爽主编，官淑艳主审。参加本书编写的有徐艳、王宇、穆晓娇、张国静、李振辉。参编的人员都是从事一线教学和管理的教师，具有扎实的学术功底和丰富的教学实践经验。

由于时间仓促，书中的纰漏和错误在所难免。学无止境，教无止境，教材也需要不断完善。真诚希望广大读者，特别是使用本书的师生不吝指正。

编　者

目　录

第一章 口才基础训练

口才，顾名思义就是口头表达能力，是一个人说话的才能，是素养、学识、智慧、才干的综合反映。古人说："一人之辩重于九鼎之宝，三寸之舌强于百万之师。"战国苏秦游说数国，不辱使命；三国孔明力排众议，舌战群儒……这一切都是口才所发挥的作用。现代社会，竞争与合作、成功与失败、风险与机遇并存，口才更显其重要性。周恩来万隆会议慷慨陈词、掷地有声，让中国人扬眉吐气；吴仪在加入世贸谈判桌前语出惊人；温家宝面对记者的询问，引经据典、风范超人，李克强在答中外记者会上语言生动干脆、韵味深远，这一切都是卓越口才的魅力所在。今天，口才越来越受到人们的重视。毕业生的求职应聘，人们在社会交往中的待人接物、商贸洽谈，学生未来的职业发展都离不开口才。具有良好的口头表达能力，是展示自己才能、获得社会认同的必要条件。口才的活动离不开人们观察、思考、想象、记忆等心理活动的基本形式；一个人的气质、性格、能力等个性特征往往直接决定其口才的水平高低、风格，甚至社会价值。因此，要提高学生口头表达能力，使学生练就一副伶牙俐齿，必须从口才的基础训练开始。

第一节 倾听能力

知识点津

人们在社会交往中获取信息的渠道和方法多种多样，但最基本的、最常用的就是听。听是人类社会重要的言语活动。练口必先练耳，没有"耳才"就谈不上"口才"。要想取得交谈成功，必须有一双灵敏善辨的耳朵，做一个善于倾听的能手，因此学会倾听尤为重要。

所谓倾听，是指善于听取他人的话语，注意捕捉对方话语中的"问题"，从而获取信息、做出反馈。倾听是口语交际的一个重要方面：只有会听，才能真正会说；只有会听，才能更好地了解对方，促成有效的交流。听是为了更好地说。善于交际者，往往首先表现在"善听"上。善听，是尊重对方的表现，同时又是使交谈得以顺利进行的重要条件。常言道，"会说的不如会听的""听君一席话，胜读十年书"，说的就是这个道理。

倾听具有被动性特点。在口语交际中，听话人无法根据自己的言语接受习惯与思维能力，即按着自己的意志去改变说话人要讲的内容，也不能左右说话人具体的表达方式。

倾听还具有即随性特点。听话人无法在交际现场对所听到的话语进行反复推敲，只能被动地紧随说话人的表述思路。说话人说到哪，我们就听到哪；说话人说什么，我们就听什么。这就要求听话人认真地听，主动地听，听得专心、耐心、会心，对所接受的信息重新进行整理、加工和组织，使其条理化、清晰化。

案例点评

案例 1

有一个年轻人曾经拜师苏格拉底，求教演讲的技能。为了显示自己与生俱来的出色的口才，他滔滔不绝地对苏格拉底讲了起来。苏格拉底打住了他的讲话，要求他交双倍的学费。那个年轻人惊诧地问道："为什么要我交双倍的学费呢？"苏格拉底回答说："因为我得教给你两门功课：先是怎样闭嘴，然后才是怎样开口。"

点评　倾听是对他人的一种尊重，善于倾听的人才是真正会交际的人，倾听是搞好人际关系的需要。人有两只耳朵、一张嘴巴，就是为了少说多听。一个喜欢多讲的人，倾听能力会逐渐丧失，而且会变得固执、故步自封，以自我为中心。

案例 2

第一次世界大战时还没有钢盔。一次，法国的亚德里安将军到医院看望伤员，听到几个伤员在闲谈，其中一个人问："炮弹爆炸时，你的头部是怎么保护得好好的，一点没受伤？"那个人回答说："当时我急了，赶紧把一个铁锅扣到了头上。"亚德里安将军听到这句话，心里一动：何不让战士都戴上金属制作的帽子！钢盔由此而发明了。

点评　在现实生活中，只要留心倾听，就会及时捕捉信息，获得宝贵的知识。即使是看似平常的言论，也往往包含着许多宝贵的信息、智慧的哲理，从而触发自己的灵感，产生创新的火花。

案例 3

圣诞节那天，一个美国男人为了和家人团聚，兴冲冲地从异地乘飞机往家赶。他一路上想象着与家人团聚的喜悦情景。恰恰老天变脸，这架飞机在空中遭遇猛烈的暴风雨，脱离航线，上下左右颠簸，随时随地有坠毁的可能；空姐也脸色煞白，惊恐万状地吩咐乘客写好遗嘱放进一个特制的口袋；飞机上所有人都在祈祷。在这万分危急的时刻，驾驶员冷静驾驶，最终使飞机平安着陆，大家都松了口气。

这个美国男人回到家后异常兴奋，不停地向妻子描述在飞机上遇到的险情，并且满屋子转着、叫着、喊着……然而，他的妻子正和孩子兴致勃勃分享着节日的愉悦，对他经历的惊险没有丝毫兴趣。男人叫喊了一阵，却发现没有人听他倾诉，他死里逃生的巨大喜悦与被冷落的心情形成强烈的反差。在他妻子去准备蛋糕的时候，这个美国男人爬到阁楼上，用上吊这种古老的方式结束了从险情中捡回的宝贵生命。

点评　一个在飞机上遭遇惊险却大难不死的美国人回家后反而自杀了，原因何在？人与人之间需要沟通，更需要倾听！倾听，不仅是对他人的关爱、理解和尊重，更是调节双方关系的润滑剂。每个人在经历烦恼和喜悦后都有一份渴望，那就是对人倾诉，希望得到倾听者的理解与赞同。正因为那个美国男人的妻子忽视了这一点，才导致了悲剧的发生。

案例 4

一位非常有名的节目主持人在和小朋友对话。一般情况下，因为时间有限，主持人经常打断嘉宾讲话，对小朋友更不会例外。

主持人问小朋友："你长大做什么？"小朋友很得意地说："我要当飞机驾驶员。"主持人又问："有一天你驾驶的飞机在太平洋上空飞行时没油了怎么办？"小朋友很有把握地说："我让旅客系好安全带！而后我就系好降落伞跳下去……"

此时，主持人哈哈大笑，笑得小孩子莫名其妙，很不服气地哭了："您笑什么？我赶紧去找油啊！我一定会把油带回来的！"

点评　小朋友的淳朴天真十分感人，可是大人却没有耐心听完孩子的讲话，更没有理解孩子说话的意图，因而误会了孩子：只想到小孩子自己先逃跑了，便打断了孩子的话，冤枉了这个孩子。

案例5

有一次，一位老教授给研究生做报告，谈他的治学经验。从八点半开始足足讲了两个半小时，然后回答研究生的提问。有个研究生提了一个涉及面很广的问题，不是几句话可以说清楚的。于是，教授幽默地说："你不让我回家吃饭了，是不是？"这个研究生一听，马上反应过来：自己提的问题实在太大，而且已经十一点了；教授也没给自己难堪，"是不是"说得又快又轻。于是，这个研究生在大家善意的笑声中，收回了自己提的那个不妥的问题。

点评　研究生理解、听懂了教授的说话意图，听出了"潜台词"，也就是大家都该休息一下了，便收回了他的问题，因而报告会在愉快的笑声中结束了。

案例6

毛泽东的故乡，群山环抱，碧水涌流，吸引了络绎不绝的中外游人。有不少"毛氏饭店"（酒家、饭馆）生意很兴旺，老板都夸党的政策好。一位外国记者在一家"毛氏饭店"就餐后，决定访问店主。

记者："你现在生意很好，请问如果毛泽东还活着，他的政策能允许你开饭店发财吗？"

店主没有料到记者会提出如此尖锐难答的问题，但他略经思忖，便缓缓地答道："我想告诉先生，如果没有毛泽东，我会冻死饿死，怎么还能开饭店呢？我是靠毛泽东才翻身的。"

点评　店主认真倾听记者的询问，揣摩出记者话中有话，另有意图，因而答非所问，巧妙歌颂毛泽东的功绩，暗点了记者的别有用心，又不伤记者的自尊心。

案例7

有"世界最伟大的推销员"之称的乔·吉拉德曾向一位客户推销汽车，交易过程十分顺利。当客户准备掏钱付款时，另一位推销员跟乔·吉拉德谈起前一天的篮球赛，乔·吉拉德一边跟同伴津津有味地说笑，一边伸手去接车款，不料客户却突然掉头而走，连车也不买了。乔·吉拉德冥思苦想了一天，不明白客户为什么对已经挑选好的汽车突然放弃了。夜里11点，他终于忍不住给客户打了一个电话，询问客户突然改变主意的理由。客户不高兴地在电话中告诉他："今天下午付款时，我同你谈到了我们的小儿子，他刚考上密歇根大学，是我们家的骄傲，可是你一点也没有听见，只顾跟你的同伴谈篮球赛。"乔·吉拉德终于明白了，这次生意失败的根本原因是自己没有认真倾听客户谈论他最得意的儿子。

点评　倾听，是最好的交流沟通渠道。对推销而言，善听比善辩更重要。当与对方谈话时，如果对方认识到你正确地理解了他所表达的意思，他一定会很高兴。客户服务人员通过倾听能够获得客户更多的认同，从而赢得客户的信赖。听不出客户的意图、听不出客户的期望，你的销售便会“无的放矢”。

技巧扫描

在社会交往中，倾听是重要的，也是必需的。一位成功人士一定是一个很好的倾听者。因此，我们必须学会倾听、善于倾听，掌握倾听的技巧，做一个好的倾听者。

（1）倾听一定要虚心诚恳　要能正确地理解对方讲话所传递的信息，准确地把握说话者的重点，认真听取、接受对方的意见。

（2）倾听一定要全神贯注　要认真倾听对方说话，必须善于控制自己的注意力，克服各种干扰，始终保持自己的思维跟上说话者的思路。

（3）倾听一定要专心听清话语，边听边理解　要认真听清说话者的语音、语调、语气等，注意观察其表情及态势语言，并积极思考分析，从而感知说话者要表达的语意内容。

（4）倾听一定要边听边记忆、边听边归纳　要记住对方谈话的主要内容、主要观点，剔除无价值的内容，把握话语内部的逻辑联系，重新排列、组合，全面、准确、系统地把握话语内容。

（5）倾听一定要耐心　要把说话者表达的内容从头至尾听完，尊重对方，不能表现出厌烦的神色，这样才能完整地把握信息。

（6）倾听一定要细心　要在感知的基础上，抓住关键的语句，抓住说话者的说话意图，抓住说话者所传递信息的内容主旨，及时敏锐地听出弦外之音，做到善解人意，并做出积极能动的心理反应。

（7）倾听一定要用心　要开动脑筋，认真思考，根据一定的语言环境，对接受的话语信息进行品味、评判，品味语言的技巧，评判内容的真伪是非、正误优劣。

（8）倾听一定要克己　倾听时不要轻易打断对方的讲话，也不要自作聪明地妄加评论。通常人们喜欢听赞扬的语言，不喜欢听批评、对立的语言。当听到不同意见时，有些人总是忍不住马上批驳，似乎只有这样，才能说明自己有理。还有的人过于喜欢表露自己，这不仅会影响自己倾听，也会影响对方对你的印象。

（9）倾听一定要注意沟通与交流　要用目光注视说话者，通过面部表情传达自己听的兴趣。如眉毛上升，保持微笑，恰当地频频点头，做出吃惊的表情等。要在言语上做出积极的反应，如说出“对”“是吗”“你的意思是……”“后来呢”等应对语言，根据听话内容、场合、气氛做灵活插入。身体要微微倾向说话者，表示对说话者的重视和感兴趣。

心理学研究表明，人在内心深处，都有一种渴望得到别人尊重的愿望。倾听，是一种美德，是一种尊重，是对友人最宝贵的馈赠，是一种与人为善、心平气和的姿态，是一种很重要的礼节，甚至是一门艺术。智者善听，仁者善听。倾听需要做到耳到、眼到、心到。学生在课堂上要学会倾听，人与人之间的交往需要倾听，在求职面试过程中更离不开倾听。在面试过程中，主考官的每一句话都是非常重要的，面试者要集中精力认真地去听，要记住说话人讲话的内容重点，了解说话人的希望所在。认真倾听对方的谈话可以使自己受益。

实用训练

一、下面一组材料都是有关如何倾听别人说话的内容，请逐一分析，总结出倾听的要点，并回答问题。

1. 从前有个店铺的小伙计特别馋，整天想着吃。一天掌柜对他说：“你去买点竹竿回来，我要……”话还未完，小伙计早拿过钱跑了。他到肉铺买了些猪肝，又私自买了点熟猪耳朵藏在口袋里，准备留给自己偷着吃。回去交差时掌柜气得大骂：“你没听见我说买啥是怎的？你耳朵呢？”小伙计没听懂掌柜的意思，还以为自己的小算盘被他发现了，吓得赶忙掏出猪耳朵说：“耳朵在这儿。”

请问，小伙计的错出在哪里呢？

2. 在教授家的一次聚会上，某哲学研究所的负责人向教授打听他的一个学生是否适宜担任哲学研究工作。教授略思片刻说：“他的英语不错，已经达到能同外籍专家交谈的水平，听说最近还开始自修德语和日语，并且经常参加有关英语方面的学术会议。”该负责人没有再问下去，事后也没有录用那位教授的学生。

请问，教授对他的学生并没有一个字的贬损，为什么那个负责人打消了录用的念头？

3. 甲同学穿了件新衣，问：“你觉得好看吗？”乙答：“我对服装的鉴赏能力很差。”乙的意思是什么？

4. 一次，美国著名女作家，《飘》的作者玛格利特·米切尔应邀参加一个世界笔会，有位匈牙利作家同她攀谈起来：

“小姐，你是一位职业作家吗？”

“是的，先生。”

“那么，你有些什么大作，能见告一二吗？”

“谈不上什么大作，我只是偶尔写写小说而已。”

“哦，你也写小说，那么我们可以算是真正的同行了。我已经出版了339本小说了，你呢，小姐？”

“我只写过一部，书名是《飘》。”

听到这儿，匈牙利人目瞪口呆。

请问，这个匈牙利人听了玛格利特·米切尔的话为什么会目瞪口呆？

二、倾听话剧《雷雨》中的一段对话，结合剧情，说出其中的弦外之音。

鲁侍萍：（叹一口气）现在我们都是上了年纪的人，这些话请你也不必说了。

周朴园：那更好了。那么我们可以明明白白地谈一谈。

鲁侍萍：不过我觉得没有什么可谈的。

周朴园：话很多。我看你的性情好像没有大改，——鲁贵像是个很不老实的人。

鲁侍萍：你不要怕。他永远不会知道的。

三、认真倾听《林黛玉进贾府》中王熙凤初见黛玉时所说的一些话，品评王熙凤的性格特点。

这熙凤携着黛玉的手，上下细细打谅了一回，仍送至贾母身边坐下，因笑道：“天下真有这样标致的人物，我今儿才算见了！况且这通身的气派，竟不像老祖宗的外孙女儿，竟是个嫡亲的孙女，怨不得老祖宗天天口头心头一时不忘。只可怜我这妹妹这样命苦，怎么姑妈偏就去世了！”说着，便用帕拭泪。贾母笑道：“我才好了，你倒来招我。你妹妹远路才来，身子又弱，也才劝住了，快再休提前话。”这熙凤听了，忙转悲为喜道：“正是呢！我一见了妹妹，一心都在他身上了，又是喜欢，又是伤心，竟忘记了老祖宗。该打，该打！”又忙携黛玉之手，问：“妹妹几岁了？可也上过学？现吃什么药？在这里不要想家，想要什么吃的、什么玩的，只管告诉我；丫头老婆们不好了，也只管告诉我。”一面又问婆子们：“林姑娘的行李东西可搬进来了？带了几个人来？你们赶早打扫两间下房，让他们去歇歇。”（注：当时，贾母、迎春、探春、惜春都在场）

四、仔细听读下面的短文，要求记住其中的数字，并准确地复述出来。

我国西部唐古拉山的主峰格拉丹东峰高 6621 米，终年积雪，在 5400 米左右的冰舌，由于受热溶解，冰雪一滴一滴离开冰体，形成涓涓细流，慢慢汇成宽 2 米、深 0.3 米的沱沱河，终而至于发展成东方巨流——长江。

五、听读短文《近代留学史》，然后回答问题。

120 年前（1872 年 8 月 11 日），詹天佑同 119 名留小辫子、穿长袍马褂的少年，从上海乘船横渡太平洋，赴美国旧金山，揭开了我国近代留学史。此后，时时掀起留学浪潮。例如：1876 年官方派青年前往英国海军学习，回来建立北洋水师。1900 年后有大批青年赴日留学，回国后宣传民主革命。1908 年后青年人利用庚子赔款赴美留学，回国后带来新的科学技术。第一次世界大战期间，有一批青年人去法国勤工俭学，回来后成为革命力量。“文化大革命”之后，中国改革开放，大批青年去国外留学。1978—1991 年间大约有 17 万人出国留学。

请回答以下问题：

1. 中国近代最早的留学生出现在距今多少年前？
2. 文中提到的中国近代最早留学生中的一个人的名字是谁？
3. 中国近代最早的留学生们是到哪里留学的？
4. 文中提到的还有哪几次（说出年份即可）著名的留学浪潮？
5. 文中提到的留学人数最多的是哪一次留学浪潮？

六、请迅速按顺序辨析说话者观点的正误，并说明理由。

有 3 个学生议论如何与歹徒做斗争。

甲说：“跟歹徒斗与我们学生没关系，这是警察的事。”乙说：“只要胆大不怕死，一两个歹徒我随便把他们搞定！”丙说：“我们力气小，没打过架，与歹徒斗还不是送死。但我会打‘110’报警。”

七、老师朗读下文三遍，同学们通过倾听摘记要点，周密思考，然后按过河的顺序，依次把“好办法”表达出来。

有个农民带着一只狗、一只猫和一筐鱼去赶集。到了渡口，那儿只有一只很小的船，农民一次最多只能带一样东西上船，否则有沉船的危险。起初，他想带狗上船，又怕猫吃鱼。若先带鱼过河，又怕狗欺负猫。他坐在河边冥思苦想，终于想出了一个好办法。你知道是什么办法吗？

第二节　思维能力

知识点津

口才训练的一个重要环节就是思维训练。

思维是人脑所特有的一种运动机能，是人的大脑反映客观事物和主观事物的一种综合能力。从心理学角度讲，思维与语言是紧密联系的。语言是思维的重要工具，思维依靠语言来进行，并依靠语言来表达，语言所表达的是思维活动的结果。

思维和语言的表达相辅相成、相互作用。思维的发展丰富了语言的表现力，语言的发展又强化了思维的周密度，促进了思维能力的提高。一个人如果思维不敏捷、不清晰、不严密，语言表达也就不流畅、不清楚。一个思维迟钝、混乱的人不可能口若悬河、滔滔不绝又条理清晰地表达自己的思想。由此可见，口才能力与人的思维能力密切相关，其水平的提高取决于表述者思维素质和能力的提高。思维是口才的基础和核心，口才是思维的表现形式和能力。因此，要想提高口才，就必须加强思维能力训练；口才能力的训练实际上也是思维能力的训练。

技巧扫描

一、敏捷、应变思维训练

敏捷思维就是对突如其来的问题迅速做出判断，急中生智地以精巧的妙语作答，答得既快又好。

应变思维就是快速思维以适应已变换了的话题和情况。口语表达要摆脱常规思维方式的束缚，善于机智地适应眼前瞬息万变的难题。

1．限时反应训练

在时间上设置一定的紧张度，以激发思维，促成“急中生智”。要求练习者在规定时间里，完成某项内容的构思与表达任务。例如：有两个大小一样的瓶子，里面装一样多的水，一个瓶子斜着倒，另一个瓶子竖着倒，请问哪个瓶子里的水先倒完？为什么？要求限时 15 秒思考并讲完。答案：斜着倒快。因为斜着，外面的空气比较容易从瓶口进入瓶里，水便容易流出来。

2．灵感触发训练

触发，即一触即发。它是在思想高度集中、情绪高涨之时，由于偶然的启发，使思路顿开、思如泉涌，从而对所探索和关注的问题，获得正确的领悟和认识。在言语交际过程中，无论是构思、表达，还是语言提炼、技巧运用，都需要灵感。因此，要获得高水平的灵感思维能力，不但要注意知识积累，还应注意生活经验的积累，并时刻保持临场时敏捷的思维，抓住触动灵感的好契机。

二、发散思维训练

发散思维，又称“扩散思维”“求异思维”，是指由一点向四周辐射的开放性的思考。对于有些问题的思考，答案往往是多种的而不是唯一的。因此思维就应该是发散的，能够由此及彼、触类旁通、举一反三。

1．知识博采训练

广博的知识是思维和口语表达的基础，只有广泛地学习各方面的知识，扩大自己的知识面，才能使自己头脑中的“库存”丰富。只有“库存”丰富了，才能开发智力、启迪思维。例如：限时 1 分钟，说出以“网”为词素的各种词汇，看看谁说得多。答案：网兜、网名、网络、网球、上网、球网。

2．辐射联想训练

辐射联想是许多思考的联结扩张，常常表现为由表及里、由此及彼、触类旁通的领悟。要想思维发达，就必须对思维进行向广度发散的训练。例如：试说出一个人因未得到奖学金，对己“失望”和对人“嫉妒”而可能会讲出的话。要求限时 1 分钟，说出尽量多的合情合理的话。答案：这时候想象的空间比较大，可以说“运气差”“这人真可恶”“我太伤心了、太难过了”……

3．创新性发散思维训练

创新性发散思维是针对某个问题，从新角度以新观念提出独创性方案的一种思维。例如：圆珠笔是美国一对叫比罗的兄弟 1943 年发明的。它刚刚问世时大受人们欢迎，因为它既省事又便宜。可是后来人们发现用它写到 20 000 字左右时，笔芯上的球形滚珠由于磨损而变小，这样油就漏出来了。针对漏油这一问题，许多国家的圆珠笔厂商投入了大量的人力、物力对球形滚珠耐磨性进行研究，他们一致认为使用耐磨材料制造滚珠可以延长滚珠寿命。但这样一来，圆珠笔的成本就大幅度提高了，其在市场上的竞争力便会相应减弱，这令许多专家一筹莫展。后来，日本一个年轻人竟然轻而易举地提出一个绝妙的方法解决了问题，你说说他想的是什么办法。你有什么办法吗？答案：让圆珠笔芯变短，刚好写到 20 000 字左右就没油了。

4．借题反击思维训练

所谓借题反击，是指对方的话语中带有侵犯的恶意，此时被侵犯者借题发挥予以反击。例如：有两个和尚住在同一间屋里，每到夜里，大和尚念经，小和尚读书。有一天，大和尚对小和尚的朗读不满意，就说：“你干吗老读个没完，让人心烦。”小和尚依照对方的语言结构反击了对方，他是怎样反击的呢？答案：小和尚反击说：“你干嘛老念经，连佛祖都烦了。”

三、聚敛思维训练

聚敛思维就是由四周向一点集中的思考方法，它主要是通过分析、比较、加工、综合、整理，逐渐缩小解答的范围，最终获得一个最佳的解决途径或方案。例如：在 20 世纪 80 年代的一次外贸谈判中，当中方贸易代表拒绝了一位红头发的西方外商的无理要求时，恼羞成怒的外商竟出言不逊："代表先生，我看你皮肤发黄，大概是营养不良给你造成思维紊乱吧？"中方代表是如何回答的呢？你还有好办法吗？答案：中方代表立即反击道："经理先生，我既不会因你皮肤是白色的，就说你严重失血，造成你思维紊乱；也不会因你头发是红色的，就说你吸干了他人的血，造成头脑发昏。"

四、延伸思维训练

延伸思维就是思考问题朝着纵深方向发展，对原材料进行合理的推理和引申，从简单到复杂，由平面向立体转化，从而得出新意。例如：在20世纪30年代的美国，有个政界人物叫凯升。他首次在众议院里发表演讲时，打扮得土里土气，因为他刚从西部乡间赶来。一个不怀好意的议员在他演讲时插嘴挖苦说："这个伊利诺伊州来的人，口袋里一定装满了麦子呢。"这句话引起了全场哄笑。但是，凯升并没有因此动怒，他是怎样回答的呢？答案：他坦然地回答说："是的，不仅口袋里装满了麦子，而且头发上还藏着许多菜籽呢。我们住在西部的人，多数是土里土气的。不过，我们虽然藏的是麦子和菜籽，却能够长出很好的苗子来！"

五、逆向思维训练

逆向思维就是不采用人们通常思考问题的思路，而是从与问题相反的角度对原意提出质疑的一种思维方法。通俗地讲就是"背道而驰"。以逆向思维立论，常常会得出新意。例如：一位病人进入医院，对护士说："请给我安排在三等病房，因为我很穷。"护士问："没有人能帮助你吗？"病人回答："没有，我只有一个姐姐，她是修女，也很穷。"护士揶揄道："修女富得很，因为她和上帝结婚。"病人听了，十分生气，他会如何回答？答案：病人说："好吧，你就把我安排在一等病房吧，以后你就把账单寄给我的姐夫好了。"

六、创造性思维训练

创造性思维就是集前五种思维方式之大成，看待问题与提出观点时，总是在求实的基础上，求新、求异，求同、求变。创造性思维的运用，有助于增强口才的灵活性、应变性、独特性和新颖性。

实用训练

一、如果你是一名教师，在新生报到第一天，当你点名时，突然发现一个学生的名字中有一个不认识的字，你将怎么办？

要求：限时1分钟，找出最好的办法，既能知道这个字的读音，又不失作为老师的面子。

二、老师随意举出教室里的几件实物，如水杯、热水瓶、时钟、桌子、椅子、钢笔、笔记本等，请练习将这些实物连缀成篇，组织成一个故事。

要求：学生可虚构情节，讲述一个生动有趣的故事，限时3分钟。

三、英国作家狄更斯十分爱好钓鱼。一次，他正坐在江边垂钓，一个陌生人走到他跟前问他：

“怎么，您在钓鱼？”

“是啊，”狄更斯信口回答，“今天真倒霉，到这时候还未钓到一条。可是昨天也是在这里，我却钓了十条鱼！”

“是吗？”陌生人说，“可是您知道我是谁吗？我是专门负责这段江面的。这儿禁止钓鱼！”说着，他从口袋里掏出发票簿，就要记名罚款。

请你猜猜狄更斯在这种情况下是如何去应对的。

四、有一个常以愚弄他人而自得的掌柜，一天早晨他正在门口吸着水烟袋，远远看见赶集的大爷骑着毛驴来到门前，于是就喊道：“喂！抽袋烟再走！”大爷连忙从驴上跳下来，说：“多谢掌柜，我刚抽过了。”掌柜一本正经地说：“我没问你呀，我问的是毛驴。”说完得意一笑。大爷抓住掌柜的语言破绽，进行了狠狠的反击，给了掌柜一个教训。

请你猜猜，他是怎样反击的呢？

五、有个胖神父在路上遇见肖伯纳，他眯缝着眼睛打量着肖伯纳又高又瘦的身躯，不怀好意地挖苦道：“看你的模样，真让人以为整个英国发生饥荒了。”肖伯纳轻言轻语地回敬了一句，胖神父脸色顿暗，灰溜溜地走开了。

你知道肖伯纳是如何说的吗？

六、英国一家图书馆准备搬入新址，负责组织计划的人在考虑如何节省经费问题时，偶尔听到有人在谈话中提到“化整为零”，他一下子有了好主意。

你知道他想出了什么好主意吗？

七、1945年5月4日，在云南昆明，西南联合大学、云南大学、中法大学、英语专科学校四所学校的学生，会集在大操场，举行“五四”纪念会，规模盛大。会议开始不久，大雨如注，不少人离开会场去避雨，会场秩序变得混乱。这时，闻一多先生迎着雨站在高台上，借“雨”发挥，开始了精彩的即兴演讲，一下便把与会者的注意力吸引过来，秩序顿时好转。

你知道闻一多当时是怎样被雨触发灵感的吗？假如你也在场，你能即兴发表讲话吗？

八、有一位老人退休后，在学校附近买了一间简陋的房子。住进来的前几个星期还很安静，可是过了不久，有3个年轻人开始在附近踢垃圾桶闹着玩。老人受不了这些噪声，出去跟年轻人谈判。

你猜猜，老人想了一个什么样的妙招呢？

第三节 心理素质

知识点津

口才训练离不开心理素质的训练。心理素质是否良好，决定了人们的口才能否在需要时得到应有的发挥。在口语表达过程中，经常会遇到一些突如其来的问题，使自己陷入毫无准备的境地，此时有些人则会产生紧张、胆怯、无措、尴尬等心理障碍。在社会交往中，有些人缺乏自信心，自卑心理强，对自己缺少足够的认识，总是把自己的弱点看得很重，因而在公众场合总是难于启齿，羞于表达，沉默寡言；有些人在公众场合讲话则会拘谨羞涩、忸怩腼腆、眉低脸红、张口结舌。要想战胜这些不良的心理因素，就必须培养积极健康的心态，克服自卑、胆怯的不良心态，加强心理素质训练。

技巧扫描

心理素质是在先天素质基础上经过后天的环境和教育的影响而逐步形成的。要想具备良好的口才，就必须具备良好的心理素质。

一、树立坚定的自信心

坚定的自信心是口语表达成功最重要的保障之一。有了自信心才能够在讲话前情绪饱满、意气风发、精力旺盛，有了自信心才能在说话中不怯场、神情自若、思维敏捷、言语流利，有了自信心才能使自己所讲的内容精当、明晰，从而更好地展示自己的口才技能。

（1）要提高讲话的勇气　只有多讲多练才能从不敢讲到不怕讲，克服紧张、胆怯心理，充分而大胆地展示自己的口才。

（2）要有充分的心理准备，有一定能成功的信心　要相信天生我材必有用，相信每一个人都有自己的长处，完全可以理直气壮地表达自己的观点。

（3）要充分准备讲话内容，做到心中有数　只有把所讲内容准备充分，烂熟于心，才能做到有备无患，才能有条理地将内容表达清楚。

二、克服自卑、胆怯的心理

在口语表达过程中，克服自卑、胆怯的心理是非常重要的，它是提高心理素质的重要保证。因此，应从以下几个方面着手。

1）要从改变认识开始，重新认识自己，发现自己的长处。

2）要敢为人先，敢于上前，敢于将自己置身于众目睽睽之下。

3）要养成昂首挺胸、大步行走的习惯。

4）要敢于睁大眼睛，正视别人。眼睛是心灵的窗口，一个人的眼神可以折射出性格、透露出情感、传递出微妙的信息。正视别人是积极心态的反映，是自信的象征，更是个人魅力的展示。

5）要练习当众发言。面对大庭广众讲话，需要勇气和胆量。要相信自己的讲话很有价值，积极主动发言，使自己变得自信起来。

6）要学会微笑。如果你真诚地向一个人展颜微笑，对方就会对你产生好感，这种好感足以使你充满自信。

7）要学会转移注意力。不要过多注意自己，越在乎自己的表现，就越容易拘谨。可以试着将注意力转移到其他方面，缓解自己的紧张感，从而达到放松的目的。

8）设法接触比自己强的人，分析他们的优点和弱点，以便客观地看待他人和自己，从而增强自信心。

实用训练

一、“无语练胆”训练。

要求：学生轮流昂首阔步走上讲台，然后微笑着目视台下最后一排同学而不讲话，让视线笼罩全场，使每位同学都感到你在关注着他（她）；台下的同学微笑着盯住台上同学的面部，时间为 2 分钟或直到台上的学生不感到十分紧张为止。

二、“随意练口”训练。

要求：上台学生心中有情，目中无人，随便讲自己最快乐（气愤、难忘）的事，或者大声念“绕口令”。习惯于低声说话者要有意识提高音量，而习惯于声音洪亮者则反之。

三、“命意讲解”训练。

要求：学生根据自己的理解运用恰当的表达方式，生动、有趣的语言，恰到好处的体态，以开展一次户外活动为题进行讲解。

第四节 态势语言

知识点津

一、态势语言的概念

态势语言就是指借助面部表情、手势动作、体态站姿表达思想感情的一种无声语言。它是讲话内容的有机组成部分，对有声语言起辅助和加强的作用，能提升有声语言的表现力和感染力。因此在口语表达中，我们应该有意识地运用态势语言。态势语言要求得体、自然、适度。

二、态势语言的组成

态势语言一般由面部表情、手势动作和体态站姿等部分组成。

1．面部表情

（1）头

头部端正：表示自信、勇气、喜悦、自豪或威严。

抬头：表示希望、请求、祈祷或祝愿。

低头：表示羞怯、谦逊、内疚或沉思。

头部前倾：表示同情、倾听或期望。

头部后仰：表示惊奇、恐惧或退让。

摇头：表示否认、拒绝、不相识、不满意或强调。

点头：表示同意、赞许或应诺。

（2）眉

眉毛的变化能直接反映出复杂的内心世界。

眉毛上挑且微微颤动：表示兴奋、喜悦。

眉头紧锁：表示忧愁、心事重重。

低眉：表示顺从、认错、沉思。

横眉：表示鄙视。

竖眉：表示愤怒。

（3）眼

“眼睛是心灵的窗户”，这说明它最能袒露人内心的思想感情。

两眼注视前方：表示勇气和决心。

两眼轻轻上抬：表示高兴、希望、兴奋。

两眼向下：表示羞愧、胆怯、谦卑、悔恨。

两眼死死盯着但视而不见：表示着迷或疯狂。

两眼圆睁、滚动闪烁：表示恐惧、气愤及勃然大怒或兴高采烈。

两眼茫然：表示绝望。

半闭双眼：表示快乐幸福、喜不自胜。

斜眼看：表示轻蔑、冷落、怀疑、厌倦。

眨眨眼睛偏向一边：表示不予考虑。

（4）嘴

嘴在语言表达中所起的作用是靠口型变化来体现的。

嘴唇闭拢：表示和谐宁静、端庄自然。

嘴唇半开：表示惊讶、疑问。

嘴唇全开：表示惊骇。

嘴角向上：表示喜悦、诙谐、礼貌、殷勤和善意。

嘴角向下：表示痛苦悲伤、无可奈何。

撅着嘴：表示不满。

嘴绷紧：表示愤怒、挑衅、对抗或决心已定。

2．手势动作

手势动作是态势语言中的重要组成部分。口语表达中的手势不同于艺术表演中的手势，艺术表演中的手势由于舞台表演的需要，动作幅度要比生活中的大得多，具有夸张性；日常口语表达中的手势是加强说话感染力的一种辅助动作，要求优雅、灵活、适度、自然。

（1）手掌

手心向上，胳膊微曲，手掌稍向前伸：表示贡献、请求、赞美、欢迎等。

手心向下，胳膊微曲，手掌稍向前伸：表示神秘、抑制、否认、制止、不喜欢等。

两手叠加：表示团结一致、联合、一事依赖于另一事或命运攸关、休戚与共等。

两手分开：表示分离、失望、空虚、消极等。

手心向外的竖式手势：表示分隔、对抗、不相容的矛盾或不同意对方的观点。

手触前额：表示思索。

手搓脑后：表示焦虑。

手托腮部：表示思虑。

手遮双眼：表示愁思。

双手叉腰：表示自信、自负。

双手高扬：表示成功。

（2）拳头

握紧拳头：表示挑战、团结、一致对外、警告。

举起双拳在空中晃动：表示号召人们起来斗争、奋斗。

（3）手指

伸出拇指：表示称赞、夸耀。

伸出小指：表示轻视、挖苦人。

伸出食指指点：表示命令、斥责。

扳指头：表示数数。

摆 V 字造型：表示胜利的信心或快乐。

轻摆手指：表示否定或轻蔑。

用手指轻敲太阳穴：表示思考。

3. 体态站姿

在公众场合讲话，应善于利用身体的姿势、形态进行辅助表达。讲话者必须保持正确的站姿，即头要端正，腰要直，肩要平；要挺胸收腹，将重心放在两只脚上，双脚要自然分开，不超过肩的宽度；双手要自然下垂。讲话者一般以站在讲台中间为宜，这样可以统观全场，并使处在不同位置的听众都能看到自己的表情。至于具体站法，虽无固定模式，但较好的有前进式和自然式两种。

（1）前进式　前进式即一脚在前，一脚在后，两脚成 45° 角，身体前倾，给人一种振奋向上的感觉。

（2）自然式　自然式即两脚平行，相距与肩等宽，给人一种注意力集中、精神抖擞的印象。

在讲话的过程中，讲话者实际上不可能一直保持某种固定的站姿，而往往会随着演讲内容的跌宕起伏，随着感情的变化，有时踮脚，有时移步。

向前移步：表示肯定、积极、期待、争取。

向后退步：表示否定、畏惧、消极。

踮脚：表示期望、召唤、探讨。

总之，演讲中的任何移动，都要有明确的目的。

实用训练

一、设计相应的表情动作，表达下列词语的意思。

OK　郁闷　不屑一顾　勇敢面对

二、请分组列举出汉语中用眉毛表示内心情感的词语，并试着用图画或表演说明每个词语的意思。

三、请分组列举出汉语中描述“看”这一眼睛动作的词，并分析、揣摩、体会用眼睛表示这些词语含义的差异。

四、设计相应的面部表情表达下列词语。

微笑 大笑 冷笑 苦笑 奸笑 狂笑

激动 悲痛 愤怒 感动 难堪

五、注意观察和捕捉交际活动中的人（包括自己）自然流露出来的体态语，并抓住那些有典型含义且优美的姿态，体会优美得体的体态语在交际交流中的重要作用。

六、用手势表示下列词语的意思。

前进 胜利 团结 很好 请求 拒绝 恭喜 暂停

七、设计恰当的手势表示出下列加点字部分的内容。

1. 真理、荣誉、**正义**是他的动机。
2. 你不是酷，是**相当**酷。
3. **欢呼**、**跳跃**吧！我们成功了！
4. 他这人**太卑鄙**了，无法和他相处。
5. 人不能无耻到**这个**地步。
6. 月光静静地泻在这一片**叶子和花上**。
7. 死一般的沉寂**笼罩**着大地。
8. 风助火势，火乘风威，**火苗越升越高**。
9. 夜幕**笼罩**着群山。
10. 他用胳膊**挡住**了进攻。
11. 年轻的朋友们，我们的事业是伟大的，我们的**前途是光明的，让我们为实现这崇高的目标奋斗拼搏吧**！

第五节 基本礼仪

知识点津

在日常口语表达过程中，服装、礼仪的得当与否直接影响着口语表达的效果。得体的服装、适宜的社交礼仪能够提高口语表达者的风采，使口语表达者神采奕奕、大方得体；反之，则会影响口语表达者的形象，影响表述内容的号召力。可见，合适的着装、得当的礼仪对于口语的表达是非常重要的。

一、着装的基本要求

不同的场合，对着装的要求是不一样的。人们在选择服装、考虑具体款式时，应根据各自的特点“量身着衣”，做到端庄大方、自然得体。因此，应从以下几个方面着手。

1）着装应当根据自身的特点，做到“量体着衣”，使之适合自身，并能扬长避短。

2）着装应创造并保持自己所独有的风格。在一定范围内，某些方面可以与众不同。切勿赶时髦、随波逐流，从而使自己的着装丧失特色。

3）着装应当考虑整体的搭配。在着装时，各个部分不仅要自成一体，还要相互呼应、配合。要恪守服装本身约定俗成的搭配。

4）着装应整洁，避免肮脏或邋遢。着装应做到整齐、完好、干净、卫生，避免又褶又皱、又残又破、又脏又臭。

5）着装应文明大方，符合社会的道德传统和常规做法。在正式场合忌穿过露、过透、过短、过紧的服装。

6）着装应注意技巧性，应懂得基本的穿戴方法。例如：女人穿裙子时，所穿丝袜的袜口应被裙子下摆遮掩住，不宜露在裙摆外面。

二、礼仪的基本要求

姿态是一种无声的语言，但却在一个人开口之前就已经传达出了相应信息，使他人对其产生印象。因此，在社交场合，正确的站姿、端庄的坐姿、优雅的走姿，能够大大提升口语表达者的魅力。

1．站姿

站立是人最基本的姿势，是一种静态的体现。站姿应该自然、挺直、优美。

一般来说，站立时，身体应与地面垂直，重心要放在两个前脚掌；头正、颈直、两眼平视前方，挺胸、收腹，两臂自然下垂，手指并拢、两脚脚尖成45°或60°角。

在社交场合中：身体尽量站直。不应靠墙或桌子站立，不应双脚交叉，更不允许双手插入衣袋或裤袋。

在非正式场合中：双脚位置比较自由，既可以并立，成“V”字形，也可以一前一后自然成“丁”字形。身体放松，但应保持身体的挺直。

穿晚礼服或旗袍时：可让双脚之间距离5厘米左右，以一脚为重心，一般不可双脚并立。

向人问候或介绍时：不论握手或鞠躬，双足均应该并立，相距约10厘米左右，膝盖要挺直。

2．坐姿

坐，同样是一种静态造型，其传达出的信息也非常丰富。良好的坐姿应是像钟一样端正不斜，给人以文雅、稳重、端庄、自然、大方之感；坐姿不正确则显得懒散无礼。

正确的坐姿是挺直上身，头部端正，双腿并拢，目视前方，或面向交谈对象。一般情况下，不要靠椅子后背，不应该坐满椅面，而只能占据椅面的2/3。上身与大腿、大腿与小腿，均应成直角。

（1）注意礼让　当与他人一起入座时，要讲究顺序，礼让长辈，即请尊者首先入座；地位平等或与亲友同事同时就座时，也应该礼让，不能抢先就座。

（2）讲究方位　正式场合一定要遵守的是：通常应该从左侧一方走向自己的座位，从左侧一方离开自己的座位，可以归纳为“左进左出”。

（3）入座得法　人走到座位前，转身背对，不慌不忙，从容坐下，然后双脚并拢。调整坐姿，尽量不要发出响声。穿裙装的女士入座，要用双手把裙摆理平；起立时，更要用双手向后抚平裙摆，这个动作称为“顺裙”。

（4）离座谨慎　离座时，要端庄稳重，不可猛起猛坐或突然跳起，以免惊吓他人，造成紧张的气氛。更要注意不要出现带翻桌子上茶具之类的动作，以免造成尴尬局面。

3．走姿

行走是人们生活中的主要姿态之一，“行如风”就是用风行水上来形容那种轻快自然的脚步。一般说来，步态应该轻松、矫健、优美、匀速，合乎行为规范。

1）走时目光平视，身体直立，头正颈直，面朝前方，挺胸收腹。两臂自然下垂，前后自然摆动，前摆向内折约 35°，后摆向后摆约 45°。身体平稳，使全身看起来像一条直线，应避免来回摆动或前后摇晃，且忌低头行走、东张西望。

2）起步身体要前倾，重心在前，落在前移的那只脚的脚掌上。当前脚落地后脚离地时，膝盖一定要伸直，踏下时再稍微松弛。

3）双脚应该笔直地走，脚尖要向前伸，指向正前方，切莫呈内八字或外八字。步幅要适中，不宜太大或太小。正常的步幅应该为自己的 1.5～2 个脚长。

第二章　基础口才技巧与训练

在当今社会，口才已成为一个人的必备才能。口才的好坏直接影响自我形象的优劣、人生质量的高低、人际关系的好坏。从一定意义上来说，口才影响着人的一生。良好的口头表达能力，能够帮助我们有效地与其他人进行交往和沟通，可以增强我们的信心。想要拥有一流的口才，必须从口才基本功练起，说好普通话，掌握一定的发音技巧和训练方法，拥有扎实的基本功。

第一节　说好普通话

知识点津

一、普通话的概念与特点

普通话是以北京语音为标准音，以北方话为基础方言，以典范的现代白话文著作为语法规范的现代汉民族共同语。它是不同方言区及国内不同民族之间的通用语言，是以汉语拼音方案为拼读和书写规范的语音系统。

普通话有鲜明的特点：声调变化高低分明，音节响亮，节律感强，语汇丰富精密，句式灵活多样，能适应交际和社会发展的需要。

二、说好普通话的意义

我国地域辽阔，民族众多，在长期的历史发展过程中，各地区因为政治、经济、文化发展的不平衡，形成许多不同的方言。方言的限制，给人们的交流、交际带来一定的障碍。例如下面一段对话（发音）：

甲：“他收里拿追张杀呢？”

乙：“骂湾儿，我不日到。”

丙：“并吻俩，我搞你锁，那四一张请华侨搞通报的顶瓢。”

对话的三个人，分别是河北唐山人、天津人和山东胶东地区人。他们三人在用各自的方言与他人交谈，因而使得不懂这些地区方言的人很难听得懂他们谈话的内容。他们三人对话的内容其实是：

甲：“他手里拿着一张啥呢？”

乙：“什么玩意儿？我不知道。”

丙：“不用问了，我告诉你说，那是一张请华侨、港澳同胞的电影票。”

可见，说好普通话是非常重要的。说不好普通话，会给人与人之间的交流带来很多麻烦甚至误会。2001 年 1 月 1 日实施的《中华人民共和国国家通用语言文字法》明确规定：“凡以普通话作为工作语言的岗位，其工作人员应当具备说普通话的能力。”强调“国家推广普通话，推行规范字”，这也在法律上保证了普通话的推广和普及。养成说普通话的习惯，说好普通话是职业学校学生必备的基本功，是提高学生口语表达能力的前提，是更好地与他人进行交流、交际的保障，能够更好地促进学生的学习和就业，更好地推动社会的大融通、大交流、大发展。

三、普通话的语音

语音是语言的表现形式，是语意的依托。普通话语音系统主要包括声母、韵母、声调、音节，以及变调、轻声、儿化等。学好一种语言，首先要学好语音；学好语音，关键在于发音练习。要记住汉字的正确读音，多读多练，才能不断提高自己说好普通话的水平。

一般来说，一个汉字就是一个音节，普通话的音节一般由声母、韵母、声调三部分构成。

1. 普通话的声母

普通话的声母是指音节开头的辅音。普通话的声母共有 22 个。包括 21 个辅音声母和 1 个零声母。辅音声母包括 b、p、m、f、d、t、n、l、g、k、h、j、q、x、zh、ch、sh、r、z、c、s。

零声母就是不以辅音开头，没有声母。例如：“奥”（ào）、“一”（yī）开头没有辅音，就是零声母音节。

普通话的声母按发音部位分类，可分为以下三类。

（1）唇音

双唇音：上唇和下唇闭合构成阻碍，有 b、p、m。

齿唇音：下唇和上齿靠拢构成阻碍，有 f。

（2）舌尖音

舌尖前音（平舌音）：舌尖向上门齿背接触或接近构成阻碍，有 z、c、s。

舌尖中音：舌尖和上齿龈（上牙床）接触构成阻碍，有 d、t、n、l。

舌尖后音（翘舌音）：舌尖向硬腭的最前端接触或接近构成阻碍，有 zh、ch、sh、r。

（3）舌面音

舌面前音：舌面前部向硬腭前部接触或接近构成阻碍，有 j、q、x。

舌面后音：舌根向硬腭和软腭的交界处接触或接近构成阻碍，有g、k、h。

在普通话的声母中容易混淆的有：舌尖前音（平舌音）z、c、s 和舌尖后音（翘舌音）zh、ch、sh。区别二者的方法有以下两种。

（1）利用形声字的声旁来类推

例如：“章”（zhāng）是翘舌音，由此可类推“樟”“彰”“障”“蟑”都是翘舌音；“成”（chéng）是翘舌音，由此可以类推“诚”“城”“盛”“晟”都是翘舌音；“曾”是平舌音，由此可以类推“蹭”“噌”“增”“赠”“憎”“缯”“甑”都是平舌音，用一个记一批。

（2）利用声母和韵母的配合规律来区别

普通话中 uang、uai、ua 三个韵母只跟 zh、ch、sh 相拼，不跟 z、c、s 相拼，遇到这些韵母的字，声母肯定是翘舌音。

例如：装（zhuāng）　窗（chuāng）　霜（shuāng）
拽（zhuài）　揣（chuāi）　衰（shuāi）
抓（zhuā）　刷（shuā）

普通话中前鼻韵母 en 与 z、c、s 相拼的字极少，常见的字只有“怎”“森”“岑”“涔”“参”（参差）等几个；其他都与 zh、ch、sh 相拼。

2. 普通话的韵母

普通话的韵母共有 39 个。根据韵母结构，可分为单韵母、复韵母、鼻韵母。

单韵母（10 个）：ɑ、o、e、ê、i、u、ü、-i（前）、-i（后）、er。

复韵母（13 个）：ɑi、ei、ɑo、ou、iɑ、ie、uɑ、uo、üe、iɑo、iou、uɑi、uei。

鼻韵母（16 个）：前鼻韵母 ɑn、en、in、ün、iɑn、uɑn、üɑn、uen。
后鼻韵母 ɑng、eng、ing、ong、iɑng、uɑng、ueng、iong。

根据韵母开头的发音口形，可把韵母分为“四呼”。

开口呼（15 个）：ɑ、o、e、ɑi、ei、ɑo、ou、ɑn、en、ɑng、eng、ê、-i（前）、-i（后）、er。

齐齿呼（9 个）：i、iɑ、ie、iɑo、iou、iɑn、in、iɑng、ing。

合口呼（10 个）：u、uɑ、uo、uɑi、uei、uɑn、uen、uɑng、ueng、ong。

撮口呼（5 个）：ü、üe、üɑn、ün、iong。

韵母中容易混淆的有前鼻音ɑn、en、in 与后鼻音ɑng、eng、ing。

区别前、后鼻音韵母的方法有以下两种。

（1）利用汉字的声旁来类推

例如：“正”（zhèng）是后鼻音，由此可类推“政”“整”“证”“征”“症”等都是后鼻音；“真”（zhēn）是前鼻音，由此可类推“镇”“缜”“慎”等都是前鼻音。

（2）利用声母和韵母的配合规律来区别

普通话中 d、t 只跟后鼻音 eng、ing相拼，不跟前鼻音 en、in 相拼。

3. 普通话的声调

普通话的声调是指音节的音高变化的不同类型。声调同声母、韵母共同构成普通话音节，是汉语音节中不可缺少的成分，具有区别词义的作用。例如：竹子、珠子、主子、注资、柱子、逐字，这六个词各音节的声母、韵母都相同，但词义不同，就是声调不同所造成的。

普通话有四个调类（四声）：阴平调（一声）：起音高高一路平
阳平调（二声）：由中到高往上升
上声调（三声）：先降后升曲折起
去声调（四声）：高起猛降到底层

标调口诀：

ɑ母出现莫放过，没有ɑ母找 o、e，
iu、ui 两韵标在后，i 上标调把点抹，
单个元音头上画，轻声音节不标调。

四、普通话的语流音变

在说话过程中，由于相连音节的相互影响或表情达意的需要，有些音节的结构发生不同程度的变化，这种现象就叫作语流音变。

语流音变是有一定规律的，掌握这些规律可以使普通话说得自然和谐，不生硬别扭。普通话中语流音变的规律主要体现在以下四个方面。

1．变调

在语流中，由于相连音节的相互影响，使某个音节本来的调值发生了变化，这种变化叫作变调。普通话的变调有两类—— 上声变调和“一”“不”变调。

（1）上声变调的规律

1）在阴平、阳平、去声、轻声前（非上声前）念半上，就是只降不升。

如：上声+阴平　火车　老师　百般　警钟　省心

上声+阳平　祖国　考察　朗读　导游　揣摩

上声+去声　广大　讨论　考试　土地　感谢

上声+轻声　脑袋　嘴巴　尾巴　老婆　伙计

2）两个上声相连，前一个念直上。

如：上声+上声　老马　领导　可以　演讲　懒散

（2）“一”“不”变调的规律及出现在词句末尾或数词中的调值

1）“一”的单字调值是阴平声（yī），在非去声前念去声（yì）；在去声前念阳平（yí）。

如：一般　一边　一头　一行　一举　一早　一帆　一桨　一渔舟

一半　一旦　一会儿　一切　一再　一度　一个　一部　一钓钩

2）“不”的单音调值是去声（bù），在去声前念阳平（bú）。

如：不+去声：不正之风　不负责　不必　不要　不但　不错

3）“一”“不”夹在词语中间念轻声。

如：试一试　瞧一瞧　尝一尝　穿不穿　好不好　看不清

2．轻声

语流中的有些音节失去了原有的声调，念得又短又轻，这种音节就是轻声。轻声作为一种变调的语音现象，一定体现在词语和句子中，不能独立存在。轻声的规律大致有以下几种。

1）方位名词的第二个音节读轻声。

如：北边　上面　里头　地下　前头　中间

2）叠音词的第二个音节读轻声。

如：妈妈　姥姥　跳跳　尝尝　马马虎虎　淅淅沥沥

3）助词和语气词一般读轻声。

如：的　地　得　着　了　过　呢　吗　啊

4）子、儿、头、么作为词缀及表示多数的“们”一般读轻声。

如：儿子 椅子 鸟儿 花儿 木头 看头 什么 那么 他们

5）动词的某些结果补语读轻声。

如：站住 打开 关上 看见 吃下 进来

6）部分词语的衬字读轻声。

如：糊里糊涂 黑不溜秋 啰里啰嗦 邋里邋遢

7）口语中历史悠久的双音节词语，第二个音节读轻声。

如：玻璃 时候 告诉 行李 凉快 窗户 朋友 粮食 头发 先生
脑袋 拾掇 商量 明白 萝卜 唠叨 胳膊 吩咐 亮堂 风筝

3. 儿化韵

在语流中，后缀“儿”字不另成音节，而是和前面的音节合读，使前面音节的韵母成为卷舌韵母，这种音变现象叫“儿化韵”。儿化韵的发音，有两条基本规律。

1）便于卷舌的直接加“r” 便于卷舌指的是韵母的发音开口度大，与卷舌不冲突。

如：鲜花儿 xiān huār 好玩儿 hǎo wánr 唱歌儿 chàng gēr
笔杆儿 bǐgǎnr 一块儿 yí kuàir 小孩儿 xiǎo háir

2）不便于卷舌的就加“er” 不便于卷舌指的是韵母的开口度小，或是鼻韵母的韵尾、发音动作和卷舌发生冲突，就在主要元音后加“er”。

如：小鸡儿 xiǎo jīer 金鱼儿 jīn yúer 电影儿 diàn yǐnger
手绢儿 shǒu juàner 红裙儿 hóng qúner 窍门儿 qiào méner

儿化韵常常带有某种特殊的感情色彩。

如：红红的小脸蛋儿（喜爱的感情） 他是一个慈祥的老头儿（亲切的语气）

4.“啊”的音变

“啊”在句末，往往与前一音节连读时产生音变，音变的规律如下。

（1）在ɑ、o、e、ê、i、ü等元音后念 iɑ（呀）。

如：多么迷人的秋色啊！（iɑ） 你到哪去啊？（iɑ） 原来是他啊！（iɑ）
好大的雨啊！（iɑ） 这是谁啊？（iɑ） 真可爱啊！（iɑ）

（2）在 u、ɑo、iɑo 后念 uɑ（哇）。

如：好多新书啊！（uɑ） 这葡萄长得多好啊！（uɑ） 他还小啊！（uɑ）
大家走啊！（uɑ） 在哪儿住啊？（uɑ）

（3）在 zh、ch、sh 和 er 后念 rɑ，在 zi、ci、si 后念 zɑ。

如：多么感人的诗啊！（rɑ） 你倒是快点吃啊！（rɑ） 什么事啊！（rɑ）
快开门儿啊！（rɑ） 去过几次啊？（zɑ） 多帅的字啊！（zɑ）
太自私啊！（zɑ） 真是孩子啊！（zɑ）

（4）在前鼻韵母 n 后念 nɑ（哪），在后鼻韵母 ng后念 ngɑ（嗯啊）。

如：真是风调雨顺啊！（nɑ） 好大的烟啊！（nɑ） 这事情办得真冤啊！（nɑ）

这有什么用啊！（ngɑ）　真漂亮啊！（ngɑ）　这木头真硬啊！（ngɑ）

以上是语流音变的一些规律，了解这些规律，并在口头交流中经常运用，有助于说好普通话。

实用训练

一、什么是普通话？联系实际，谈谈说好普通话的重要性。

二、平翘舌声母发音训练。读准每一个词，注意克服平翘舌的混淆。

1. 双音节平舌音发音训练

存在　早餐　才子　赠送　操作　字词　琐碎　自尊

色彩　遵从　色泽　沧桑　粗俗　草丛　思索　罪责

2. 双音节翘舌音发音训练

住宅　山水　追溯　出差　首长　闪烁　征收　充实

郑重　长城　始终　忍让　书生　商场　照射　侦查

3. 平翘舌发音综合训练

z—— zh　自治　尊重　增长　做主　杂志　暂时

zh—— z　制造　准则　种族　转载　职责　渣滓

c—— ch　促成　操场　财产　此处　存储　错车

ch—— c　纯粹　储藏　差错　尺寸　吃醋　车次

s—— sh　松树　算术　损失　三十　散射　素食

sh—— s　收缩　山色　十四　申诉　上司　生死

称赞　沉思　场所　春蚕　贮藏　沼泽　疏散　师资　至少

采摘　四周　伤势　随时　丝绸　数字　市长　辞职　震慑

称颂　早晨　珍藏　措施　沉醉　素质　纯粹　参差　遭受

三、j、q、x 声母发音训练。读准每一个词，注意克服舌尖音。

1. j 声母发音训练

焦急　究竟　即将　聚集　寂静　经济　借机　讲解　坚决

2. q 声母发音训练

亲戚　齐全　情趣　秋千　蹊跷　亲情　确切　前去　祈求

3. x 声母发音训练

消息　新鲜　纤细　兴修　小徐　现象　新禧　信箱　新型

4. j、q、x 声母发音综合训练

精细　情绪　尽心　急切　谢绝　减轻　期间　迁徙　强劲

全新　吸取　休憩　计息　积雪　闲居　袭击　切忌　激情

俊俏　即席　前行　选集　情景　新区　清晰　健全　权限

四、r、y 声母发音训练。读准每一个词，注意克服 r、y 的混用。

1. r 声母发音训练

仍然　惹人　容忍　柔软　溶入　忍让　荣辱　荣任

2. y 声母发音训练

永远　语言　耀眼　营养　引用　阴影　拥有　游泳

3. r、y 声母发音综合训练

容易　任意　荣誉　燃油　日益　乳液　人影　软硬　容颜
依然　羊肉　炎热　诱人　圆润　悠然　萦绕　妖娆　艺人

五、n、l 声母发音训练。读准每一个词，注意克服 n、l 的混淆。

1. n 声母发音训练

奶牛　男女　南宁　泥泞　恼怒　能耐　难能　忸怩

2. l 声母发音训练

流利　嘹亮　玲珑　劳力　流浪　理论　绿柳　联络

3. n、l 声母发音综合训练

努力　你来　留念　李宁　奶酪　连年　能力　理念
烂泥　耐劳　尼龙　冷凝　牛郎　老农　奴隶　年龄

六、鼻韵母训练。读准每一个词，注意克服前后鼻韵母的混淆。

1. an（ian uan üan）、ang（iang uang）鼻韵母发音训练

邯郸　安源　南山　班禅　繁难　艰险　连绵　眼前
元件　捐献　演员　干练　商量　刚强　莽撞　上当
堂皇　将相　帮忙　乡长　上访　慌张　香港　湘江
勉强　反抗　典当　擅长　涵养　健康　项链　强健
莽原　航天　方便　常年　年长　防线　闲逛　向前
天亮　想念　上天　现场　商店　坚强　长篇　繁忙

2. en、eng鼻韵母发音训练

粉尘　身份　沉沦　本人　深圳　瘟神　升腾　更正
逞能　风筝　生成　耿耿　奔腾　春耕　本能　纷争
人生　成本　胜任　冷门　承认　彭真　锋刃　诚恳

3. in（un）、ing鼻韵母发音训练

薪金　濒临　金银　亲信　进军　阴云　行星　兵丁
清静　秉性　命令　精灵　引擎　进行　心灵　银屏
金星　巡警　迎新　命运　陵寝　灵敏　青筋　经营

七、语音变调“啊”训练。

嗬！好大的雪啊！
小心啊，别把手指割掉。
为什么白白走这一遭啊？
可真是一方水土养一方人啊！
满桥豪笑满桥歌啊！
雪大路滑，当心啊！

是啊，我们有自己的祖国，小鸟也有它的归宿，人和动物都是一样啊！

人生会有多少个第一次啊！

八、朗读诗词，读准每一个字的韵母。

清平乐·六盘山

毛泽东

天高云淡，望断南飞雁。不到长城非好汉，屈指行程二万。

六盘山上高峰，红旗漫卷西风。今日长缨在手，何时缚住苍龙？

登　　高

杜　甫

风急天高猿啸哀，渚清沙白鸟飞回。

无边落木萧萧下，不尽长江滚滚来。

万里悲秋常作客，百年多病独登台。

艰难苦恨繁霜鬓，潦倒新停浊酒杯。

无　　题

李商隐

相见时难别亦难，东风无力百花残。

春蚕到死丝方尽，蜡炬成灰泪始干。

晓镜但愁云鬓改，夜吟应觉月光寒。

蓬山此去无多路，青鸟殷勤为探看。

九、绕口令训练。说绕口令可以使你口齿清楚、发音准确，也可以使人产生愉悦的感受。反复读下面的绕口令，由慢到快，直到背熟为止，听听哪位同学说得既清晰又准确。

1. 四是四，十是十，十四是十四，四十是四十。要想念对四和十，得靠舌头和牙齿。谁说四十是“戏习”，谁的舌头没用力。谁说四十是“事实”，谁的舌头没伸直。要想念对四和十，常练十四、四十、四十四。

2. 宿舍前栽了四十四棵杉树，宿舍后栽了三十三棵桑树。户主老胡是糊涂，分不清杉树和桑树。他把杉树当桑树，又把桑树当杉树。三叔拿来植树书，看着树书去认树。户主老胡不糊涂，终于分清了哪是桑树和杉树。

3. 知之为知之，不知为不知，不以不知为知之，不以知之为不知，唯此才能求真知。

4. 粉红墙上画红粉凤凰，红粉墙上画粉红凤凰。红粉凤凰画粉红墙上，粉红凤凰画红粉墙上。红粉凤凰放粉红光，粉红凤凰放红粉光。

5. 黑化肥发灰，灰化肥发黑。黑化肥发灰会挥发，灰化肥挥发会发黑。黑化肥挥发发灰会花飞，灰化肥挥发发黑会飞花。

6. 七巷一个漆匠，西巷一个锡匠，七巷漆匠偷了西巷锡匠的锡，西巷锡匠偷了七巷漆匠的漆。

7. 六十六岁刘老六，修了六十六座走马楼，楼上摆了六十六瓶苏合油，门前栽了六十六棵垂杨柳，柳上拴了六十六个大马猴。忽然一阵狂风起，吹倒了六十六座走马楼，打翻了六十六瓶苏合油，压倒了六十六棵垂杨柳，吓跑了六十六个大马猴，气死了六十六岁刘老六。

8. 姓吕的女同志，是女吕同志还是吕女同志，应该是女吕同志不是吕女同志，以区别于男吕同志。

9. 班干部管班干部，班干部让班干部管班干部，班干部就管班干部。班干部不让班干部管班干部，班干部就管不了班干部。

10. 长扁担捆上短板凳，短扁担捆上长板凳。短板凳凳短，长扁担绑不上短板凳，长板凳凳长，短扁担绑上了长板凳。

十、组织召开一次班级故事会，每个同学都用普通话讲一则故事，比一比谁的普通话说得好。

第二节　诵　　读

知识点津

一、诵读的概述

普通话的诵读是指普通话的朗诵与朗读，是把文字作品转化为有声语言的创作活动。诵读训练既是普通话语音训练的继续、巩固和提高，又是口语交际训练的必要准备。诵读训练可以有效地提高人的语言表现力，有助于形象思维与逻辑思维能力的锻炼。朗诵与朗读二者之间既有共同点，又有明显的区别。

二、诵读的作用

1. 诵读是了解文学作品的重要环节

了解文学作品离不开诵读，只有多读，才能加深对作品的理解，才能更好地品味文章的思想感情，提高语言学习的效果。

2. 诵读可以提高语言的运用能力

经常诵读，可以加深记忆、丰富词汇、掌握语言规律，提高运用语言的能力。

3. 诵读是学习、推广普通话的重要手段

经常诵读，可以纠正方言土语，巩固正确的语言知识。

4. 诵读可以提高口语表达能力

与说话的语言技巧基本相同，通过诵读，人的声带、口齿、气促等都得到锻炼，从而能够进一步提高口语表达的能力。

三、朗读与朗诵的区别

朗读就是朗声读书，即运用普通话把书面语言用有声语言清晰、响亮、富有感情地读出来，变文字这个视觉形象为听觉形象的一种语言活动。朗读是一项口头语言艺术，文学作品是朗读的依据。

朗诵就是用清晰、响亮的声音，结合各种语言手段来表达作品思想感情的一种语言艺术。它具有艺术的直观性、再现的表演性、身份的二重性特点。朗诵者借助语速、语顿、语气、轻重等方面的富于变化的个性化表述手段，将朗诵材料转化为一种艺术表演。

朗读和朗诵都是口语交际的一种重要形式。朗读是朗诵的基础，有感情的朗读就接近于朗诵。成功的朗读和朗诵，都可以克服文字语言的局限性，使作品富有更强的感染力，但朗诵又不同于朗读。朗读是用清晰、响亮的声音再现文本内容，把文章读出来，以传达文章的思想内容；朗诵则属于艺术表演范畴，是用清晰、响亮的声音把文章背出来，以传达文章的思想内容。二者的区别主要体现在以下几个方面。

1）朗读是一种原文再现，强调的是忠于原文；朗诵是一种再创造，可在忠于原文的基础上进行适当的艺术加工。

2）朗读的材料是各类文章；朗诵的材料一般则是以情感人、以理服人的文学艺术作品。

3）朗读是一种教学手段、一种交际工具；朗诵是一种口语艺术形式，比朗读更注重情感的表达与抒发。

4）从声音表现形式看，朗诵在音域、音质及技巧等方面比朗读有更高的要求。

5）从态势语的运用上看，朗诵比朗读更多地运用各种态势语来加强表达的效果，朗诵更具艺术感染力。

四、诵读的基本要求

1. 正确把握作品内容

首先要明确作品的思想内涵、感情基调，力求对作品有全面的了解。不同的作品，有着不同的感情基调：或庄重或诙谐，或欢快或悲伤，或沉郁或从容……这种种感情基调，多是由作品的主题决定的。理解了作品的主题和作者的创作意图，诵读时就可以正确地把握作品的感情基调了。

2. 披情入理

诵读者要把握住作品的真情实感，并用有声语言传达出来。抓住作品的感情线索，确定诵读时的感情基调，引起听众的感情共鸣，是诵读成功的重要环节。一个优秀的诵读者，总是在诵读之前努力使自己进入作品的情境中去，使自己的感情为作品中的喜、怒、哀、乐所牵动。诵读者被作品感动了，才能准确领会、把握作品的思想内容，并在声音、语气中自然地流露出来，做到声情并茂，从而感动听众。

3. 语音标准、吐字清晰

诵读要做到每个字的声、韵、调读音标准。要注意平翘舌的区别，语流音变要准确。要忠于原作品，做到不丢字、不添字、不换字，多音字、异读词的读音准确规范。

要想取得好的诵读效果，吐字必须清晰、圆润、有力，不能含混不清、滑音吃字。

4. 语调自然流畅

要用普通话语调自然地诵读作品，不读“破词”“破句”，不能重复，也不能按词读。要做到连贯顺畅、语速得当，停顿断句符合语意表达的需要。

5. 声音响亮悦耳

运用正确的呼吸方式，自如控制共鸣方式，使音色优美、音量适中。

6. 感情自然贴切

诵读时应以情带声，恰当运用各种诵读技巧，最好能根据不同内容、不同风格，尝试用不同的语气、语调来读，或慷慨激昂、或轻松愉快、或深沉含蓄、或缠绵悱恻，这样才能带动听众想象，激发听众情感，获得听众共鸣。

7. 态势恰当、注意交流

诵读者的态势恰当、优雅、灵活、自然，是诵读成功必不可少的条件。运用手势，要少而精，自然、果断；形体姿态，要端庄大方、彬彬有礼，给人留下良好的印象。

技巧扫描

一、诵读的基本技巧

1. 停顿

停顿时间的长短与段落、句子、标点符号都有关联。段落与段落之间的停顿时间最长，句子与句子之间的停顿略短，而标点停顿的时间最短。就标点符号来说，又因符号不同而停顿的时间也各不相同。句号、问号、感叹号与删节号的停顿时间较长，分号、破折号、冒号次之，逗号较短，顿号最短。有时没有标点符号的地方，由于语气的需要也要进行短暂停顿，这种停顿虽也有断句的作用，但是气不可以中断。

2. 速度

文章的内容影响朗读的速度，通常表现高兴、紧张、害怕、激动、愤怒等内容时，速度较快，表现悲伤、失望、生病、哭泣等内容时，速度较慢。

3. 轻重

因为重读的字词不同，所强调的重点就不一样，重音用得恰切，可以使语句的意思更加鲜明，从而表达不同的意义。

4. 升降

升降指的是语句里的声音高、低、升、降的变化。语句里有了这些变化，才会有动听的语调。所谓声音的高低升降就是抑、扬、顿、挫的搭配。搭配得宜，节奏感好，词句就富有音乐的美感。句调的升降变化，虽是对整句说的，但是一句话句调特别显著的变化，却是表现在最末一个音节上。一般句调有四种变化。

（1）高升调　前低后高，语气上扬，表示鼓励、号召、反问、申诉等感情。

（2）降抑调　前高后低，语气降低，表示果敢、坚决、自信、赞扬等感情。

（3）平直调　整个语句平直舒缓，没有明显的高低变化，表示悲痛、冷淡、庄严等感情，一般的叙述或说明也用平直调。

（4）曲折调　句子的高低，有曲折变化。一般开始和结尾，声音都比较低，中间声音升高，表示惊讶、怀疑、讽刺、双关等复杂的感情。

5．气音

表示感叹、惊讶等感情或者模仿某种声音时，往往用到一种气大于声的声音，就是所谓的气音（也叫虚声）。发气音时声门要收缩，类似耳语。

例如：“轻轻的我走了，正如我轻轻的来”（《再别康桥》）

诵读这两句诗时，多数字音，尤其是“轻轻的”三个字都要用气音。

6．颤音

表示某种特殊的激动情绪和特定的声音时，让声门开放和阻塞急速交替变化，使声音稍带颤抖，这种声音称之为颤音。

例如：东郭先生拉住老农，把事情的经过告诉了他。然后问道：“我应该让狼吃吗？”

诵读这句话时，为了表现东郭先生当时战战兢兢害怕的神情，他的问话可用稍带颤抖的声音来读。

7．拖腔

表示领悟、回忆、迟疑支吾、气力不足、声音微弱或者惊呼、断续等特殊情况时，有意地将某些声音拖长，这类声音叫作拖腔。

例如：我扑到指导员身上大声地喊：“指导员……指导员……”好半天他才微微睁开眼，嘴里叨念着：“书……书……”（《珍贵的教科书》）

这段话中省略号前的音节都要用适当拖长的声音来读。前者表示惊呼，后者表示声音微弱断续。

8．泣诉

表示悲痛、哀伤等情态时，往往使声音带上一定的呜咽哭泣的色彩，这种声音谓之泣诉。

例如：敬爱的周总理，我不能到医院去瞻仰你，只好攥一张冰冷的报纸，静静地伫立在长安街的暮色里。（《一月的哀思》）

为了表达对周总理逝世的哀痛心情，诵读时，前两句宜适当地带些哭诉的色彩。

9．笑语

表示欢快或者嘲讽而发笑的情态时，使声音带些笑的色彩，这种声音谓之笑语。

例如：冒出火焰来啦！……多么温暖多么明亮的火焰啊！简直像一支小小的蜡烛。（《卖火柴的小女孩》）

诵读这几句话时，要轻快略带笑语，以表现卖火柴的小女孩看见火焰时那欢快喜悦的心情。

10．拟声

用口语模仿某种声响叫作拟声。拟声多用象声词，虽然做不到惟妙惟肖，但要避免呆板，力争接近声响。

例如：船从漩涡中冲过，只听得一片哗啦啦的水声。（《长江三峡》）

忽然听见轰隆隆的爆炸声，把屋子震得摇晃起来，窗户纸哗啦啦响。

这两段话中的象声词“哗啦啦”“轰隆隆”，诵读时都应用拟声来读，从而表现出较真实的音响效果。

二、不同文体的诵读技巧

话谱说明：“——”重音，“↗”升调，“↘”降调，“｜”停顿，“V”吸气，“~”延音。

1. 诗歌的诵读

要注意突出诗歌语言的节奏感和韵律美。节奏要读得鲜明，韵脚要读得清晰而响亮，力求把听众引入诗的境界中。由于诗歌的语言较为凝练，内容跳跃性大，因此要注意读得稳些，以便使听众有想象与联想的余地。

如：诵读《有的人》一诗。

有的人｜活着，
他已经死~了；
有的人死了，
他还活着。
有的人|骑在人民头上：
“呵，我多伟大！”
有的人|俯下身子给人民当牛马。
有的人|把名字刻入石头，V想“不朽”；
有的人~情愿做野草，等着地下的火|烧。
有的人他活着|别人|就不能活，
有的人|他活着|为了多数人|更好地活。
骑在人民头上的，人民把他|摔垮。
给人民作牛马的，人民永远记住他！
把名字|刻入石头的，名字|比尸首烂得更早；
只要春风吹到的地方，到处V是青青的野草。
他活着别人|就不能活的人，
他的下场|可以看到；
他活着，为了多数人更好地活着的人，
群众V把他抬举得|很高|很高。

2. 小说的诵读

首先要注意把握作品的思想内容和感情脉络，揣摩作品中人物的性格特征，拟定他们的语调、语气，可以适当运用模拟发音法。

如：诵读《祝福》中的文段。

她张着口怔怔的站着，直着眼睛看他们，接着也就走了，似乎自己也觉得没趣。但她还妄想，希图从别的事，如小篮，豆，别人的孩子上，引出她的阿毛的故事来。倘一看见两三岁的小孩子，她就说：

“唉唉，我们的阿毛如果还在，也就有这么大了。……”

孩子看见她的眼光就吃惊，牵着母亲的衣襟催她走。于是又只剩下她一个，终于没趣的也走了。后来大家又都知道了她的脾气，只要有孩子在眼前，便似笑非笑的先问她，道：

“祥林嫂，你们的阿毛如果还在，不是也就有这么大了么？”

她未必知道她的悲哀经大家咀嚼赏鉴了许多天，早已成为渣滓，只值得烦厌和唾弃；但从人们的笑影上，也仿佛觉得这又冷又尖，自己再没有开口的必要了。她单是一瞥他们，并不回答一句话。

鲁镇永远是过新年，腊月二十以后就忙起来了。四叔家里这回须雇男短工，还是忙不过来，另叫柳妈做帮手，杀鸡，宰鹅；然而柳妈是善女人，吃素，不杀生的，只肯洗器皿。祥林嫂除烧火之外，没有别的事，却闲着了，坐着只看柳妈洗器皿。微雪点点的下来了。

“唉唉，我真傻。”祥林嫂看了天空，叹息着，独语似的说。

“祥林嫂，你又来了。”柳妈不耐烦的看着她的脸，说。“我问你：你额角上的伤疤，不就是那时撞坏的么？”

“唔唔。”她含胡的回答。

“我问你：你那时怎么后来竟依了呢？”

“我么？……”

“你呀。我想：这总是你自己愿意了，不然……。”

“阿阿，你不知道他力气多么大呀。”

“我不信。我不信你这么大的力气，真会拗他不过。你后来一定是自己肯了，倒推说他力气大。”

“阿阿，你……你倒自己试试看。”她笑了。

柳妈的打皱的脸也笑起来，使她蹙缩得像一个核桃，干枯的小眼睛一看祥林嫂的额角，又钉住她的眼。祥林嫂似乎很局促了，立刻敛了笑容，旋转眼光，自去看雪花。

“祥林嫂，你实在不合算。”柳妈诡秘的说。“再一强，或者索性撞一个死，就好了。现在呢，你和你的第二个男人过活不到两年，倒落了一件大罪名。你想，你将来到阴司去，那两个死鬼的男人还要争，你给了谁好呢？阎罗大王只好把你锯开来，分给他们。我想，这真是……”

3. 抒情散文的诵读

要注意捕捉文章的抒情线索，确定抒情基调，从而依据抒情基调来确定诵读声调的高低、语势的强弱、语速的快慢等。

如：诵读《小鸟的天堂》节选部分。

我们的船|渐渐地<u>逼近</u>榕树了。我有机会看清~它的真面目：是一棵<u>大树</u>，有<u>数不清</u>的丫枝，枝上~又<u>生根</u>，有许多根|<u>一直</u>垂到地上，伸进泥土里。一部分树枝|垂到水面，从远处看，就像一棵大树|<u>斜</u>躺在水面上一样。现在|正是<u>枝繁叶茂</u>的时节。这棵榕树|好像在把它的<u>全部生</u>

命力|展示给我们看。那么多的绿叶，一簇堆在另一簇的上面，不留一点儿缝隙。翠绿的颜色|明亮地|在我们的眼前闪耀，似乎每一片树叶上|都有一个新的生命|在颤动，这美丽的南国的树!↘

船|在树下泊了片刻，岸上很湿，我们没有上去。朋友说|这里|是"鸟的天堂"，有许多鸟|在这棵树上做窝，农民不许人去捉它们。我仿佛听见几只鸟扑翅的声音，但是等到我的眼睛|注意地看那里时，我却看不见一只鸟的影子。只有无数的树根|立在地上，像许多根木桩。地是湿的，大概涨潮时河水常常冲上岸去。"鸟的天堂"里没有一只鸟，我这样想道。船开了，一个朋友拨着船，缓缓地流到河中间去。

第二天，我们划着船｜到一个朋友的家乡去，就是那个有山｜有塔的地方。从~学校出发，我们又经过那"鸟的天堂"。这一次|是在早晨，阳光|照在水面上，也照在树梢上。一切|都显得非常光明。我们的船|也在树下泊了片刻。

起初|四周围非常清静。后来|忽然起了一声鸟叫。我们把手一拍，便看见一只大鸟~飞了起来，接着|又看见第二只，第三只。我们继续拍掌，很快地|这个树林|就变得很热闹了。到处都是鸟声，到处都是鸟影。大的，小的，花的，黑的，有的站在枝上叫，有的飞起来，有的在扑翅膀。

注：《小鸟的天堂》记述了作者一次南国之行的经历和感受，展现了大自然的美景和生命的意趣，语言流畅、笔调清新，宜用平稳、自然而兼带抒情色彩的基调来朗读。未见小鸟时有对树的赞美，要读得舒缓、饱满；见到小鸟后的欣喜，需用稍快的语速来表现。

建议按符号朗读。其中标有下画线的"逼近、根、枝繁叶茂、明亮、南国、树根、鸟的天堂、早、非常、泊、忽然"等词，建议采用轻音重读的方式朗读。

4. 剧本的诵读

不管是分角色诵读还是一个人诵读，都应事先把握好角色的年龄、身世、心理和个性特点。角色与角色间的对话要衔接好，快慢要适宜。

如：诵读戏剧《雷雨》选段。

大海　凤儿!

四凤　哥哥!

鲁贵　（向四凤）你说呀，装什么哑巴。

四凤　（看大海，有意义地开话头）哥哥!

鲁贵　（不顾地）你哥哥来也得说呀。

大海　怎么回事?

鲁贵　（看一看大海，又回头）你先别管。

四凤　哥哥，没什么要紧的事。（向鲁贵）好吧，爸，我们回头商量，好吧?

鲁贵　（了解地）回头商量?（肯定一下，再盯四凤一眼）那么，就这样办。（回头看大海，傲慢地）咦，你怎么随便跑进来啦?

大海　（简单地）在门房等了半天，一个人也不理我，我就进来啦。

鲁贵 大海，你究竟是矿上大粗的工人，连一点大公馆的规矩也不懂。

四凤 人家不是周家的底下人。

鲁贵 （很有理由地）他在矿上吃的也是周家的饭哪。

大海 （冷冷地）他在哪儿？

鲁贵 （故意地）他，谁是他？

大海 董事长。

鲁贵 （教训的样子）老爷就是老爷，什么董事长，上我们这儿就得叫老爷。

大海 好，你跟我问他一声，说矿上有个工人代表要见见他。

鲁贵 我看，你先回家去。（有把握地）矿上的事有你爸爸在这儿替你张罗。回头跟你妈、妹妹聚两天，等你妈去，你回到矿上，事情还是有的。

大海 你说我们一块儿在矿上罢完工，我一个人要你说情，自己再回去？

鲁贵 那也没有什么难看啊。

大海 （没有办法）好，你先给我问他一声。我有点旁的事，要先跟他谈谈。

四凤 （希望他走）爸，你看老爷的客走了没有，你再领着哥哥见老爷。

鲁贵 （摇头）哼，我怕他不会见你吧。

大海 （理直气壮）他应当见我，我也是矿上工人的代表。前天，我们一块在这儿的公司见过他一次。

5．政论文章的诵读

诵读政论文章时要注意读出文章的气势和逻辑推理的力量。对感叹、设问、反问等处要读得有感情、有力量。读立论部分时语气要果断、鲜明。驳论部分中论敌的话，宜读成平直调，呆板些。有时也可稍带些“阴阳怪气”，表达出嘲讽的语气。在立论与驳论间，要有相应的停顿，以示区别。

如：诵读《改造我们的学习》节选部分。

依据上述意见，我有下列提议：

向全党提出系统地周密地研究周围环境的任务。依据马克思列宁主义的理论和方法，对敌友我三方的经济、财政、政治、军事、文化、党务各方面的动态进行详细的调查和研究的工作，然后引出应有的和必要的结论。为此目的，就要引导同志们的眼光向着这种实际事物的调查和研究。就要使同志们懂得，共产党领导机关的基本任务，就在于了解情况和掌握政策两件大事，前一件事就是所谓认识世界，后一件事就是所谓改造世界。就要使同志们懂得，没有调查就没有发言权，夸夸其谈地乱说一顿和一二三四的现象罗列，都是无用的。例如关于宣传工作，如果不了解敌友我三方的宣传状况，我们就无法正确地决定我们的宣传政策。任何一个部门的工作，都必须先有情况的了解，然后才会有好的处理。在全党推行调查研究的计划，是转变党的作风的基础一环。

……

我们走过了许多弯路。但是错误常常是正确的先导。在如此生动丰富的中国革命环境和世界革命环境中，我们在学习问题上的这一改造，我相信一定会有好的结果。

实用训练

诵读下列作品，仔细揣摩话谱符号，把握作品感情基调。

作品 1

海　燕

高尔基

（朗诵指导：海燕在暴风雨来临之前，常在海面上飞翔。因此，在俄文里，“海燕”一词含有“暴风雨的预言者”之意。在高尔基充满激情的描绘中，海燕的勇敢形象更有一种鼓舞人心的力量。

《海燕》又称《海燕之歌》，是高尔基 1901 年 3 月写的一篇带有象征意义的短篇小说《春天的旋律》的末尾一章。本章后来单独发表，成为广为传抄、极受欢迎的著名的散文诗。当时的俄国受到沙皇的专制统治，社会黑暗、民不聊生，人民的革命运动热情也越来越高涨。高尔基亲自目睹、经历了当时的群众革命运动，于是结合当时的革命斗争形势，写出了《海燕》，用象征的手法，号召人民进行革命斗争和迎接革命暴风雨的来临。这首诗也深受列宁、斯大林的赞赏，被誉为“战斗的革命诗歌”。）

A．写大海上风暴初起，海燕渴望着暴风雨的来临。

在苍茫的大海上，狂风卷集着乌云。在乌云和大海之间，海燕像黑色的闪电，在高傲地飞翔。

（这是暴风雨的前奏，“像黑色的闪电”朗诵时要表现出海燕矫健勇猛的雄姿，因此要有力度，中速，感情兴奋、激动。“高傲”朗诵时要表现出蔑视乌云的大无畏的革命精神。）

一会儿｜翅膀碰着波浪，一会儿｜箭一般地直冲向乌云，它叫喊着，——就在这鸟儿勇敢的叫喊声里，乌云｜听出了欢乐。

（朗诵重读几个动词时，要表现出海燕的蓬勃朝气、旺盛斗志和英勇无畏的气概。“乌云听出了欢乐”，朗诵时要表现出海燕高昂的斗志。）

在这叫喊声里——充满着对暴风雨的渴望!在这叫喊声里，乌云听出了愤怒的力量、热情的火焰和胜利的｜信心。

（这一段说明暴风雨具有荡涤一切污泥浊水、彻底摧毁旧世界的巨大威力，同时也是暗示乌云必将失败。）

（下面三段，揭露资产阶级和形形色色的机会主义者在革命风暴到来前的丑态。）

海鸥 V 在暴风雨来临之前｜呻吟着，——呻吟着，它们在大海上飞窜，想把自己对暴风雨的恐惧，掩藏到｜大海深处。

（朗诵第一句时，用中速，讽刺语气；用拖腔，即延长音节的方法突出本段重音。）

海鸭 V 也在呻吟着，——它们这些海鸭啊，享受不了生活的战斗的欢乐：轰隆隆的雷声就把它们｜吓坏了。

（朗诵这一段，中速，用讽刺、蔑视的语气。“海鸭”与“呻吟着”用延长音节的方法突出重音；“享受不了”与“吓坏了”用曲调突出重音。）

蠢笨的企鹅，胆怯地把肥胖的身体躲藏到悬崖底下……只有那高傲的海燕，勇敢地，自由自在地，在泛起白沫的大海上飞翔！

（朗诵这一段头一句时，中速，用讽刺、蔑视的语气。“企鹅”与“躲藏”用延长音节的方法突出重音，“底下”用曲调突出重音。后面一句的描写，使英勇雄健的海燕，即革命先驱者的形象更突出更高大，朗诵时，要有一定的力度、渐快表现出兴奋、骄傲。）

B．写暴风雨越来越逼近，海燕勇敢地迎接暴风雨。

乌云越来越暗，越来越低，向海面直压下来，而波浪一边歌唱，一边冲向高空，去迎接那雷声。

（这一段说明乌云猖獗，海浪充满乐观主义精神，主动向乌云进攻。朗诵时，速度由慢到快，语气深沉，感情愤怒。）

雷声轰响。波浪在愤怒的飞沫中呼叫，跟狂风争鸣。看吧，狂风紧紧抱起一层层巨浪，恶狠狠地把它们甩到悬崖上，把这些大块的翡翠摔成尘雾和碎沫。

（这一段写风的猖狂气焰，即反动统治的残暴和对人民革命运动的疯狂镇压。朗诵时，速度快，语气急促，感情愤怒。）

海燕叫喊着，飞翔着，像黑色的闪电，箭一般地穿过乌云，翅膀掠起波浪的飞沫。

（这一段表现出高傲的海燕英姿焕发、斗志昂扬、喊得更欢、飞得更疾。朗诵时速度渐慢，表达出勇敢、沉着、从容的感情。）

看吧，它飞舞着，像个精灵，——高傲的、黑色的暴风雨的精灵，——它在大笑，它又在号叫……它笑那些乌云，它因欢乐而号叫！

（朗诵前面一句时，语气要坚定有力，要表现出海燕的勇猛和智慧；朗诵后面一句时，声音要洪亮、雄壮、毫不畏惧，要表现出海燕藐视反动势力、敢于斗争的浓烈的革命乐观主义精神和更旺盛的战斗意志。）

这个敏感的精灵，——它从雷声的震怒里，早就听出了困乏，它深信，乌云｜是遮不住太阳的，——是的，遮不住的！

（朗诵时用延长音节突出“早就”，要表现出无产阶级革命者的预见性和深刻的洞察力；后一句语气要坚定有力。）

C．写暴风雨即将来临，海燕热情地呼唤暴风雨。

狂风 V 吼叫……雷声 V 轰响……

一堆堆乌云，像青色的火焰，在无底的大海上燃烧。大海抓住闪电的箭光，把它们熄灭在自己的深渊里。这些闪电的影子，活像一条条火蛇，在大海里蜿蜒游动，一晃 V 就消失了。

（愤怒的大海吞没了乌云、闪电。大海的胜利象征着人民的力量战胜了反动势力，显示出必胜的信念。朗诵时速度渐快，情绪振奋、激昂。）

——暴风雨！暴风雨就要来了！

这是勇敢的海燕，在怒吼的大海上，在闪电中间，高傲地飞翔；这是胜利的预言家｜在叫喊：

（这是渴望和勇敢迎接暴风雨到来的无产阶级革命先驱者的形象。朗诵时速度要快，要表现出朝气蓬勃、斗志昂扬的情绪。）

——让暴风雨｜来得更猛烈些吧！

（这是无产阶级革命战士向人民群众发出的震撼人心的战斗号召；它体现了苦难深重的被压迫人民对革命的渴望；它表现了无产阶级革命战士高瞻远瞩、敢于斗争、勇于胜利的大无畏的彻底革命精神。朗诵时要做到声音浑厚洪亮、速度更快，有极强的力度，语调高昂，语气有暴发的气势，感情振奋而激越。）

作品2

致　橡　树

舒　婷

我~如果爱你，↘
绝不像｜攀缘的｜凌霄花，↗
借你的高枝｜炫耀自己；↘
我~如果爱你,↘
绝不学｜痴情的鸟儿，↗
为绿荫重复单调的歌曲；↘
也不止~像泉源，↗
常年送来~清凉的慰藉；↘
也不止｜像险峰，→
增加你的高度，↗
衬托你的｜威仪。↘
甚至日光，↗
甚至春雨。↗
不~，↘这些都还不够!↘
我必须｜是你近旁的一株木棉，↗
作为树的形象和你站在一起。↘
根~，↗紧握在地下，↘↘
叶~，相触在云里。↗
每一阵风过~，↗
我们都相互致意，↘
但没有人，↗
听懂｜我们的言语。↘
你｜有你的钢枝铁干，
像刀，像剑，↗
也像戟；↘
我有我红硕的花朵，
像沉重的叹息，↗

又像英勇的｜火炬。↘
我们分担寒潮，风雷，霹雳；↗
我们共享雾霭，流岚，虹霓。↘
仿佛｜永远分离，↗
却又终身相依，↘
这｜才是伟大的爱情，
坚贞｜就在这里：↘
爱——
不仅｜爱你伟岸的身躯，↗
也爱你坚持的位置，足下的^{V}土地。↘

作品 3

放 风 筝

星期天的早晨，天气特别晴朗。我和哥哥拿着叔叔帮我们做的风筝，高高兴兴地｜来到体育场。到体育场来放风筝的人↘可真不少。他们两个一伙，三个一群，有的已经把风筝放上了天空，有的举着风筝正要放。风筝~花花绿绿，各式各样，有"鹞鹰"，有"鹦鹉"，有"仙鹤"，有"蜈蚣"……可没有"大蜻蜓"。我跟哥哥说："快，咱们快点让'大蜻蜓'飞上天吧。"↗

哥哥让我｜端端正正地举着"大蜻蜓"，他拿线轴，飞快地｜向前跑，边跑边放线。等到他喊一声^{V}"放"，我赶紧松开手。哥哥拽着风筝又跑了一阵才收住脚，我们的"大蜻蜓"已经稳稳当当地｜飞上了天空。它那两对大翅膀~微微地呼扇着，两只眼睛｜骨碌碌直转。这时，有架飞机从西边飞过来。啊，我们的"大蜻蜓"仿佛比飞机｜飞得还高呢。我高兴得一边拍手一边嚷："蜻蜓赛过飞机啦!蜻蜓赛过飞机啦!"

一会儿，飞来几只小鸟，它们围着"大蜻蜓"｜叽叽喳喳地叫，好像在奇怪地说：↗你是从哪儿飞来的呀？↘好漂亮啊!↘我正看得入神，西边｜又飞起一只美丽的"大蝴蝶"，橘红的身子｜布满墨绿的斑纹，呼扇着翅膀徐徐上升。

天空中的风筝越来越多，热闹极了。那金黄色的"小蜜蜂"，翘着两只绿色的翅膀，好像在百花丛中飞~来飞~去。那鲜红色的"大金鱼"，尾巴一摆一摆的，好像在水里游。还有那精致的"小卫星"，闪着金光，仿佛在宇宙中飞行。

五颜六色的风筝｜随风~飘荡，衬着瓦蓝瓦蓝的天空，是那么鲜艳，那么美丽。

第三节 复 述

知识点津

一、复述的概念

复述就是根据不同的需要，在理解和记忆的基础上将读过的书面语转移为口语或把听过的具体内容，或详细、或简要、或变换人称、或交换顺序、或加上细节的想象，用自己的语言讲述出来的过程。复述对于培养语感、熟悉语脉、积累词汇、培养良好的语言习惯、提高书面表达的条理性等都有重要的作用。

在日常生活中，我们常常会受人之托，代他人向第三者转告一件事，这就需要具备复述能力。复述得好，自然没问题；复述得不好，很可能走了样，把事情办坏。由此可知，复述能力的培养是非常重要的。

复述能够加深学生对作品的理解，更能提高学生的逻辑思维能力和社会交际能力。可见，复述能力的训练是提高学生口才的一个重要手段。

二、复述的种类

常用的复述有详细复述、概要复述、扩充复述和改变复述四类。

1. 详细复述

详细复述就是在理解作品内容的基础上，按照原材料的顺序、结构将内容原原本本地重述出来。

进行详细复述练习，可以培养学生对语言材料的感知能力、记忆能力和有条理的连贯表达能力。

2. 概要复述

概要复述是指在不改变原材料中心意思、基本结构和逻辑顺序的基础上，用自己的话简明扼要地表述出要点。这种训练可以培养学生的综合概括能力。

3. 扩充复述

扩充复述是在忠于原材料的中心思想和基本内容的基础上，通过合理的联想和想象，增添某些细节，扩展某些情节，增加某些说明性、修饰性的内容，以使讲述的内容更完整、更丰富、更生动。进行扩充复述训练，有助于培养学生的理解能力和想象能力，提高学生语言表达的感染力。

4. 改变复述

改变复述是指根据原材料的内容，改变表达的形式，主要有变换体裁、变换主体、变换结构、变换人称、变换中心等几种形式。

此外，还有编拟提纲复述、利用文中插图复述、按问题归类复述、表演式复述等复述方法，但这些方法的运用不是固定的，因此切不可套用、滥用。

三、复述的作用

1. 复述可以锻炼我们的记忆力

复述要求讲述者能脱稿进行讲述，如果按照稿子内容去读文章，那就失去了复述的意义。复述的重点是在脱稿的情况下，能将原文或原文中的要点记住。这对复述者的记忆能力有了更高的要求，因此，我们可以说复述使我们的记忆力得到了锻炼。

2. 复述可以锻炼我们的思维能力

复述就是按原话或原文进行讲述。如果是对原话或原文比较长的内容进行复述，就需要我们对其进行重新组织；如果不能理解原话或原文的意思，复述就难以保证原意。特别是概要复述，更要求在理解的基础上，进行概述和提炼。因此，进行复述训练，可以使我们的思维能力得到有效的锻炼和提高。

3. 复述可以有效地锻炼我们的写作能力

在写作过程中，为了提高学生的写作能力，老师经常采用变式复述法，让学生学会从不同的角度，采用不同的方式进行创造性的复述。这就为学生组织能力和写作能力的锻炼，提供了一个发展的平台。

4. 复述可以锻炼我们语言的组织能力

复述不一定是原原本本地按照原话或原文去讲述，有时，只要复述出原话或原文的主要内容、中心意思、内容要点就可以了。因此，复述的过程，就是我们理解、重新组织内容的加工过程，能够很好地提高我们的语言组织能力。

5. 复述可以锻炼我们的口语表达能力

在复述过程中，复述者的复述一定要有声有色，这样才能有效锻炼我们的口语表达能力。

6. 复述还可以检测我们听、读的效果，培养我们读和听的能力

复述要求认真地去听、去读，这样才能够很好地锻炼我们读和听的能力。

技巧扫描

1）要理解原话或原文的内容和艺术风格，从整体上把握原文。

2）要熟悉原文或原话的词汇、句式和章法，记住原话或原文。找准记叙性、议论性、说明性材料中的独特要素。

3）要强化记忆构成原文的诸多要素，记要点、记提纲、记情节、记语言。做到中心突出，理清详略、重点、条理、线索等。

4）在扩充复述时，要在领会原话或原文内容要求的基础上进行，概要复述时更是如此。这就需要将原话或原文做一番归纳概括，以免复述走样。

5）复述时，要尽量把书面语言转换成口头语言，并注意句式和词语的变换，做到表述自然、流畅、口语化。

6）复述与听原话的能力有密切关系。听清楚、听正确、听懂要点，是复述好的前提。所以要锻炼自己听话的能力，掌握听的技巧，使叙述更加生动形象。

实用训练

一、认真阅读下列作品，进行详细复述，并在此基础上进行概要复述。

作品 1

说服学生要注意“心理换位”

心理学告诉我们，要使学生能接受你的意见、观点和态度，听你的话，你就必须做到“心理换位”，同学生保持“同体观”的关系。即把学生与自己视为一体，使学生看到你是在为他们说话；你是一心为他们好的。这样，双方的心理距离就接近，学生就不会感到某种心理压力，也就不会存有戒心。怎样做到“心理换位”呢？表现在语言上是：

（1）尽量把“你”“你们”“我”换成“我们”，使学生随时感觉到彼此有共同点，产生“息息相关”的意识。例如，老师说：“……我们有了进步，老师该会多么高兴！看到我们茁壮成长，我们的爸爸妈妈该会多么自豪！”教师将自己与学生视为一体，对自己反而使用第三人称，以此消除师生间的隔阂，增强语言的亲切感和学生对老师的信任感。

（2）多用“假如我是你……”一类的话。“知心姐姐”“董浩哥哥”都是经常使用“假如我是你……”来回答小朋友的问题，这是一种巧妙的心理技巧，很容易引起对方的共鸣。例如，新学期开始的第一次课间操，某班的男学生就给新上任的班主任一个“下马威”：他们像猴子一样，爬到好几个篮球架上。新班主任见此情景不但不生气，反而“嗖”地一下也跟着爬上了球架，又轻轻地跳了下来，然后笑着说：“我光屁股的时候经常到处乱爬，现在长大了，实在不好意思再坐到球架上去了。假如我是你们，我就要显示出自己已经是个男子汉而不再是光着屁股的小娃娃了……”教师的语言效应使那些顽皮的男生行为收敛了。

（引自《福建教育》左思文）

作品 2

教师的潇洒

潇洒，是时下人们的一句口头禅。但什么是潇洒，认识并不一致。近读一篇文章《无钱别潇洒》，文中把一掷千金的做法看作潇洒，实在是一种“高见”。照此看来，我们这些穷教书的就与潇洒无缘了。我连忙去查阅词典，获得权威性的解释：潇洒是指“（神情、举止、外貌等）自然大方，有韵致，不拘束”。很显然，潇洒是一种气质，一种精神境界。把“铜臭”与潇洒联系起来，其实是一种误会。

作为人类灵魂的工程师——教师，理应是社会上最潇洒者。

教师的潇洒，体现在外表美与内在美的高度统一。衣着整洁，言行举止幽雅脱俗，这正是教师的特点。教师具有丰富的学识，能言善辩，幽默睿智，看问题不偏激，胸怀旷达，堂堂正正地做人，勤勤恳恳地工作；教师充满爱心，对学生爱严有加，燃烧自己，照亮别人，为了春天甘做小草，为了理想无悔青春，这不正是最高意义上的潇洒么？

教师的潇洒，体现在对物质利益和奉献精神的正确认识上。我们有许许多多可敬可爱的教师，体贴国情，不计个人得失，一心扑在教学工作上，这种两袖清风的崇高品德，正是潇洒的具体表现。如果在物质利益上斤斤计较，事事都与金钱挂钩，不仅与潇洒沾不了边儿，反而会显得迂腐势利，处处忸忸怩怩。按劳分配是我国一项分配原则，但实际上，分配并不是没有矛盾，教师待遇不高正是其中一个矛盾，如果因为分配上的矛盾而产生不满，因社会上的不正之风消沉起来，那就谈不上潇洒。真正的潇洒者，能够正确处理国家、集体、个人三者关系，能够直面现实，超脱现实，发扬奉献精神，在劳动与报酬这个不等式里实现心理平衡。

可敬的教师同行们，让我们潇洒地在人生的画页上描上潇洒的图画！

（引自《江苏教育》张庆隶文）

二、将下面的材料在2分钟内读完，然后进行详细复述。

材料1

钥　匙

一把坚实的大锁挂在大门上，一根铁杆费了九牛二虎之力，还是无法将它撬开。钥匙来了，它瘦小的身子钻进锁孔，只轻轻一转，大锁就“啪”地一声打开了。铁杆奇怪地问：“为什么我费了那么大力气也打不开，而你却轻而易举地就把它打开了呢？”钥匙说：“因为我最了解他的心。”每个人的心，都像上了锁的大门，任你再粗的铁棒也撬不开。唯有关怀，才能把自己变成一把细腻的钥匙，进入别人的心中，了解别人。

材料2

你是哪一只杯子

桌子上有三只杯子，一只倒扣着，一只正放但无底，一只杯中有污物；向三只杯中倒水，第一只倒不进，第二只留不住，第三只会把水弄脏。

假如我们做如下比喻：

把水比作知识和技能，三只杯子是我们自己。

犹如第一只，否定其实就是拒绝自己，封闭自己！

犹如第二只，知道不等于得到，因为知道不见得悟到，悟到不见得做到，做到不见得得到！

犹如第三只，如果一开始就存在偏见，那么你一定得不到本质！

亲爱的朋友，你是哪一只杯子呢？

材料3

迷途笛音

那年我6岁。离我家仅一箭之遥的小山坡旁，有一个早被废弃的采石场，双亲从来不准我去那儿，其实那儿风景十分迷人。

一个夏季的下午，我随着一群小伙伴偷偷上那儿去了。就在我们穿越了一条孤寂的小路后，他们却把我一个人留在原地，然后奔向“更危险的地带”了。

等他们走后，我惊慌失措地发现，再也找不到要回家的那条孤寂的小道了。像只无头的苍蝇，我到处乱钻，衣裤上挂满了芒刺。太阳已落山，而此时此刻，家里一定开始吃晚餐了，双亲正盼着我回家……想着想着，我不由得背靠着一棵树，伤心地呜呜大哭起来……

突然，不远处传来了声声柳笛。我像找到了救星，急忙循声走去。一条小道边的树桩上坐着一位吹笛人，手里还正削着什么。走近细看，他不就是被大家称为“乡巴佬”的卡廷吗？

“你好，小家伙，”卡廷说，“看天气多美，你是出来散步的吧？”

我怯生生地点点头，答道：“我要回家了。”

“请耐心等上几分钟，”卡廷说，“瞧，我正削一支柳笛，差不多就要做好了，完工后就送给你吧！”

卡廷边削边不时把尚未成形的柳笛放在嘴里试吹一下，没过多久，一支柳笛便递到我手中。我俩在一阵阵清脆悦耳的笛音中，踏上了归途……

当时，我心中只充满感激，而今天，当我自己成了祖父时，却突然领悟到他用心之良苦！那天当他听到我的哭声时，便判定我一定迷了路，但他并不想在孩子面前扮演“救星”的角色，于是吹响柳笛以便让我能发现他，并跟着他走出困境！卡廷先生以乡下人的淳朴，保护了一个小男孩强烈的自尊。

三、在 3 分钟内读完下面的文章并进行概要复述，要求抓住中心论点及主要论据，并体现原文的逻辑论证层次。

为受挫折而庆幸

大兴安岭火灾后，过火林带仅剩下被林业专家判了死刑的光树干。谁知，焦黑的树干第二年又全都绽出了新芽。树木遭受濒临死亡的厄运，但它们仍不放弃对生的渴望，最终获得了新生。人生的道路漫长而曲折，途中难免会有荆棘，但当你越过了，眼前仍是一条光明大道。

有一位青年在公司中做得很出色，对自己未来美好的生活充满信心。突然，这家公司倒闭，这位青年失业了，他便认为自己是世上最不幸、最倒霉的人了。但他的经理，一位中年人却说：“小伙子，你很幸运。”这位青年十分疑惑，看着经理。经理说：“凡是在青年时期受挫折的人都很幸运。因为你可以学到鼓起勇气重新开始的方法，学到不忧不惧的经验。如果你一直很顺利，到了四五十岁忽然受挫折那才叫可怜，到了中老年再学习如何面对困境，实在是太晚了。所以，你很幸运。”青年听后，一改往日颓唐的模样，重新振作起来。后来他无论遭受任何挫折都以笑容面对，成了一个成功的人。

“不经历风雨，怎么见彩虹，没有人能随随便便成功。”正如《真心英雄》中唱的那样，彩虹固然美丽，但不在风雨后她是不会释放出它的美丽的。经受挫折后，能不让信心失落，能微笑面对痛苦，才是真正的成功。若遭受挫折，退缩逃避、苟且偷生、得过且过，那才是真正的失败，才是世上最大的不幸！挫折并不可怕，只要你微笑面对，会发现那是上天赐予你的礼物，是一切幸福的开始。冬天来了，春天还会遥远吗？

四、请根据下面《鞋》的故事梗概进行扩充复述，要求口语表达的时间为 2～3 分钟，且主线鲜明、重点突出，运用描述细节、渲染气氛的方法，使没有出场的战士的高大形象出现在我们面前。

在一次战斗的间隙中，一位战士到附近的小镇上修了一双鞋。随后他的一双脚却因踩到地雷被炸掉了，住进了医院。后来他想起修鞋的事，请战友找到那个修鞋摊，付了修鞋钱，那双鞋他不要了……

五、请根据美国作家欧·亨利在他的小说《最后一片叶子》里的故事，分别进行改变人称的扩展复述与改变结构的倒叙式的扩展复述，要求口语表达的时间为 2～3 分钟，且语脉清晰，感情真挚，人物形象鲜明。

病房里，一个生命垂危的姑娘看见窗外的一棵树，树叶在秋风中一片片地掉落下来。病人望着眼前的萧萧落叶，身体也随之每况愈下，一天不如一天。她说：“当树叶全部掉光时，我也就要死了。”一位老画家得知后，用彩笔画了一片叶脉青翠的树叶挂在树枝上。最后一片叶子始终没掉下来；只因为生命中的这片绿，病人竟奇迹般地活了下来。而那位老画家却因为画叶子而遭受风寒去世了……

六、按照下列要求，进行扩展训练。

1. 将下列成语扩展成小故事，要求做到中心明确、层次清楚、首尾呼应、结构完整。

（1）刻舟求剑

（2）掩耳盗铃

（3）闻鸡起舞

（4）守株待兔

（5）指鹿为马

2. 将下面句子扩展成语段，做到有中心、有层次、首尾呼应、结构完整、文句通顺。

（1）确定个人志向，选好专业，这是幸福的源泉

（2）理想是人生的太阳

（3）仁义为友，道德为师

（4）为中华之崛起而读书

（5）勤奋就是成功之母

七、组织学生搞一次周末读书会，复述自己所看的一本书（可以是小说、散文、报告文学等）的主要内容，对其中的重点章节进行详细复述。

第三章　演讲口才技巧与训练

演讲是一种源远流长的社会现象，始终伴随着人类文明的发展而发展。4000 多年前，一位埃及法老对即将继承王位的儿子语重心长地说：“当一个雄辩的演讲家，你才能成为一个坚强的人……舌头就是一把利剑，演讲比打仗更有威力。”我国古语中也有“一人之辩，重于九鼎之宝；三寸之舌，强于百万之师”的说法。时至今日，演讲更是渗透了生活的各个领域，一些成功的人士往往会借助演讲、即席发言、致辞等在公众场合表达自己的思想、观点、见解、主张和美好祝愿等。

伴随着我国经济的飞速发展，演讲口才在社会竞争与合作中的作用也越来越受到重视。熟练掌握演讲口才知识与技巧并加以有效训练，对我们未来就业、创业及实现职业规划具有极其重要的意义。

美国演讲大师戴尔·卡耐基说过：“只要遵循正确的方法，做周全的准备，任何人都能成为出色的演讲家！”

第一节　演　　讲

知识点津

一、演讲的概念

演讲，又称演说、讲演，是在特定的场合中，讲话者凭借自己的口才，运用有声语言和态势语言，针对某些特定问题，当众发表自己的主张和看法，抒发情感，从而达到感召听众并促使其行动的一种信息交流活动。

演讲包含了“讲”和“演”两个基本要素，是有声语言和态势语言的统一。有声语言是在演讲活动中传递信息、表达思想最主要的媒介和表达手段，它承载着演讲者的主张、见解、态度和感情，将其传达给听众，从而产生说服力、感召力，使听众受到教育和鼓舞。它要求吐字清楚、准确，声音清亮、圆润、甜美，语气、语调、声音、节奏富于变化。而态势语言，就是指在一定程度上能辅助有声语言表达思想感情的眼神、表情、体态、手势等。它要求准确、鲜明、自然、协调。

二、演讲的特点

1. 综合性

演讲是“讲”和“演”的综合运用，二者缺一不可。“讲”即陈述，演讲者把自己的思想用口语表达出来；“演”是指为“讲”服务的态势语。演讲是以“讲”为主，以“演”为辅，互相交织、互相渗透、互相促进的统一体。

2．现实性

演讲的思想内容是社会生活的真实反映，它不朽的生命力就在于它与社会现实和时代节拍是同步的。只有正确认识和高度重视演讲的现实性，始终把握时代的脉搏，在演讲的主题和内容上下功夫，做到旗帜鲜明、内容出新，才能适应和满足社会现实的需要。

3．艺术性

演讲是口语艺术的集中体现，也是演讲者的仪表、手势、动作以及如何利用空间、物体等非语言形式的总体风度的展示。在演讲活动中，演讲者为了最大限度地达到自己的目的，还常常要借助于戏剧、音乐、诗歌等多种艺术手段为其服务。

4．广泛性

演讲是“一人讲，大家听”，是面对众人做演讲，因此演讲具有听众的广泛性。

5．鼓动性

任何演讲都不会是无缘无故的，都要达到某种目的。这个目的就是要让听众响应你，心有所动或有所感而有所为，因而演讲必须要有鼓动性。演讲者在演讲时总要用自己炽烈的情感、激昂的言辞来感染和征服听众。

6．工具性

演讲是一门科学，同时也是最经济、最实用、最便捷的传播工具。各行各业、各种身份的人，都可以运用演讲这一工具来进行信息交流。

三、演讲的要求

1．主题要积极向上

一般来说，一篇演讲只能有一个主题，演讲者必须围绕这个主题展开论述。演讲的主题必须积极向上，给人力量，催人奋进。

2．语言要通俗生动

演讲具有听众的广泛性，应尽量使用通俗晓畅的口语说话，注意克服使用专业术语和华丽辞藻堆砌的倾向。

3．情感要朴实真诚

演讲要以理服人，以情动人。单纯的理论说教，很容易让人产生厌烦心理，只有用朴实真诚的情感去打动听众，才能引起听众的共鸣。

4．态势要自然得体

演讲的态势是自然流露的“形体语言”，同有声语言相互补充、相互配合，演讲的态势要服从表情达意的需要，做到自然得体。

四、演讲的结构

演讲的结构一般可以分为三个部分：开头、主体和结尾。

1．演讲的开头部分

演讲的开头，也叫开场白。它是演讲者向听众出示的第一个重要信息，犹如戏剧开头的“镇场”，起着先声夺人的作用。它肩负着激发听众兴趣、集中听众注意力、建立与听众良好的互动关系、创造适合演讲的气氛和环境的使命。演讲的开头应该用最简洁、最有吸引力的语言，在最短的时间内调动起听众的兴奋点，这样才能达到出奇制胜的效果。“好的开端是成功的一半”，开头的方式有很多，如开篇入题、设置悬念、引用名言、讲述故事、借题发挥、提问设问、引用比兴等。

2．演讲的主体部分

演讲的主体部分就是演讲的正文。它主要是运用恰当的材料对于演讲提出的中心问题或观点进行分析、论证。它的任务是通过阐述主题来感染听众、说服听众、教育听众、鼓动听众。其常见的结构有以下几种。

（1）并列式　首先将中心论点分解成若干个并列的分论点来进行阐释和论证，再以中心论点为线索将各部分串成一个整体。它的特点是层次分明，结构严谨，比较适合论证较为重大的问题。

（2）递进式　围绕中心论点由浅入深，层层递进，先说明“为什么”，继而谈“怎么样”。它的特点是结构清晰，丝丝入扣，易于听众理解和接受。

（3）正反对比式　围绕中心论点，一方面从正面说明，一方面从反面说明，使听众从两种事物的不同或对立中辨明谁是谁非，认识中心论点的正确性。

此外，还有因果式、总分式、问题式等。无论采取哪种方式，都应服从主题的需要，合理安排。

主体部分要达到主题鲜明、层次清楚、选材合理、论证严密、结构灵活、高潮迭起的基本要求。

3．演讲的结尾部分

俗话说，“编筐编篓，全在收口”。演讲最重要、最精彩的部分往往在结尾的部分。演讲的结尾“当如撞钟”，讲到高潮，果断收束，戛然而止，余音绕梁，给人以有力的激励和无穷的回味。演讲稿的结尾没有固定的格式，或对演讲全文进行简明扼要的小结，或以号召性、鼓动性的话语收束，或以诗文名言以及幽默俏皮话结尾等。

无论采取哪种形式，结尾都要揭示题旨、深化主题、感召听众，力求给听众留下深刻的印象。

五、演讲的语言

演讲是以语言为载体的，它包括有声语言和态势语言，是一种听觉艺术，也是一种视觉艺术。

1．有声语言

演讲是语言的艺术，离开了有声语言，演讲者就如同打仗失去了手中的武器。演讲对于有声语言的基本要求是普通话标准、声音洪亮、字正腔圆；进一步的要求是抑扬顿挫、流畅自如；更高的要求是丰富多彩、声情并茂。演讲时要做到以下几点。

（1）语音标准，声音洪亮　语音标准具体表现为使用普通话、发音准确、吐字清楚。

（2）语速适中，富于变化　演讲时，要根据演讲者的感情、演讲的思想内容、演讲时的环境氛围等需要，合理安排语速。一般来说，讲到愤怒、紧张、激越等内容时用快速；进行一般的叙述、说明时用中速；讲到庄重、沉静、悲伤和要言至理时用慢速。语速太快会让人听不清楚，对主要观点难以形成深刻印象，也会给人以过于紧张、缺乏控制力的错觉。语速太慢则显得拖沓，容易令人失去耐心，也给人以缺乏力度和激情、技巧不熟练、对演讲内容不熟悉等错觉。过于平板的语速容易使演讲显得单调。

（3）音量和语调适中、有起伏　演讲者应根据听众听觉的承受能力，适度地调节自己的音量，既要使后排的听众听起来不吃力，又要使前排的听众听起来不刺耳；而且要根据内容适时调整。比如，呼吁、号召时，自然加大音量、加重语气；表达激动的情绪时自然用高亢的语调，如赞美、愤怒、质问等。一般情况下以从容、有力作为主基调，适当加入高潮式的高音量和语调为佳。

（4）重音使用准确、得体　演讲中总会有一些关键词语，起着强调语义、重点，突出情感的作用。利用重音增强语言的表现力，是语音表达的重要技巧之一。能够说好重音，语义、感情就能表达得清楚明白。在表意重点处加以适当重读，还能起到画龙点睛的作用，给听众留下深刻印象。一般可在演讲前先梳理一下，讲到这些词时可适当放慢节奏，让听众听得更清楚，以加深印象。

（5）合理的停顿　在演讲中进行合理的停顿，可以形成具有韵律美的演讲节奏，有时候还能表达出更深层次的意义。除生理需要的自然停顿外，还要把握语法停顿、逻辑停顿、修辞停顿、心理停顿等。

2．态势语言

演讲使用的不仅有有声语言，还有态势语言。态势语言是有声语言的必要补充，如果运用得好，能使演讲充满活力，增强演讲效果。言辞接于耳，姿态动作接于目。当耳朵听到的与眼睛看到的和谐统一时，演讲更能给听众以美的享受。

（1）手势　演讲的手势有多种复杂的含义，以自然为佳，最好就是日常的习惯性手势，并在此基础上，进行适当的设计。如空中劈掌表示坚决果断，手指微摇表示蔑视或无所谓，双手摊开表示无可奈何，右手紧握拳头表示愤慨、决心等。

（2）站姿　站在台前应挺胸抬头，给人一种端庄大方、朝气蓬勃的感觉；不要左右摇摆，也不要塌腰驼背。可以两脚平行，也可以用丁字步：两脚略微分开，前后略有交叉，身体的重心放在一条腿上，另一条腿则起平衡作用。这样不显得呆板，既便于站稳，也便于移动。

（3）目光　目光要自然亲切，扫视听众。不要低头只顾看演讲稿，也不要在一个地方停留过久，或者刻意地去盯着某一个人。

（4）表情 演讲者给人的整体感觉应该是自信和从容，演讲者配合演讲内容，用一些变化有效地传达自己的情绪，尽量避免表情呆滞或过于活泼。一般来说，要面带微笑。

演讲者在充分运用态势语言时，应注意把握好尺度，尽量使人感到真实、自然、亲切而没有人工雕琢的痕迹。

案例点评

案例 1

1883 年 3 月 17 日，伟大的革命导师马克思安葬在英国伦敦郊区海格特公墓。在葬礼上，他的挚友恩格斯发表了演说。开场白是这样的：

“3 月 14 日下午两点三刻，当代最伟大的思想家停止思想了。让他一个人留在房里还不到两分钟，等我们再进去的时候，便发现他在安乐椅上安静地睡着了——但已经是永远地睡着了。这个人的逝世，对于欧美战斗着的无产阶级，对于历史科学，都是不可估量的损失。这位巨人逝世以后所形成的空白，在不久的将来就会使人感觉到。”

点评 恩格斯的《在马克思墓前的讲话》，起初草稿是从马克思夫人的逝世说起，然后才进入自己的题目。客观和冷静的叙述，很难将听众迅速地引入情境。于是，恩格斯进行了修改，采用单刀直入的方法，直接讲马克思“停止了思想”“永远睡着了”，这样就迅速将听众引入到沉痛和肃然的既定情境中，取得了比原稿那种缓慢的节奏更好的效果。

案例 2

在一次教师节庆祝大会上，天空飘着蒙蒙细雨，演讲者巧妙地借景开头：

“今天天气不太好，阴沉昏暗，细雨蒙蒙，但我们却在这里看到了一片光明，这光明就是——人民教师。”接着转入正题，讴歌教师的伟大和贡献：“他们好像蜡烛，燃烧了自己，却给人类的未来带来光明。”

点评 这位演讲者的借景开头，显然要比那种照本宣科的开场白更具有吸引力。如果一上台就开始正正经经地演讲，会给人生硬突兀的感觉，让听众难以接受。如果以眼前的人、事、景为话题，引申开去，就会把听众不知不觉地引入演讲之中。

案例 3

毕业欢送会上班主任的演说，一开口就制造了一个悬念，让学生们疑窦丛生：

“我原来是想祝福大家一帆风顺，但仔细一想，这样说不恰当。”这句话把同学们弄得丈二和尚摸不到头脑，屏声静气地听下去——“说人生是一帆风顺就如同祝某人万寿无疆一样，是一个美丽而又空洞的谎言。人生漫漫，必然会遇到许多艰难困苦，比如……”最后得出结论：“一帆风不顺的人生才是真实的人生，在逆风险浪中拼搏的人生才是最辉煌的人生。希望大家奋力拼搏，在坎坷的征途中，用坚实有力的步伐走向美好的未来！”

点评 “一帆风顺”本是常见的吉祥祝语，而这位老师偏偏反弹琵琶，从另一角度悟出了人生哲理。第一句话无异于平地惊雷，又宛若异峰突起，怎能不震撼人心？这个悬念式的开场白很好地吸引了大家的注意力，并且给同学们留下了深刻的印象。

案例 4

约翰·罗克是美国著名的黑人律师，1862 年年初，他在马萨诸塞州反奴隶制协会年会上，发表了《要求解放黑人奴隶的演说》。他的开头简洁而又幽默：

“女士们，先生们——我到这里来，与其说是发表讲话，还不如说是给这场合增添一点颜色。”

点评 幽默，是人与人之间最好的润滑剂。约翰·罗克所说的“颜色”是双关语，演讲的目的是要解放黑人奴隶。寓庄于谐的幽默语言，赢得了听众的掌声和会心的笑声。

案例 5

一位同学在竞选班干部时所做的演讲是这样开头的：

“大家好！先自我介绍一下：我叫梁丽叶，与梁山伯同姓，和朱丽叶同名。大家可能会莞尔一笑：哟，好一个中外合资的名字！爸爸对我说，叶子很平凡，但美丽的叶子却不多，起这个名字是希望我能够在平凡的人生中，活出不平凡的精彩。这名字就代表我的志向、我的作风、我的追求。”

同样，著名学者胡适在一次演讲时这样开头：

“我今天不是来向诸君作报告的，我是来‘胡说’的，因为我姓胡。”话音刚落，听众大笑。

点评 这位同学在演讲的开头，借助自己的名字，生发新意，用诙谐的语言来进行自我介绍，使听众倍感亲切，在无形中缩短了与听众间的距离，并且让人感觉耳目一新。

胡适幽默的开场白既巧妙地介绍了自己，又体现了演讲者谦逊的修养，而且活跃了场上气氛，拉近了演讲者与听众的距离，达到了一石三鸟的效果，堪称一绝。

案例 6

一位同学在呼吁不要沉迷网络的演讲中是这样开头的：

“你上网冲浪时，是否一次就几个小时不下来？你是否花很多时间在网上看广告版，而不是在教室里看书？你是否跟聊天室里的人谈得更起劲，而不愿跟朋友或家人一起？如果不能上网，你是否感到压抑或失去目标？登录上网是不是你一天的兴奋点？如果是这样，你也许就是心理学家们所说的越来越多的网迷中的一员。”

点评 这段开场白提出一连串的问题，每个问题都会引起读者的思考，演讲者自然而然地将听众引入自己设想的轨道，听众会随着演讲者的思路思考并探索下去。

案例 7

周光宁在做《救救孩子》的演讲时，开场白是这样的：

“去年 5 月 24 日的《新民晚报》披露了这样一个事实：一个四年级的小学生，每天要带父母亲手剥光了壳的鸡蛋到学校吃。有一次，父母忘了给鸡蛋剥壳，差点憋坏了孩子，他对着鸡蛋左瞅右看，不知如何下口。结果只好原蛋带回。母亲问他怎么不吃蛋，回答很简单：‘没有缝，我怎么吃？’”

点评 故事式开场白很容易集中听众的注意力，周光宁通过“小学生不会剥鸡蛋”这样一则新闻报道开头，把听众带入演讲主题：全社会都要重视培养孩子们独立生活的能力和战胜困难的勇气。

案例8

芝加哥一位交通经理是这样结束他的演讲的：

“各位，简而言之，根据我们在自己后院操作这套信号系统的经验，根据我们在东部、西部、北部使用这套机器的经验，它操作简单，效果很好，再加上在一年之内它阻止撞车事件发生而节省下的金钱，使我以最急切及最坦荡的心情建议：立即在我们的南方分公司采用这套机器。”

点评 在结束之际，对自己的演讲内容进行言简意赅的概括，可以帮助听众迅速理清思路，加深印象。这位交通经理的演讲结尾就是一个成功的案例，我们可以不必听到他演讲的其余部分，就可以了解到那些内容。

同时，这个结尾也是“请求采取行动”结尾的典型例子。演讲者希望相关人员有所行动：在他所服务的铁路公司的南部支线设置一套信号管制系统。他请求公司决策人员采取这项行动，主要原因在于：这套设备能够替公司省钱，也能防止撞车事件的发生。

案例9

史兹韦伯在结束他对纽约宾州协会的演讲时是这样说的：

“伟大的宾州应该领先迎接新时代的来临。宾州是钢铁的大生产者，是世界上最大铁路公司之母，是美国第三大农业州，是美国商业的中心。她的前途无限，她身为领导者，机会光明无比。”

点评 史兹韦伯在结束演讲时对宾州进行了简洁而真诚的赞美，使听众感到愉快、高兴，并对前途充满了信心。这种收束方式亲切自然，易于被听众接收。

案例10

乔治在聚会上向教徒们演讲著名传教士韦斯里的墓园的维护问题，演讲结束得漂亮而精彩：

“我很高兴各位已经开始整修他的墓园。这个墓园应当受到尊重。他特别讨厌任何不整洁及不干净的事物。我想，他说过这句话，‘不可让人看到一名衣衫褴褛的教徒’。由于他，所以你们永不会看到这样的一名教徒。如果任由他的墓园脏乱，那便是极端不敬。各位都记得，有一次他经过德比夏郡某处时，一名女郎奔到门口，向他叫道：‘上帝祝福你，韦斯里先生。’他回答说：‘小姐，如果你的脸孔和围裙更为干净一点，你的祝福将更有价值。’这就是他对不干净的感觉，因此，不要让他的墓园脏乱。万一他偶尔经过，这比任何事情都令他伤心。你们一定要好好照顾这个墓园，这是一个值得纪念的神圣墓园。它是你们的信仰寄托之所在。”

点评 演讲墓园的维护问题，这个题目本来极为严肃，大家都想不出有什么好笑的。但是乔治做到了这一点，而且做得十分成功。用幽默来结束自己的演讲，会使听众产生亲切感，加深听众对于演讲的印象，从而增强演讲的说服力。

案例11

世界扶轮社社长哈里·劳德先生以这种方式结束他的演说：

“各位回国之后，你们之中某些人会寄给我一张明信片。如果你不寄给我，我也会寄一张给你。你们一眼就可看出那是我寄去的，因为那上面没有贴邮票。但我会在上面写些东西：春去夏来，秋去冬来，万物枯荣都有它的道理。但有一件东西永远如朝露般清新，那就是我对你们永远不变的爱意与感情。”

点评 如果能找到合适的哲理性语言或诗句作为演讲的结尾，它将营造出最为合适的氛围，表现出独特的风格，产生美的感觉。这首短诗很能配合哈里·劳德演说时的气势，为整篇演讲画上了一个完美的句号。

案例 12

有一位演讲者在参加演讲比赛时，由于口误，把“中国人民生活一天比一天好”说成“一天比一天差”。这可是关键性的大错误，满场的人都惊愕地看着他。这时他灵机一动，不紧不慢地补上一句：“难道真是这样吗？不，大量事实驳倒了这个谬论！”

点评 演讲者由于精神紧张、准备不够充分等原因，可能会在演讲的过程中出现一些失误，如果演讲者控制能力不强，演讲就会全盘皆输。这位演讲者沉着镇定，应变能力强，在紧要关头做到了“化腐朽为神奇”。

技巧扫描

一、演讲的开头技巧

俗话说：“万事开头难。”演讲的开场白很不易把握，要想三言两语抓住听众的心，并非易事。如果在演讲的开始，听众对你的话就不感兴趣，注意力一旦被分散了，那后面再精彩的言论也将黯然失色。因此，只有匠心独运的开场白，才能给听众留下深刻印象，才能很好地控制场上气氛，瞬间集中听众注意力，从而为接下来的演讲内容顺利地搭梯架桥。

1. 直入式开头

开门见山，迅速地将听众带入既定情境和思路中去。这种方法开宗明义，没有丝毫累赘之言，可以帮助听众在一开始就抓住要领，明确讲题的重要，产生听下去的欲望。

2. 情景式开头

从演讲时的环境或情境讲起，以眼前的人、事、景为话题，引申开去，把听众不知不觉地引入演讲之中，创造一种特有的氛围。

3. 悬念式开头

人们都有好奇的天性，一旦有了疑虑，就总想探明究竟。为了激发听众的强烈兴趣，演讲的开头也可以使用设置悬念的手法来抓住听众的心理。

4. 幽默式开头

以幽默的语言开始演讲，可以让听众在心领神会的笑声中缩短与演讲者的距离，同时，演讲者也可以由此摆脱暂时性的怯场，强化自信。

5. 提问式开头

开场便向听众提几个问题，请听众与演讲者一起思考，这样可以立即引起听众的注意，促使他们很快地把思想集中起来，一边迅速思考，一边留神听你把话讲下去。

6. 故事式开头

用形象的语言讲述一个故事作为开场白会引起听众的莫大兴趣。选择故事要遵循这样几个原则：要短小，不然就成了故事会；要有意味，促人深思；要与演讲内容有关。

除此之外，还有“道具式”“介绍式”“新闻式”等开头方法。不管用什么样的方式开头，都要别致有趣，抓住听众心理，吸引听众注意力，或富有新意，出奇制胜，使人耳目一新；或有容量，意境深远，内涵丰富。

二、演讲的结尾技巧

演讲要获得全面的成功，一定要精心设计好结尾。如果说好的开头犹如“凤头”，那么好的结尾就像“豹尾”。豹尾者，色彩斑斓而又强劲有力。演讲的结尾，既要果断干净又要耐人寻味，这样才能使演讲得以升华，达到良好的效果。

1. 总结观点式结尾

演讲者在演讲结束前以简明扼要的语言对讲过的内容进行总结，以加深听众的印象，同时，还能起到画龙点睛的作用。

2. 请求行动式结尾

在演讲中说最后几句话时，要求行动的时间已经来到，时机已经成熟。因此就应开口要求，要求听众去做你想要他们做的事情。这也可以叫作“号召式结尾”。

3. 赞美式结尾

在演讲结束的时候，进行简洁而真诚的赞美，往往会取得很好的效果。但是，为了达到良好的效果，演讲者的态度必须很真诚，不可阿谀奉承，不可夸大其词。这种方式的结尾，如果不能表现得很真诚，反而让人觉得虚伪，效果就不好了。

4. 幽默式结尾

同幽默式开头一样，幽默式结尾在演讲中同样可以起到活跃现场气氛、拉近与听众的距离、使演讲变得生动有趣的作用。而且在一段较长的演讲过后，让大家能够轻松一笑，会使听众对你的演讲产生更为深刻的印象。

5. 哲理式结尾

哲理性的语言发人深思，给人力量，催人奋斗，而且能够增强演讲的说服力。

除此之外，还有“反语式”“启发式”“含蓄式”等多种结尾方法。不管用什么方法，都要注意艺术的魅力，在恰当的时刻，画龙点睛地结束演讲，为演讲画上完美的句号。

三、演讲的控制技巧

演讲的根本目的在于影响听众的主观意识，引发听众思考，促使某种行为的出现或改变。要达到这一目的，演讲者必须对演讲的过程实施有效的控制。

1．对怯场的控制

很多人在演讲时会出现羞怯和紧张的情绪，怎样才能控制这种怯场心态呢？

首先，充分的准备是克服怯场心理的基础。认真准备演讲稿，记住演讲内容，设计好演讲中的各个环节，充分估计演讲现场可能发生的各种情况，做到成竹在胸、烂熟于心，就会大大减少怯场的概率。

其次，加强演讲的实践和训练。丰富的演讲实践和训练是克服怯场的最好的方法。

再次，要充满自信。演讲者必须充分相信自己，对自己充满信心，当然，这份信心是建立在充分准备的基础上的。

最后，转移注意力。把注意力集中到演讲的内容上去，想着怎样去吸引听众、鼓动听众，如有必要，还可以有意回避听众的视线和表情，场上的一切只当什么也没看见。

2．对情感的控制

演讲需要感情，这是古今中外所有演讲者的共识。但是感情是需要控制的，情感的失控会导致行为的失态，譬如在演讲中声嘶力竭、脸红脖子粗、吹胡子瞪眼、说过头话等。1959年，赫鲁晓夫在联合国的演讲台发表演说，台下听众有的喧闹，有的吹口哨，面对这种情况，他被激怒了，居然脱下皮鞋，用力敲打讲台。这个大失一国领袖风范的行为就是情感失控导致的失态。

情感应该服从理智，服从动机和目标，服从演讲的表达。

那么，如何避免情感失控呢？除了要加强理智、克服情感的随意性之外，还要懂得尊重听众、礼貌待人，不要恶语伤人。有时还要有适当的处变能力和技巧，懂得用沉默、停顿等方法来控制情感、调节气氛。

3．对失误的控制

在演讲过程中，演讲者可能会因为紧张、准备不够充分等原因，自身发生失误，比如“卡壳”、讲错等。遇到这种情况，首先要处变不惊，解除思想负担和心理包袱。事实上，一些无关大局的错误并不会影响整个演讲的效果，不要自我放大错误，越是紧张，心理压力越大，就越容易出错。其次要保持镇定，灵活应变，迅速寻求补救措施。

遇到忘词的情况时，不要站在台上苦苦回想，也不要从头开始，重新来过，而应该临场发挥，尽量顺着往下说。其实，只要整个演讲大体上能连得起来，少一两句话甚至丢一段都没什么关系，因为听众并不知道你的演讲稿是什么样子的。我们在“卡壳”前一般都会有预感，应抢在“卡壳”前以合理的减速去争取几秒钟的宝贵时间，赢得思维调节的周旋余地。例如：放慢节奏，多让出一些供听众反思和回味的时间；向听众提一些问题，如“说到这里，不知在座的各位是否有同感”；或者有意识地将前面的话重复一两遍；甚至可以喝一口水。在你延宕的几秒钟里，下面的话也许就“跳”出来了。

当演讲中出现一些小的纰漏和差错，如用语欠妥、读错字等，如果无关紧要，大可以将错就错地讲下去，不要太过在意一城一池的得失。如果存在原则性问题，则可以在错话后面加一个设问句以自圆其说：

“刚才这种说法对不对呢？我们要说：不对！”

“刚才这种观点明明是错误的，偏偏有个别人奉为真理！”

4. 对冷场的控制

冷场是指在演讲过程中，听众对演讲者所讲内容毫无兴趣、反应冷淡、注意力分散，他们仅仅是出于纪律的约束或处世的礼貌而扮演一个听众的角色。冷场是演讲失败的表现。因为任何演讲都是希望能够告诉听众什么和让听众知道什么，目的是要对听众产生影响或引起听众思索。如果听众兴味索然，不想听、不愿听，自行其是，演讲者的希望和目的自然也就落空了。

对冷场的控制，有三种策略。

第一，变换话题。将原来准备的演讲内容弃置，针对现场听众的需要做即兴演讲。如果没有即兴演讲的能力，也要在原来准备的演讲内容中揉进现场听众感兴趣的内容，以调动听众的情绪。

第二，插科打诨。临时加入一些幽默或者让听众觉得有趣的神态、动作。待听众注意力被吸引住，产生活跃的气氛后，再接着原有思路讲下去。

第三，减短内容。只拣要害、关键之处讲，那些客套、应景话或人人皆知的大道理尽量不讲。

实用训练

一、有人说："我不想做政治家，不需要学演讲。"你同意这种观点吗？说说你的理由。

二、请就下面的话，设计你觉得演讲中合适的手势动作。

1. 我想，既然是竞选，就该谈点儿任职后的工作设想。我打算组织一些活动来丰富大家的业余生活，如演讲比赛、辩论赛、联欢会、各种球赛等。

2. 不久的将来，我国还要进行神舟八号、神舟九号的宇宙飞行，我们最大的愿望，就是把祖国的荣耀写满太空！

3. 无情的病魔夺取了妈妈的生命。任凭我喊破了喉咙，哭干了眼泪，任凭我扑在她的身上，摇着她瘦小的身躯，妈妈的眼睛还是永远地闭上了。哦，亲爱的妈妈，您睁开眼睛，再看一看您心爱的女儿啊……

三、根据提示读下面的文字，注意运用面部表情和语气语调来配合表达。

1. 3 月 14 日下午两点三刻，当代最伟大的思想家停止思想了。让他一个人留在房里还不到两分钟，等我们再进去的时候，便发现他在安乐椅上安静地睡着了——但已经是永远地睡着了。(悲痛)

2. 长途！我是中共山西平陆县委，我们这里有六十一名民工食物中毒，急需一千支"二巯基丙醇"，越快越好，越快越好！(焦急)

3. 这几天，大家晓得，在昆明出现了历史上最卑劣最无耻的事情！李先生究竟犯了什么罪，竟遭此毒手？他只不过用笔写写文章，用嘴说说话，而他所写的，所说的，都无非是一个没有失掉良心的中国人的话！大家都有一支笔，有一张嘴，有什么理由拿出来讲啊！有事实拿出来说啊！(激动)

4. 我放弃了竞选。我偃旗息鼓，甘拜下风。我够不上纽约州州长竞选所需要的条件，于是我提出了退出竞选的声明。(懊恼)

5. "井冈山的竹子，是革命的竹子！"井冈山人爱这么自豪地说。(自豪)

四、分别以直入式、情景式、名言式三种方式拟写演讲稿《青春》的开头。

五、请根据下面的演讲内容，加上恰当的结尾。

1. ……王羲之练字入了迷，拿馍馍蘸了墨汁往嘴里塞，还对夫人说好吃；爱迪生刚举行完婚礼，就一头扎进实验室，把新娘、亲朋全忘了，一直忙到半夜12点；天才莫扎特喜欢边走路边构思音乐，回家时经常走错门……

2. ……一天，别说在历史的长河中像闪电似的只是一瞬，就是在一年当中，甚至在一月之中也是很短暂的。可是，就在这短短的一天之中就有巨大的财富被创造出来。以1988年为标准，我国每天可产煤274万吨，原油40万吨，钢16.4万吨，水泥55万吨，发电近15亿度。如果是战争年代，在抢渡大渡河、飞夺泸定桥时，就是一分一秒也关系到千百人的生命，关系到战争的胜败……

六、阅读下面几篇演讲的开头，体会它们各用的是什么开头方法，好处是什么。

1. 一位大学生在做题为《当我走进大学校门的时候》的演讲时这样开头：

"大家一定记得这样的一个传说吧：阿拉伯有一个神奇的山洞，里面收藏了40个大盗偷来的金银财富和珍珠玛瑙。只要掌握一句咒语，洞门就会自动打开。有一天，一个叫阿里巴巴的人无意中知道了这句咒语，他打开了财富之门，成为巨富。"

2. 1965年11月，美国友人安娜·路易斯·斯特朗女士在中国庆祝她的80寿辰，周恩来总理特意在上海展览馆大厅举行了盛大的祝寿宴会。周总理的开场白是：

"今天，我们为我们的好朋友、美国女作家安娜·路易斯·斯特朗女士庆贺 40'公岁'诞辰。"

3. 一位老先生在演讲开始时首先向听众提问："人从哪里老起？"（听众纷纷作答，有的人说人从脚老起，有的说人从脑子老起，会场气氛十分活跃）老先生后来自我作答："我看有的人从屁股老起。"（全场哄堂大笑）老先生继而解释道："某些干部不深入实际，整天泡在'会海'里，坐而论道，那屁股可造孽了，又要负担上身的重压，又要与板凳摩擦，够劳累了。如此一来，岂不是屁股先老么？"

七、阅读下面几篇演讲的结尾，体会它们各用的是什么结尾方法，好处是什么。

1. 郭沫若在题为《科学的春天》的演讲中这样结尾：

"春分刚刚过去，清明即将到来。'日出江花红胜火，春来江水绿如蓝。'这是革命的春天，这是科学的春天，让我们张开双臂，热烈地拥抱这个春天吧！"

2. 美国哲学家桑塔亚退休前在哈佛大学礼堂的最后一次演讲中这样结尾：

"对不起，诸位，失陪了，我与春天有个约会。"

3. 福克纳在题为《人不只是要生存下去》的演讲中这样结尾：

"如果他能先认清那些真理，才能俨然以万古不朽之躯来创作。我是不以为人类会灭亡的，因为你只要想想人可以世世代代不停地繁衍下去，就这点我们即可说人类是不朽的。但是我觉得这样还不够，人不仅要生存下去，而且更要出众，人类之不朽并非只因他在万物之中有着无穷尽的声音，主要的是因为他有心灵，有同情、牺牲以及忍耐的精神，而诗人、作家的责任就在于写这些事情，他们有权利帮助人类升华精神世界，提醒人们过去有的光荣，如勇气、荣誉、希望、自尊、同情及牺牲精神，诗人的作品不只是人类的记录，也可以说是帮助人类生存及超越一切的支柱。"

八、以下是在演讲过程中可能会发生的几种意外情况，假若你遇到了会怎么办？请说出处理方法。

1. 演讲者自身失误，如忘词、讲错、摔倒等。
2. 听众反应冷漠，或交头接耳，或东张西望，或打瞌睡，甚至溜号。

九、请任选下面的演讲题目，在班级进行一次演讲。

1. 我是未来的城市建设者
2. 莫让年华付水流
3. 竞争——人类前进的动力
4. 诚信就是一轮明月
5. 朋友，请伸出你温暖的双手

十、举行一次竞选班干部的演讲。要求通过演讲来展示个人才华，表达个人意愿，谋求实现个人理想与抱负的机会，向听众推销自我，以获得听众的赞赏和认同。

第二节 即席发言

知识点津

一、即席发言的概念

即席发言又称即兴讲话，是指讲话人在特定的场合中，在事先无准备的情况下，就某个问题发表见解、提出主张，或表达某种情感、某种愿望的一种发言。

即席发言，既然是无准备的，当然就不可能有发言稿。但是这并不等于即席发言是不做任何准备的。美国著名的口才学专家戴尔·卡耐基认为，没有准备的讲话“是信口漫话，或叫信口开河”。

在生活中，每一个人都有可能被邀请即席发言。在很短的时间内，讲些什么？怎么讲？怎样才能展示你的才华与水平？这不但能反映一个人的讲话能力，也能反映一个人的思想素养。所以，一个想获得成功的人应当在各种场合或状态下，随时做好上台讲话的全面准备，即使三五分钟的发言也要精心准备。

二、即席发言的特点

1. 临场性

即席发言具有很强的临场性。也就是说，发言者不能事先拟写讲稿，必须靠临场准备、临场发挥，就听众最感兴趣的、最关心的问题就地取材，或展开联想或借题发挥，发表自己的讲话。

2. 敏捷性

即席发言要求必须在很短的时间内，迅速选择话题，进行构思，组织材料，针对具体的对象和情景，发表适切的讲话。要做到即席发言时的敏捷，平时的知识积累和能力准备是必不可少的。

3. 针对性

即席发言一般都是在有限时间内对现实话题所做的迅速反应，这就使话题的内容限制在一定的范围内，具有针对性。发言者要直截了当地表明自己的看法，褒贬分明，力求以内容的准确精当使听者信服。

4. 简练性

由于是临时准备，发言者很难在短时间内构思出长篇大论，所以一般主题单一、篇幅短小，有的三两分钟，有的甚至寥寥几句。即席发言强调口语化，句式短小、灵活、简练，不用难以理解的句子。简练，既能节省时间，免得引起与会者的反感；又能藏拙，因为毕竟没有充分的准备，不至于东拉西扯暴露出自己的弱点。

三、即席发言的要求

1. 一定的知识广度

只有学识丰富，才能在短暂的准备时间内从脑海中找到生动的例证和恰当的词汇，为即席发言增添魅力。

2. 一定的思想深度

发言者对现场情境应能宏观地把握，通过表层迅速深入事物本质，形成一条有深度的主线，围绕着它丰富资料、连贯成文，以免事例繁杂、游离主题。

3. 较强的综合材料的能力

即席发言要求发言者在很短的时间里把符合主题的材料组合、凝练在一起，这就要求发言者具备较强的综合能力，有效地展现其知识的广度和思想的深度。

4. 较纯熟的现场表达技巧

即席发言没有事先精心写就的讲稿，临场发挥是特别重要的。发言者在构思初具轮廓后，应注意观察场所和听众，摄取那些与演讲主题有关的人物或景物，因地设喻，即景生情。

5. 较强的应变能力

由于演讲前无充分准备，即席发言在临场时就容易出现一些意外情况，只有沉着冷静、巧妙应变，才能扭转被动局面。

案例点评

案例 1

1924 年 5 月 7 日，是印度诗人泰戈尔 64 岁寿辰，北京学术界的朋友齐聚一堂为之祝寿。梁启超作即席发言。因之前泰戈尔想让梁启超为他起一个中国名字，所以，梁启超这样发言：

“今天是我们所敬爱的天竺（古代印度的称呼）诗人在他所爱的震旦（从前印度对中国的称呼）过他 64 岁生日。我用极诚恳、极喜悦的心情，将两个国名联起来，赠给他一个新名叫

‘竺震旦’！”

泰戈尔庄重而喜悦地接受了这个中国名字。

点评 在参加各种集会和活动时，应该时刻做好临场发言的准备。由于梁启超事先有所准备，因而能够从印度称中国为“震旦”入手，联系古代印度（天竺）的称呼，将两个国名联起来，赠给泰戈尔一个新名叫“竺震旦”。选取好的切入点可使发言显得生动活泼，情趣盎然，寓意深刻。

案例 2

印度前总理英迪拉·甘地夫人早年在英国学习时，曾应邀参加一次群众聚会。当时，主持人突然宣布让她讲几句话，甘地夫人非常惊讶，因为她根本没有想到会让她发言。走上讲台，她只能颤抖地发出一些音节，不知所云。后来有人这样评论她的这次即席发言：“她不是在说话，她是在尖叫。”

点评 心理上的随时准备，会让你不断思考，随时准备着在紧急情况下做出冷静而准确的反应。一旦演讲，可以尽快抓住题目，争取主动。甘地夫人这次失败的发言，充分说明了有所准备的重要性。

案例 3

在一次纪念大会上，闻一多先生做了一次鼓动性的演讲。当云中的月亮露出来时，他即景生情，用手一指，说道：“朋友们，你们看，月亮升起来了，黑暗过去了，光明在望了，但是乌云还等在旁边，随时会把月亮盖住！”

点评 闻一多先生所说的月亮和乌云，其实是借题发挥的媒介，巧借“月”和“云”，形象生动地揭示了这样一个哲理：虽然黑暗最终是挡不住光明的，但是，在光明到来之前，又不能掉以轻心，还必须提高警惕，防止“乌云”重来。闻先生的这种现场比喻深刻而形象地表达了革命者对前途的坚定信念和对形势的清醒认识。

案例 4

一位师范毕业生分配到一所学校任教，在“欢迎新教师座谈会”上，主持人请他稍等一会儿做即席发言。这时，他脑子里的许多观点、情景如“录像带”般呈现出来，他把自己想到的一些东西快速地写了下来：①万事开头难；②做老师责任大，担子重；③实习时家访中的感人镜头；④希望老教师要传、帮、带；⑤今天的学生是未来的建设者，教育好他们是时代赋予的使命；⑥陶行知说：“做中学、学中做”；⑦有志者不怕事不成；⑧毕业离校时的决心；⑨做教师是我无怨无悔的选择；⑩我会在今后的日子里虚心向各位老教师学习和请教。然后，他根据材料与发言主题的关系进行了取舍，将材料按③→②→①→⑥→④→⑩→⑦的顺序进行排列组合，主持人请他发言，他站起来侃侃而谈，赢得了一片掌声。

点评 这位新老师在确定了发言的中心和主题后，快速地对头脑中库存的相关知识、材料进行梳理，合理选材，快速组合，按照一定的顺序和结构将这些材料连缀起来，形成了完整、合理的发言网络。最终，他的即兴发言获得了大家的一致好评。

案例 5

在 1992 年一次“希望工程义演晚会”上，主持人凌峰在唱了两支歌并受到满场喝彩之后，不失时机地做了这样一番即席发言：

“谢谢，谢谢大家，谢谢大家为参与这次义演活动所付出的爱心。挽救百万失学儿童的希望工程，是中华民族跨世纪的基础建设，是功系千秋的事业。我在和国内朋友们一起筹划百场义演期间，曾几次路过古老的黄河，联想起我们民族源远流长的文化，联想起那么多贫困失学的儿童，我的心就会颤抖。（全场极静）失去教育的孩子就像黄河流失的宝贵黄土，本来每一块土壤都是可以长出一棵大树的。（停顿、静场）让我们大家都献出爱心，不要让水土流失，不要让我们的孩子失去成材的机会。（全场共鸣的掌声久久回荡）”

点评　凌峰的即席发言可谓绝妙高超。凌峰借联想将失去教育的孩子与黄河水土流失两个材料巧妙地组合在一起，用切身的感受呼吁：不要让我们的孩子失去受到教育的机会。这为晚会的高潮推波助澜，恰到好处地表达了义演晚会的主题，具有强烈的震撼力和感染力，令在场的所有人为之动容，产生强烈的共鸣。

技巧扫描

一、有所准备，不断思考

即席发言虽然具有突然性、即时性，来不及写稿、练习、充分准备，但并不是绝对不可预测、无法准备的。一般来说，无论是有明确题目的即兴式演讲比赛，还是生活中常见的突然“请你说几句”，自己是否可能发言，总还是有一些预兆的。因此，当我们参加集会或社交活动时，要随时做好即席发言的心理准备。

二、确定主题，选好角度

即席发言不是即兴胡说，手中无稿并非心中无谱。即席发言最容易出现的问题就是信口开河，不着边际地胡扯瞎说。因此，在即席发言中，确定主题非常重要。讲话者应根据现场形势、主要议题等，从自己感受最深的方面出发，充分调动起头脑中储存的信息，确定一个新颖独特的角度，以此为中心组织材料。

三、抓住中心，借题发挥

即席发言的所有内容都必须围绕中心进行，必须把你的思想按照逻辑联系组织在一个中心点上，中心一旦确定，就可以在头脑这个知识宝库里寻找材料，围绕中心进行整篇发言的构建。即席发言讲究即“时”性、即“事”性，很多时候需要寻找一个“媒介”，借题发挥。借题发挥要紧扣主题，自然流畅，可以由听众所关心的问题引发，可以按天气、会议场地的布置来引发，可以因某个听众熟悉的人来引发，还可以根据前面发言者的发言内容自然地延伸出来。总之，要从自己的感受、心情出发，出于真心，发挥自然。

四、合理选材，快速组合

在即席发言中，很多情况下不是无话可说，而是有话难说，有许多想说的内容却不能很好地表达出来。由于是即兴，不可能有很多时间去准备，因而在确定发言的中心和主题后，必须快速地对头脑中储存的相关知识、材料进行选择，选择的标准是与主题有关系。凡是与主题联系密切、能很好地说明主题的，作为第一候选材料。然后再将材料进行排列组合，用一条主线贯穿材料，使选用的每个材料都能从不同侧面说明和丰富主题，共同组成完整的讲话内容。由于即席发言的时间限制，发言人既要快速地从脑海中搜寻、选择有关知识和内容，又要快速地把它们有主次、有先后、有详略地组合起来。

五、理清线索，巧妙构思

即席发言，手中虽无稿，但心中必须有稿，要以最快的速度在心中打腹稿、列提纲。提纲要简洁，线索清晰，注重条理性。即席发言成败的关键因素是快速构思的方法。

1．“三么”构思法

在即席发言前短暂的准备时间里，快速思考三个最基本的问题，即“是什么”“为什么”“怎么办”。

例如，有关注意交通安全的即席发言：

“是什么”：今天，我要讲的问题是交通安全问题。我们要保障交通安全，减少交通事故……

“为什么”：交通安全很重要，它关系到人民生命财产的安全，这不是一个可讲可不讲的问题……

“怎么办”：我们要这样……

2．“三点”构思法

这种方法的特点是在参加各类活动时要养成边听边想的习惯，随时注意用“三点（要点、特点、闪光点）归纳”的方式进行思考，随时做好即席发言的准备——如果现在让你讲话，你讲什么、怎么讲。

第一，归纳前面所有讲话人讲话的要点。

第二，提取前面某个或某些讲话人讲话的特点。

第三，或捕捉前面某些讲话人讲话的闪光点，或抛出自己的观点。

例如，某位教师在教师节的即兴讲话中有这样一段话：

说到师德，许多人都引用了一个传统的比喻：教师像蜡烛一样，照亮了别人，燃烧了自己。这种崇尚奉献的“蜡烛精神”固然可贵，但如果我们当老师的都把自己烧尽了、毁灭了，何以继续照亮别人呢？新世纪的教育不仅需要“蜡烛精神”，更加呼唤“路灯精神”：像路灯一样不断“充电”，给每一个黑夜带来光明；像路灯一样忠于职守，见多识广；像路灯一样默默无闻，不图名利……

3．链条构思法

先确定发言的主旨，通常将其为开篇首句，然后句句紧扣首句，单线纵向发展，形成一条环环相扣的链条。

例如，即席发言“当你遇到挫折的时候”的构思主线：

挫折是一种宝贵的经历——小时候很想将来成为一名巴金式的大作家——中考失误，被录取到一所职业院校，为此而哭过，感到失望、痛苦——去年暑假到山区，发现那里环境很美，人也可爱，但落后现状令人痛心——在现实生活的启迪下觉悟，摆脱理想受挫的痛苦，决定振作起来，用在职业院校学到的知识去建设新农村。

实用训练

一、有人说，即席发言是不需要做任何准备的。你认为这种说法对不对？说说你的理由。

二、阅读下列几则即席发言，谈谈它们各自的特点。

1. 1941年，英国首相丘吉尔在美国过圣诞节时发表了即席发言：

“我的朋友、伟大而卓越的罗斯福总统，刚才已经发表过圣诞前夕的演说，已经向全美国的家庭致友爱的献词。我现在能追随骥尾讲几句话，内心感到无限的荣幸。我今天虽然远离家庭和祖国，在这里过节，但我一点也没有异乡的感觉。我不知道，这是由于本人的母系血统和你们相同，抑或是由于本人多年来在此地所得的友谊，抑或是由于这两个文字相同、信仰相同、理想相同的国家，在共同奋斗中所产生出来的同志感情，抑或是由于上述三种关系的综合。总之我在美国的政治中心地——华盛顿过节，完全不感到自己是一个异乡之客。我和各位之间，本来就有手足之情，再加上各位欢迎的盛意，我觉得很应该和各位共坐炉边，同享这圣诞之乐。”

2. 上海市新闻工作者协会的王维同志有一次出席上海市企业报记者协会成立大会，大会是在上海第三钢铁厂新建的宽敞的俱乐部会议大厅召开的，他发表了如下即席发言：

“我来参加会议，没有想到有这么好的会场，这个会场不要说上海市企业报记者协会成立大会，就是上海市记者协会成立大会也可以在这里召开。没有想到会有这么多的企业记者、编辑参加这个大会，它说明企业报的同仁们是热爱自己的组织、支持这个组织的。没有想到，今天摆在主席台上的杜鹃花这么美丽，鲜花盛开标志着企业报记者协会也像杜鹃花一样兴旺发达……”

3. 在《新观察》杂志上曾发表过一位领导同志在一个会议上讲话记录的部分节录，具体如下：

“今天嘛，开这个会喽！这个，啊—— 本来么，没什么可讲的，可是这个，总要讲几句嘛！（嗒—— 打火机声，嗞—— 长长的吸烟声）没什么准备，这个，啊—— 昨天上午才确定要来讲，晚上，看了个戏。这个这个，今天在车上，翻了简报。厚厚的一大摞哩，只看了几篇的标题。我在这个方面是个外行，既没有调查，也没有研究。今天，啊——我的卷子怕不及格，弄不好，也许要交白卷。（哗——水倒进杯里）

“好在百家争鸣嘛！有了这一条，我的胆子壮了。说错了，我可以收回，你们要揪我，我可以不认账，哈哈。

“这个会开了一个半月了。（耳语声）唔，是半个月，不算长，啊——会开长了是不好的。开短会，我赞成，这个好。说话也一样嘛！

“啊——我在车上看了几眼简报，这个会是四月一日开始的。（听众笑声，耳语声）唔，是五月二日。可是简报上写的？（沙沙沙——翻简报的声音）啊——这简报，是另外一个会的。怎么搞的？这个，在车上我看的就是这个，啊——就随便讲一点感想吧！我想说十个问题……”（呼噜呼噜，会场上响起鼾声）

三、如果你被选为班长，在班会上，请你用3～5分钟的时间，做一次就职即席发言，你将讲些什么？试在短时间内理清思路，拟出发言提纲。

四、以班级或小组为单位，以“职业院校学生应该具备的基本素质”为主题召开一次班会，每人做一次两分钟的即席发言，体会自己是否会感到紧张，并尝试着去控制它。

第三节　致　　辞

知识点津

一、致辞的概念

致辞就是在举行某种仪式时讲勉励、感谢、祝贺、哀悼的话。通过致辞，人们可以彼此抒发感情、促进了解、传播信息、增长见识、密切友谊。同时，致辞作为某种仪式的一个组成部分，还可以渲染气氛，起到推波助澜的作用。

随着社会经济的发展和文明素质的提高，人与人之间的社会交往活动越来越频繁，规模越来越大，而且也越来越追求高品位、高层次，因此需要致辞的场合就越来越多。参加重大的国事活动，出席各类庆典、宴会、聚会和吉庆喜事都少不了致辞。在这些场合中如果能够做到精神饱满、举止得体、谈吐自如，恰到好处地运用语言表达自己的意愿，不仅可以渲染气氛，而且可以增强社会交往能力，提升自己在公众眼里的形象。提高口语表达能力，学习一些致辞常识，掌握致辞的技巧是非常必要的。

二、致辞的种类

根据致辞的场合、内容的不同，一般可以将致辞划分为祝贺致辞、迎送致辞、联谊致辞三类。同时由于致辞者的身份有别，我们可以将每种类型中的主人致辞称为主辞，宾客致辞称为宾辞。

1．祝贺致辞

在各种庆典、寿辰、节日时，对人或事表达良好的祝愿或庆贺的讲话就是祝贺致辞。祝贺致辞包括祝词和贺词。祝词用来表达良好的祝愿和祝福。比如某重大工程开工、某会议开幕、某展览会剪彩、某人的生日宴席等都要致祝词。贺词是用于表示道喜、庆贺的祝颂。比如毕业典礼上，校长对毕业生致贺词，婚礼上亲朋好友对新郎新娘致贺词，为取得重大成就、获得荣誉和奖励的人颁奖致辞等。

常见的祝贺致辞有祝寿词、贺婚词、祝酒词、祝事业词、颁奖词等。

祝贺致辞的顺序，一般是先致宾辞，以示祝贺，再致主辞，以示谢意，但祝酒词例外。

2．迎送致辞

在座谈会、宴会、酒会等场合，主人表达对宾客到来的欢迎，或主人对宾客离别欢送的讲话就是迎送致辞。迎送致辞包括欢迎词和欢送词。欢迎词是客人光临时，主人为表示热烈的欢迎而发表的热情友好的讲话。一般主辞要表达对宾客到来的喜悦与良好的祝愿，向听众介绍来宾的身份和业绩，说明双方共同关心的问题。宾辞则要对主人的欢迎表示衷心的感谢，并表明对对方所关注的问题的立场和态度等。欢送词一般要充分肯定被欢送者的优点和成绩，表达对其依依不舍的心情等。欢送致辞的顺序是先致主辞，再致宾辞。

3．联谊致辞

在主宾双方联谊活动上的讲话就是联谊致辞。在联谊致辞中，主辞要表达对客人的莅临感到荣幸；宾辞要表达对主人的感谢。双方还要畅叙友谊，展望未来，祝愿联谊活动圆满成功和与会者健康快乐等。

三、致辞的结构

致辞从结构上可以分开头、主体、结尾三部分。

1．开头要有称呼

致辞的开头主要是对参加仪式的人表示招呼、问候与敬意。为表示尊敬，可在姓名前加上头衔或亲切的词语，如“尊敬的”“敬爱的”“亲爱的”。称谓对方的姓名要用全称，不能用简称、代称，更不能用小名和绰号。

2．主体要有内容

致辞作为一项活动仪式的一个重要组成部分，对于申明活动主旨、提出活动要求、表明主宾态度等往往有“义不容辞”的责任。因此，致辞的主体要有针对性的内容，要说明为什么而致辞，以表达自己的态度、心情等。还要根据不同的致辞对象，说出不同的人或事的意义、影响等。

3．结尾要有祝愿

致辞往往重在祝贺、勉励，能起到烘托气氛、鼓舞人心、增进友谊的作用，而致辞的结尾更应该是这一主旋律的高潮。因此，致辞的结尾一定要饱含激情地提出祝愿、希望。即使是致悼词，也要积极健康，以激励生者化悲痛为力量。

案例点评

案例1

鲁迅在散文《立论》中讲到这样一个故事：一个人家生了一个男孩，全家高兴极了。满月的时候，抱出来给客人们看，大概自然是想得一点好兆头。客人们众说纷纭。一个说：“这孩子将来要发财的。”一个说：“这孩子将来是要做大官的。”他们都得到了好报。只有一个人说：“这孩子将来是要死的。”他得到一顿大家合力的痛打。

点评　祝贺是在特定的情景下进行的。一定要考虑到特定的环境、特定的对象、特定的目的。针对喜庆事件表达良好的祝愿和祝福，要说喜庆吉利的话，要使听者欢快愉悦，而这个人不顾当时的特定情境，讲了不合时宜的话，必然遭到大家的痛殴。

案例2

1946年12月1日是朱德同志60寿辰。党中央在延安为朱总司令隆重祝寿，以鼓舞全党全国人民的斗志，周恩来同志为朱德60大寿祝词。

亲爱的总司令朱德同志:

你的60大寿，是全党的喜事，是中国人民的光荣!

我能回到延安亲自向你祝寿，万分高兴。我愿代表那反动统治区千千万万见不到你的同志、朋友和人民向你祝寿，这对我更是无上荣幸。

亲爱的总司令，你几十年的奋斗，已使举世人民公认你是中华民族的救星，劳动群众的先驱，人民军队的创造者和领导者。

亲爱的总司令，你为党为人民真是忠贞不贰，你在革命过程中，经历了艰难曲折，千辛万苦，但你永远高举着革命的火炬，照耀着光明的前途，使千千万万的人民，能够跟随着你充满信心向前迈进!

在我们相识的25年当中，你是那样平易近人，但又永远坚定不移，这正是你的伟大！对人民你是那样亲切关怀，对敌人你又是那样憎恶仇恨，这更是你的伟大。

全党中你首先和毛泽东同志合作，创造了中国人民的军队，建立了人民革命的根据地，为中国革命写下了新的纪录。在毛泽东同志旗帜之下，你不愧为他的亲密战友，你称得起人民领袖之一!

亲爱的总司令，你的革命历史，已成为20世纪中国革命的里程碑。辛亥革命、云南起义、北伐战争、南昌起义、土地革命、抗日战争、生产运动，一直到现在的自卫战争，你是无役不与。

你现在60岁了，仍然这样健壮，相信你会领导中国人民达到民族解放的最后胜利，亲眼看到独裁者的失败，反动力量的灭亡!

你的强健身体，你的快乐精神，象征着中国人民的必然兴旺。

人民祝你长寿!

全党祝你永康!

点评 祝贺词要达到抒发情感、增进友谊的目的，必须具有较强的鼓舞性与感染力，因此要求语言富有感情色彩。周恩来同志的致辞一开始就洋溢着炽热的同志式的战友情谊，用真挚、亲切和极富感染性、鼓舞性的语言，高度评价了朱德的伟大功绩，衷心地表达了美好祝愿，令人感到温馨、感动。

案例3

某人主持婚礼。新郎是畜牧场技术人员，新娘是纺织厂女工。婚礼一开始，他上前致贺婚词:

“我今天接受爱神丘比特的委托，为21世纪的牛郎织女主持婚礼，感到十分荣幸。”

新郎新娘交换礼物。新郎为新娘戴上金戒指，新娘送给新郎一块精美的手表。这时主婚人又上前致辞说:

“黄金虽然贵重，不及新郎金子般的心；手表虽然走时准确，也不及新郎、新娘心心相印、永记心间。”

点评 祝贺往往是针对现场实际，有感而发。致辞者借新郎和新娘的工作性质联想到牛郎织女，新颖别致；又从新郎与新娘互换的礼物借题发挥，生发新意，寓意深刻，具有很强的感染力。致辞者的语言得体而热情，简洁而明快，这些都会给听众留下咀嚼回味的余地。

案例4

2003年8月27日，中国外交部长李肇星在钓鱼台国宾馆举行晚宴，欢迎参加朝核问题北京六方会谈的各国代表。李肇星部长致祝酒词，全文如下：

各位团长、朋友们：

我代表中国政府，欢迎各位来北京参加六方会谈，祝贺会谈的举行。

钓鱼台曾是中国清朝一位年轻皇帝送给他一位老师的礼物，是一个充满善意和可能给这里的人带来好运气的地方。

身处此地，一种历史感会油然而生。

这座花园目睹过许多重大外交事件。在这里，通过对话，冰山可以消融，敌意可以化解，信任可以培育。钓鱼台历史的最好启迪就是：和平最可贵，通过对话争取和维护和平最可靠。

进入新世纪，各国人民更加渴望和平与发展、友谊与合作。但东北亚地区仍未完全摆脱冷战阴影。

朝鲜半岛核问题的发生，在使我们面临挑战的同时，也为有关各方尽释前嫌，实现东北亚持久和平与稳定提供了机遇。

今天的会谈就是各方求同存异、增进互信和和解的难得契机，值得珍惜。

中国古诗曰："任凭风浪起，稳坐钓鱼台。"这里的钓鱼台泛指世界各国的钓鱼台，也包括我们所在的这个钓鱼台。希望并相信各位同事将以自己的远见、智慧、耐心、勇气和对和平事业的诚意寻求共赢。为此，我提议，为北京六方会谈成功，为大家在钓鱼台"稳坐"愉快，为和平、健康干杯！

点评 这是一篇祝酒词。祝酒词是用于开宴前调节气氛、挚诚敬祝的话语。

李肇星以主人的身份，用充溢中华民族传统文化精髓的话语，娓娓道来，既表现了豁达的胸襟又不失其深沉。他由钓鱼台的历史谈起，说会谈的场地"是一个充满善意和可能给这里的人带来好运气的地方"，并由此很自然地引出这次会谈的宗旨："和平最可贵，通过对话争取和维护和平最可靠。"

这篇祝酒词，语气平易、亲切，联想巧妙，引喻贴切。李肇星由中国尽人皆知的古诗"任凭风浪起，稳坐钓鱼台"表达作为东道主的希望，并在结尾提议："为北京六方会谈成功，为大家在钓鱼台'稳坐'愉快，为和平、健康干杯。"这里的"稳坐"一语双关，既是对会谈进行状况的期望，也是对会谈结果的良好祝愿，与上面所提的"增进互信和和解"的会谈基调恰相呼应。全文短小精悍，简洁精练，但意蕴隽永、文采斐然。

案例5

在社会主义市场经济深入发展的大背景下，为了提升形象、扩大影响、招商引资、促进发展，社会各界常常举办各种庆典活动。在某工厂30周年庆典活动开幕式上，东道主就向来宾敬致热情洋溢的欢迎词。

女士们、先生们：

值此×××厂30周年厂庆之际，请允许我代表×××厂，并以我个人的名义，向远道而来的贵宾们表示热烈的欢迎。

朋友们不顾路途遥远专程前来贺喜并洽谈贸易合作事宜，为我厂30周年庆增添了一份热烈和祥和，我由衷地感到高兴，并对朋友们为增进双方友好关系做出努力的行动，表示诚挚的谢意！

今天在座的各位来宾中，有许多是我们的老朋友，我们之间有着良好的合作关系。我厂建厂30年能取得今天的成绩，离不开老朋友们的真诚合作和大力支持。对此，我们表示由衷的钦佩和感谢。同时，我们也为能有幸结识来自全国各地的新朋友感到十分高兴。在此，我谨再次向新朋友们表示热烈欢迎，并希望能与新朋友们密切协作，发展相互间的友好合作关系。

“有朋自远方来，不亦乐乎。”在此新朋老友相会之际，我提议：

为今后我们之间的进一步合作，为我们之间日益增进的友谊，为朋友们的健康幸福，干杯！

点评　这是一篇欢迎词。首先，主人用简洁的文字交代致辞的背景，即30周年厂庆。然后用热情洋溢的话语对来宾表示热烈的欢迎和诚挚的谢意。接着，主人回顾30年来主宾相互交往合作并取得成绩的历程，表达感恩之情。展望美好的未来，希望能够和新老朋友继续发展友好合作关系，正突显厂庆的意义所在。最后，主人用饱满的激情表达衷心的祝愿。这篇致辞，语言亲切，感情真挚，言简意赅，表现出企业家的风度。

案例6

下面是一篇在接受救灾粮仪式上的答谢词。

亲爱的××领导，远道而来的客人们：

今天，我们怀着无比激动、无比振奋的心情，在这里迎接给我们县师生捐赠救灾粮的××红十字会亲人。

今年7月以来，我国遭受了百年未遇的大旱灾。7、8、9三个月，炎阳连天，滴雨不下，池塘干涸，溪河断流，田地龟裂，禾苗枯死，真是赤地千里！虽经我们奋力抗灾，但自然灾害的肆虐，使10多万人饮水困难，30多万亩田颗粒无收。我们县的中小学生，就有1万多名因受灾辍学，还有几万名同学、教师及亲属靠接济度日。然而，党和政府没有忘记我们，兄弟县市的乡亲没有忘记我们，省市领导多次亲临，视察灾情，组织救援，市县国家干部职工争相解囊，捐粮捐钱。今天，我们又接到了你们无私捐助的大批救灾粮食。“一方有难，八方支援”，团结互助，无私奉献，只有在今天优越的社会主义制度下，只有在我们伟大的社会主义中国才能办到！

谢谢你们，远方的亲人！我们全县中小学生、全县人民，一定从你们的援助中吸取力量，奋发图强，重建家园；一定努力学习，奋勇登攀，以崭新的成绩，来报答党和人民的关怀，报答你们的深情厚谊！

点评　这是一篇答谢词。答谢词是指在举行必要的答谢活动中所发表的感谢讲话。答谢词是一种最高级的致谢形式，它有情有声，声情并茂，能够最充分、最有效地表达谢意。

在接受救灾粮仪式上的答谢，讲话者首先表达感谢的心情，接着陈述感谢的原因，对党和人民政府的援助给予高度的赞扬和评价。最后再一次表达感激之情，要以实际行动来报答党和人民的关怀、报答人民的深厚情谊。致辞动真情、吐真言，感激之情贯穿始终，听来真挚坦诚。

案例 7

同学，是一个温馨的字眼，同学间的情谊纯正无邪，如水晶般透明。毕业 25 年后再相聚，那真是别样滋味在心头。

尊敬的老师、亲爱的同学：

首先，请允许我代表东道主向教我们知识、育我们做人的老师表示衷心的感谢和崇高的敬意！向各位老同学问候一声：你们好！

光阴如流，岁月悠悠。我们期待已久的毕业 25 周年同学聚会，今天终于隆重而热烈地举行，此时此刻，我的心情难以言表。想着一个个久违的名字，看着一张张成熟的面孔，刹那间，我恍惚回到 1984 年那个盛夏。十五六岁的我们，怀着初识的惊奇，相聚在那个融融的集体里，开始了我们的同窗生活，度过了人生那段最纯洁、最浪漫、最美好的时光。

那时，我们年少气盛，意气风发，也曾激扬文字，指点江山，击水中流。明亮教室里回响着我们朗朗的读书声，大观楼前荡漾着我们悠扬的欢歌，风雨浮桥上飘飞着我们甜蜜的笑语，还有农场挥洒的汗水，操场矫健的身姿，寝室呼呼的鼾声，历历在目，犹在昨天。当年我们所做的一切，无论是对还是错，现在想来，都那么美好，那么亲切。这是一种回忆，也是一种财富，足以让我们用一生去回味、珍惜。

殷殷同窗情，拳拳学子心。25 年的风风雨雨，依然没有冲淡血浓于水的师生情义，依然没有剥蚀同窗结下的深厚情怀。今天我们欢聚一堂，不仅要回顾昔日温暖的余晖，更要畅谈今朝灿烂的阳光。25 年来，我们始终没有辜负恩师的谆谆教诲，辛勤耕耘在各条战线，既有为人公仆的优秀公务员，也有事业如日中天的私企老总；既有默默无闻的辛勤园丁，也有精明能干的管理人才，都取得了可喜的成绩。

今天，我们不论职务高低，不比家庭贫富，不谈事业成否，只续友情，只叙经历，只说教训。在这 25 年里，我们有过挫折、悲伤和痛苦，也有过成功、喜悦和欢乐。我们走过的路，我们历经的事，我们点点滴滴的进步，都是大家共同拥有的财富。

人生漫漫路迢迢，家庭融融情深深，事业火火气旺旺。有道是“人生四十正黄金”，让我们找回当年那份自信、那份勇气、那份飞扬，在以后的日子，扬起风帆，踏浪而行。“长风破浪会有时，直挂云帆济沧海！”

最后，祝恩师们健康长寿，晚年幸福！祝老同学们快乐开心，家庭和美，事业顺意！

点评　老同学毕业离校多年再度相聚，那种激动、兴奋的感觉确实难以用言语表达。同学聚会致辞就是在这样的场合用以传情达意的一种交际语言，它有利于久别的同学之间畅叙旧情，增进友谊，在相互理解的基础上共创明天。

这个同学聚会致辞情真意切地创设出感人的现场氛围。致辞者首先以自己参加聚会的心情，引发老同学们相似的心灵感受；进而把大家带入昔日同窗共读的美好时光，引发大家对已逝岁月的怀念之情；然后讲述同学们在各自的工作岗位上所取得的成就。结尾提出希望，祝愿未来，用诗句增强感染力，文采飞扬，令人激奋。

技巧扫描

一、致辞要针对特定的场景

致辞要考虑到特定的环境、特定的对象、特定的目的，恰到好处地表达自己的意愿。

二、致辞要感情真挚，以情动人

致辞要达到抒发感情、增进友谊的目的，必须具有鼓动性与感染力。

三、致辞语言要亲切，尽量口语化

致辞要制造随意、自然、亲切的现场气氛，通俗易懂地传达意愿。

四、致辞要短小精悍，突出重点

致辞可以事前做些准备，但多数是针对现场实际有感而发，讲完即止，内容切忌重复啰唆、东拉西扯。应尽可能地将可有可无的字、句、段删掉，努力做到文约旨丰、言简意赅。

五、致辞要文雅、别致、新颖

致辞可以借题发挥，由此及彼产生联想，给人留下想象、回味的余地；但要紧扣中心，恰到好处，点到为止。

六、致辞要注重礼节

在喜庆场合发表致辞，要格外注意礼节。一般须站立发言，称呼要恰当。尽量不要看稿子，双目根据讲话内容时而注目于祝贺对象，时而含笑扫视其他听众。还可以用鼓掌、致敬等行为动作加强同听众心灵的沟通，以增强表达效果。

实用训练

一、新年到了，班级举办新年联欢会，你将如何致辞？请以小组为单位设计出最好的新年致辞。看看哪组同学的新年致辞最精彩，最有新意。

二、班级刚刚转来了一名从地震灾区来的新同学，请你在班级致欢迎词。

三、你的妈妈或爸爸的生日就要到了，家人团聚庆贺，亲朋相约而至，身为儿女的你，又该如何为父母致辞？请你写一则生日致辞，表达儿女真挚美好的祝愿。

四、下文是一篇某高中毕业典礼致辞，致辞不但表达了祝贺之情，而且提出殷切希望，给毕业生以勉励，饱含深情。请你阅读这篇致辞，感受致辞中所洋溢着的真挚情感。

在高中毕业典礼上的致辞

同学们：

你们好！

我首先祝贺你们学业有成，光荣毕业！

同学们，中学生活是你们瑰丽人生中最浓丽的一抹色彩！三年来，这里留下了你们辛勤的汗水、勤学苦练的岁月和激扬奋发的青春豪情。你们的艰辛与努力，已结出了丰硕的成果！今天，你们就要告别校园，踏上新的人生征途了。这是人生最难以忘怀的时刻，在此，我衷心祝愿同学们在今后的人生旅途中，在今后的工作实践中，一路平安、一帆风顺。

同学们，很快你们就要离开这曾经留下无数汗水与梦想的母校，离别朝夕相处的老师和同学了。临别之际，我讲两句话与同学们共勉：

第一句是，"志当存高远，有志者事竟成。"

未来社会的英雄应当是知识英雄。这是一个知识就是力量，知识就是财富的时代。置身这样一个时代，面临千载难逢的历史机遇，只要有真才实学，不管是身处天涯海角，不管是从事何种职业，都能够在自己的工作岗位上成长成才，都能够在建设祖国的伟大实践中实现自己的人生理想。你们将来都是祖国各项事业各条战线上的中坚力量，要用自己的智慧、才情、胆略和毅力去开辟一块属于你们自己的土地，成就一番事业，做一个有益于社会、有益于人民的人。

第二句是，"纸上得来终觉浅，绝知此事要躬行。"

八百多年前，南宋大诗人陆游写下这句闪现着人生哲理的朴素诗句，今天，它仍然值得我们所有毕业生认真思索。在过去的12年里，从小学到中学，同学们接受了各项知识技能教育，这是一个学习和积累的过程。但其中绝大部分来自书本，来自纸上，绝大多数只是知识的传递，这样的学习模式远远不能满足未来的需要。在今后的道路上你们还要不断学习，探索新知，勇于实践，磨炼意志，砥砺品行，增长才干。

21世纪是一个机遇与挑战并存、合作与竞争同在的时代，你们不仅要敢于创新、善于创造，更要肯于吃苦，团结协作，切忌骄傲、浮躁，不断加强自己各方面的修养。同学们，希望你们一步一个脚印，不断塑造和完善自己的人格。我坚信我们学校的毕业生都是有着扎实基础、具备无穷的热情且勇于实践的朝气蓬勃的青年。树立了远大的志向，辅以实践的磨砺，我相信我们的毕业生将前途无量！

希望同学们离开学校后永远不忘母校的培育，牢记恩师教诲。要记住：你们的进步，你们的知识，不仅是你们刻苦学习的结果，更是老师们辛勤培育的结晶。是他们燃烧了自己，照亮了他人；是他们把自己的知识、自己的青春、自己的心血、自己的希望、自己的年华变成了你们人生的助推器。我衷心地期待我们的每一位毕业生今后在各自的学习、工作岗位上不断地传来佳音。母校将永远祝福你们，永远惦记着你们！衷心祝愿每一位同学学业进步，事业有成，前程似锦，万事如意，个个成为祖国的栋梁之才，有用之才！

第四章 社交口才技巧与训练

社交口才是一种技能、一种艺术，是一个人在社会交往活动中口语表达能力的体现。随着社会的不断发展，人与人之间的交往越来越频繁、密切，口才在社交中的作用也愈显重要，并已渗透到当代生活的各个领域。可以说，凡有社交口才之人，讲话时多能闪烁出真知灼见，给人以精明、睿智、风趣之感。一个人的社交口才已成为其生活及事业成功的重要因素，社交口才也成为现代人必备的重要能力之一。熟练掌握社交口才技巧，必将使你在社会交往中如虎添翼、大显身手，由此创造更精彩的人生。

第一节 介　绍

知识点津

在社交口才中，介绍是最基本、最重要的内容之一。它是人与人之间相互沟通的出发点，也是人们获取信息的重要途径。一般来说，介绍可分为人物介绍和事物介绍两大类。

一、人物介绍

人们从不熟悉到熟悉，从不认识到相知，往往都是从人物介绍开始的。介绍得恰当与否，直接关系到交际活动是否成功，所以介绍可谓是开启社交之门的第一把钥匙。

人物介绍大致分为两种：自我介绍和居中介绍。这两种介绍都要抓住人物的主要特征。

1．自我介绍

自我介绍是指人们在社交场合中向他人介绍自己的过程。恰当得体、别具一格的自我介绍能把自己美好、独特的形象推入对方视线，给对方留下深刻、美好的印象，从而为双方进一步沟通与了解铺平道路，为自己社交目的的实现创造机会。

自我介绍的内容一般包括本人的姓名、年龄、籍贯、性格、兴趣爱好、特长、就读学校（或工作单位）、所学专业、工作能力、工作经验、主要成绩等。这些内容可根据交际目的、场合、时限和对方的需求做出恰当取舍，以尽量满足对方的期待。

在做自我介绍时，要注意自己的仪态，如抬头、挺胸、收腹、两腿稍微分开；面带微笑，充满自信；目光亲切，扫视听众；举止端庄得体。在自我介绍结束后一般不要忘了道声谢谢。

2．居中介绍

居中介绍是指介绍者站在第三者的立场上，使被介绍的双方相互认识并建立关系的一种交际活动。善于介绍他人，一方面可展示自己在社交场合中左右逢源的能力；另一方面则体现着自己为人处世的能力和素养，能够提高自己在朋友和同事中的威信和影响力。

居中介绍需要熟悉介绍对象的情况，突出介绍对象的特点。在介绍他人的过程中，应该做到大方得体，正确无误地把其姓名、职务、特长等情况介绍清楚，为双方进一步交流打下基础。

居中介绍时要注意介绍的顺序、礼仪，把握介绍的内容和表达方式，一般要遵循下列原则和方法。

（1）先把男士介绍给女士　在介绍中，先提女士的名字，再提男士的名字。如："陈小姐，我来介绍一下，这位是李先生。"这是"女士优先"的具体体现，反映了对女性的尊重。唯有女士面对尊贵人物之际，或男士年龄比女士大得多时才允许破例。

（2）先把职位低的人介绍给职位高的人　如："王校长，请允许我介绍一下，这位是新来的马老师。"

（3）先把晚辈介绍给长辈　如："王爷爷，这是我同学刘刚。"这是"长者为尊"的体现。

（4）先把个人介绍给团体　一般应先介绍个人的姓名等情况，然后再按顺序依次介绍团体中的每个人。

（5）先把客人介绍给主人　它适用于来宾众多的场合，尤其是主人未必与每个客人都相识的时候。若要把客人介绍给父母，则应该先介绍给母亲。如果在客人之间进行介绍，一般把晚到的客人介绍给早到的客人。

(6)先把未婚者介绍给已婚者　它仅仅适用于介绍人对被介绍双方都非常了解的情况下。如果情况不确定，则可以从其他角度进行选择。

此外，通常后被介绍者应主动趋前伸出手来，与对方握手、问好。但如被介绍的双方性别不同，那么男性即使作为后被介绍者，也要等女士主动伸手时，再与其握手，这是对女性的礼貌和尊重。

二、事物介绍

事物介绍是为了让人们对被介绍的事物有所了解，知道事物的来龙去脉、特征意义，知其然又知其所以然，而对事物进行的解释、说明。事物介绍大致也分为两种：事物类介绍和事理类介绍。

1．事物类介绍

事物类介绍主要应抓住事物的形状、方位、性质、成因、发生发展过程、制作方法以及效能功用等特征进行介绍。如介绍粉笔：

普通的粉笔约长二寸，是一头粗、一头细的圆柱体，很匀称，硬且脆。最常见的是白色粉笔，还有黄色、红色等彩色粉笔。

现在，国内使用的粉笔主要有普通粉笔和无尘粉笔两种，其主要成分均为碳酸钙（石灰石）和硫酸钙（石膏），或含少量的氧化钙。

无尘粉笔属普通粉笔的改进产品，旨在消灭教室粉笔尘污染。它只是在普通粉笔中加入油脂类或聚醇类物质作为黏结剂，再加入比重较大的填料，如黏土、泥灰岩、水泥等。这样可使粉笔尘的比重和体积都增大，不易飞散。但在实际应用中，它对粉笔尘污染的降低效果并不十分明显。

2. 事理类介绍

事理类介绍就是着重抓住事物的概念、种类、本质属性、内部规律以及科学原理等特征进行的介绍。如介绍经济危机：

经济危机是指经济系统没有产生足够的消费价值，也就是生产能力过剩的危机。具体表现为：大量商品卖不出去，大量生产资料被闲置，大批生产企业、商店、银行破产，大批工人失业，生产迅速下降，信用关系破坏，整个社会生活陷入混乱。

无论是事物类介绍还是事理类介绍均要按照一定的顺序进行：

（1）时间顺序　即按事物发生、发展的先后顺序进行介绍。

（2）空间顺序　即按事物空间位置的顺序进行介绍，如由上至下、由近及远或由里至外等。

（3）逻辑顺序　即按人们认识事物的规律进行介绍，如由概括到具体、由整体到部分、由现象到本质、由表及里、由原因到结果、由主要到次要、由特点到用途等。

案例点评

案例1

有一位老师在给新生上第一堂课的时候自我介绍说：

“我叫张来富，父亲大概希望我能给家里带来财富才给我取了这样一个名字，但很遗憾，我这个穷教书匠到现在还是两手空空。不过从另一方面来说，我又是很富有的。从事教育工作30多年，我的学生遍布五湖四海，有的当了市长，有的做了经理，还有很多是科研人员、技术工作者，他们为国家创造了巨大财富，对此我感到很欣慰、很自豪。希望大家也能努力学习，像你们的师兄师姐们一样，为家乡、为祖国创造更多的财富！”

点评　这段热情洋溢、饱含感情的自我介绍从自己的名字入手娓娓道来，既介绍了自己，又鼓励了学生，令人感到亲切自然。

案例2

林肯在1860年参加总统竞选演说时，是这样介绍自己的：

“有人写信问我有多少财产。我有一个妻子和三个儿子，都是无价之宝。此外，还租有一间办公室，室内有办公桌一张，椅子三把，墙角还有一个大书架，架上的书值得每个人一读。我本人既穷又瘦，脸蛋很长，不会发福，我实在没有什么可以依靠的，唯一可依靠的就是你们。”

点评　林肯的这段自我介绍，语言幽默、含蓄，充满了个性色彩，他从家人、办公室、本人特点三方面，精妙地表现了自己的形象，并拉近了与听众之间的感情，最终赢得了听众，获得了竞选的成功。

案例3

一个电视台正在招聘编辑和记者，一位二十六七岁的姑娘进入面试室，她一束松松的马尾辫，穿一条干净利落的牛仔裤，进门、落座、挺身、发言，一切显得生气勃勃。“先生，您好！很高兴能来参加贵台的招聘考试，请允许我做一个简短的自我介绍。我叫××，毕业于一所名不见经传的师范院校，是学中文的，在某中学任教。我并非不喜爱当老师，只是我更喜欢投身于电视事业……”

点评 应聘女孩着装干净利落，动作紧凑敏捷，仪态落落大方。她的自我介绍，重点突出，要言不烦，自然会赢得招聘者的好评。

案例4

有这样一段居中介绍：

“去年的中学生田径运动会上，有一位身材小巧的女孩获得了女子1500米的第一名，为我们学校赢得了荣誉，这位女孩此时就坐在我们中间，她就是王燃燃同学！”

点评 这段言简意赅的介绍既营造了轻松、愉快的氛围，又突出了人物的特点，给听众留下了深刻、独特的印象。这种既有重点又灵活、新颖的方式取得了很好的介绍效果。

案例5

“她叫艾思，这位姑娘确实人如其名，平时爱读书、爱思考，写出来的文章也很有灵气！”

“这位小伙子姓高名士品，他和高士琪先生可没有任何亲戚关系哦……”

点评 以上两则居中介绍都是根据被介绍者姓名的谐音或字面意思推导出来的引申意义进行介绍的，言之有理、语言恰当，令听者会心而笑。

案例6

这是一段楼盘的介绍：

御 金 名 苑

精致生活，时尚品位，文化、居住、商机一个都不能少

“御金名苑”，城市中心的现代高档住宅楼，坐落于北陵大街与崇山中路交汇处的绝佳地理位置。属一环内，金廊边，北陵前的白金宝地。因后有御家皇陵—— 北陵公园为后花园，并有金廊大道通运，故名“御金名苑”。

从“御金名苑”步行10分钟，即是皇家龙脉所在地—— 北陵公园，那里拥有百万平方米绿地及湖面，亦是沈阳市内最大的绿地和天然的大氧吧，更是您全家健康休闲的好去处。

“御金名苑”彰显浓厚的人文气息，对面即是辽宁省实验小学和辽宁省实验中学；周边还有珠江五校、北陵小学、120中学、43中学、辽宁大学、辽宁中医大学等众多名校，为孩子提供了一个最优越的学习氛围。

“御金名苑”为城中腹地，拥有近十条公交线路，交通四通八达，出行十分便利；拥有繁华的配套服务，紧邻北行商圈，购物、休闲、娱乐一应俱全；对面又有辽宁中医院、儿童医院，为您和您家人的健康保驾护航。

“御金名苑”拥有珍藏版62～90平方米的小户型，功能明确、精巧实用。

“御金名苑”现代高层楼盘，采用框剪结构，户型灵活；日本富士电梯24小时运行；单元门为白钢玻璃幕墙门；进户门采用全国知名品牌—— 卡得装甲防盗门；中空双层彩色窗坚固耐用、封闭性好；上下水为高级环保PPR管材，保证50年无故障；宽带全部入户，每户均设有电话接口和有线电视接口，让您尽享现代高品质生活。

点评 这是一个有关楼盘的介绍，文中着重抓住楼盘的地理位置、环境、学区、交通、购物、医疗等配套服务及户型、建材等住户最关心的内容，尽可能突显楼盘的优势、特点，以吸引购楼者。

技巧扫描

成功的介绍是以娴熟的技巧为前提的，介绍一般要遵循以下几项原则。

一、镇定自若，热情大方

镇定才能从容不迫，自信才会取信于人。镇定自若出自于内，热情大方形之于外。尤其在做自我介绍时，目的是为了让别人了解自己，努力搭起自己和陌生人之间相互沟通、相互信任的桥梁，所以应从容自信、彬彬有礼。多一点微笑，多一份友善，将自己最美好的一面呈现在对方面前，这样才能给听众一种值得信赖的感受和良好的印象。

介绍切忌畏缩、呆板、冷漠，更不可摆架子或故弄玄虚。

二、语音清晰，语速适中

介绍必须让对方听清楚、听明白。因此要发音准确、吐字清楚、声音洪亮，不可含糊不清、低声咕哝；讲话的速度应缓急有度，不可连珠炮似的抢说，也不能拉长声调，拖泥带水。

三、内容真实，详略得当

介绍内容既不能夸大事实让人怀疑，也不必有意贬低，违背介绍意图，应恰当地掌握分寸。同时，还要根据介绍的目的以及临场情况和时间要求来决定介绍的详略，把最有价值的信息传达给对方。

四、独辟蹊径，幽默生动

在自我介绍时，如只是平淡无奇地介绍自己的姓名“本人姓×，叫××”，只会让人几分钟后就将你忘得一干二净，但如果你能详细地解释、引申一下自己的名字，就会给对方留下深刻的印象。如：“我叫聂品，三只耳朵，三张口，就是没有三个头……”这样一说不仅会营造一种轻松的氛围，还会让对方轻易记住你的名字。

介绍时运用生动活泼、新颖独特、风趣而又富有幽默感的语言，既能使听众产生深刻的印象，又会引起对方的好感和认同。

五、恰当运用态势语，注意礼貌

介绍时可以配以恰当的态势语，露出亲切、坦诚的神情，把信息传递给听众。如在做居中介绍时可将手指并拢、掌心向上，胳臂略向外伸，手指指向被介绍者。此时切忌用手指对被介绍者指指点点，也不能用手拍被介绍人的肩、胳膊和背等部位。

实用训练

一、分析下面自我介绍的特点并借鉴其优点。

1. 我叫李鹏飞，大家选我当班长，我感到很荣幸。父母希望我如大鹏展翅，扶摇万里，我也希望我们的班集体能乘风直上，奋勇腾飞。

2. 王老师，您好。恕我冒昧，我是2016级建筑装饰专业的学生，我叫陈明，很想向您请教一些有关CAD制作方面的问题。

3. 百家姓中我为先，诗圣大名在中间，再选屈原一个字，加在姓名最后面。抗日战争得胜利，早我出生30年。赤橙黄绿青蓝紫，是我业余好伙伴。

4. 我叫高威武，身高1.63米，又干又瘦，实在是既不高大也不威武。但是我身上206块傲骨却一块也不缺，我丝毫也不为自己的形象自卑。如果有谁坚持以貌取人，我倒愿意在围棋上同他较量较量，以证明我的大脑并无缺憾。

二、情景模拟训练。

1. 来到一个新的学习或工作环境，面对一张张陌生的面孔，请台前的你自信地向大家介绍自己，力争给大家留下深刻、美好的印象。

2. 模拟班干部竞选，要求每位同学根据自己的特长向班集体自荐担任一项工作。在自荐演说中要尽量表明:

1）希望得到这份工作。

2）有能力胜任该项工作。

3）对做好该项工作的设想。

3. 假设你是人力资源部的职员，请将公司新来的员工分别介绍给公司领导以及各部门的职工。

4. 选取一样你熟悉、喜爱的事物，抓住其主要特征、规律等进行介绍。

第二节　交谈与讨论

知识点津

在社交生活中，一次愉悦的交谈可以丰富彼此的思想，加深彼此的情感；一次激烈且不失友好的讨论有助于锻炼彼此的发散性思维，形成正确的观点。交谈与讨论技巧的熟练应用会使你的社交生活更加丰富多彩。

一、交谈

交谈是口语表达中最基本、最常用的方式。它不仅仅局限于人与人之间的感情交流，而且贯穿于整个人类活动中，如接待客人、求职面试、贸易洽谈等。它是人们建立良好人际关系的基础，是促进人与人之间感情进一步融洽的润滑剂，是传递信息的重要渠道。正如一句古语：“与君一席谈，胜读十年书。”人的知识、阅历、教养、才智、性格、情趣和应变能力等，都可以通过交谈得到体现和发挥。我国古代就有“听其言，观其行”的俗语。只有通过交谈，交往对象彼此之间才能够了解对方，并为对方所了解。萧伯纳有一句名言：“你我是朋友，各拿出一个苹果彼此交换，交换后仍是各有一个苹果。倘若你有一种思想，我也有一种思想，而朋友之间相互交流思想，那么我们每个人就有了两种思想。”一个人善于交谈就能广交朋友，给人带来友爱，为社会增添和谐，还能享受到社会特有的友情与温暖。可见，掌握和提高交谈的语言艺术，可以增长见识，丰富思想，增强能力，帮助一个人走向事业的成功。

1. 交谈的对象、环境

与人交谈时，要注意交谈者之间的年龄差异、文化差异、职业差异、个性差异、地位差异、城乡差异和亲密程度等，有的放矢地交谈。只有遵循交谈对象的各异性规律，才能有良好的话题开端和效果。与人交谈时还要注意语言环境，包括时间、地点、条件、氛围等。交谈的语言一定要与语言环境和谐一致，懂得 “因地制宜”的道理和方法，才能实现交谈的目的。

2. 交谈的态度

人与人之间的交谈，诚挚友好的态度是基础。友好的态度具体表现为：诚恳、亲切、热情、友善、礼貌。这既是对他人表示尊重的一种方式，也是谈话双方愉快交谈的前提。

3. 交谈的话题

交谈时要善于寻找话题。有人说：“交谈中要学会没话找话的本领。”所谓“找话”就是“找话题”。写文章，有个好题目，往往会文思泉涌、一挥而就；交谈，有个好话题，就能使谈话顺势而成、融洽自如。好话题的标准是：至少是一方熟悉，能谈；能够引起双方共同的兴趣，爱谈；有展开探讨的余地，好谈。

4. 交谈十二忌

在与人交谈的时候，注意以下十二点，是取得交谈成功的基础。

（1）忌居高临下　不管你是什么身份，都应该放下架子，平等地和别人交谈，切不可给人“高高在上”的感觉。

（2）忌自我炫耀　交谈中，不要炫耀自己的长处、成绩，更不要或明或暗、拐弯抹角地为自己吹嘘，以免使人反感。

（3）忌心不在焉　和别人交谈的时候，思想要集中，不要左顾右盼，不要面带倦容、连打呵欠，不要神情木然、毫无表情，让人觉得扫兴。

（4）忌口若悬河　如果对方对你所谈的内容不懂或不感兴趣，不要不顾对方的情绪，仍然口若悬河。

（5）忌搔首弄姿　和别人交谈的时候，姿态要自然得体，手势要恰如其分。切不可指指点点、挤眉弄眼，更不要挖鼻掏耳，给人以轻浮或缺乏教养的印象。

（6）忌挖苦嘲弄　别人在谈话中出现错误或不妥时，不应嘲笑，在人多的场合尤其不可以；也不要对交谈以外的人说长道短，这不仅有损别人，也有害自己，因为谈话者从此会警惕你在背后也说他的坏话。

（7）忌言不由衷　对不同看法，要坦诚地说出来，不要一味附和，也不要胡乱赞美、恭维别人，否则，会让人觉得你不真诚。

（8）忌故弄玄虚　本来是习以为常的事，切莫有意“加工”得神乎其神，语调时惊时惶、时断时续，或卖关子、玩深沉，让人捉摸不透。如此故弄玄虚，是很让人反感的。

（9）忌冷暖不均　当几个人一起交谈时，不要根据自己的“口味”选择交谈对象，也不要按他人的身份而区别对待，更不能热衷于与某些人交谈而冷落另一些人。

（10）忌短话长谈　切不可泡在谈话中，鸡毛蒜皮地“掘”话题，浪费大家的宝贵时光，要适可而止。

（11）忌问薪水和财产　一些素质较高的人不喜欢让别人因为钱对他感兴趣，因此开口便问“你挣多少钱？”是很不礼貌的行为。

（12）忌谈婚姻和年龄　不要问类似“结婚了吗？”或“小孩多大了？”的问题。当代社会男婚女嫁的风俗正在改变，有的人选择了独身，有的是单亲家庭。个人的婚姻生活等通常被认为是极端隐私，涉及隐私的话题可能会导致交谈失败。

二、讨论

一种正确观点的形成，单凭个人的独立思考是远远不够的，往往还需集体的集思广益，这就是讨论的重大作用。在人际交往活动日趋频繁的当代，讨论的功能和作用越来越为人们所重视。

讨论是指持相同或不同观点的双方就某一问题相互交换意见，最终达成共识的言语活动。

讨论一般分为两大类：一类是日常讨论，指的是人们在日常的学习、生活中随时随地发生的讨论；另一类指的是在专门的场合中，人们进行的有指定论题的专题讨论。专题讨论相对比较正式，事先要有充分的准备。如：利用书籍、报刊、互联网等媒介搜集相关资料；就要讨论的问题进行一些实地考查，尽可能地多了解相关领域的新理念、新看法。

讨论的基本要领是：事先充分准备，讨论时认真听取、分析别人的意见，并就此积极发表自己的见解。

案例点评

案例1

一次，英国作家萧伯纳与一家大企业的老板并坐看戏。萧伯纳清瘦，而这位老板却满身肥肉，胖得流油。胖老板想嘲笑一下瘦作家，说：“作家先生，我一见你，便知道你们那儿在闹饥荒。”萧伯纳接道：“我一看见你，便知道闹饥荒的原因。”

点评　在双方的交谈中，萧伯纳的语言睿智而又幽默。他用轻松巧妙的幽默语言既给了对方有力的一击，又维护了自己的尊严，令人忍俊不禁，富有感染力，取得了极佳的表达效果。

案例2

一天，英国作家萧伯纳在街头散步，一辆自行车向他直冲过来，双方躲闪不及，一起跌倒在地。下边是他们的对话：

骑车人深感不安地说：“太抱歉了，先生！对不起，真是太不幸了！”

萧伯纳幽默地说：“是太不幸了。不过，先生，你比我更不幸。要是你再加点劲儿，就可以作为撞死萧伯纳的好汉名垂史册了!”

点评 两人发生撞车冲突的时候，萧伯纳被骑车人撞倒，理亏的是对方。当对方表示歉意的时候，萧伯纳并不是得理不让人，而是用一句幽默的妙语化解了可能激化的矛盾，表现出一位艺术大师宽厚待人的气度和优秀的语言修养。

案例3

在一次教学研讨会上，大家积极参与、踊跃发言，气氛十分活跃。一位资深的老教师正兴致勃勃地发表着自己的见解，他用踢足球的形象比喻说明了某一教改现象。大家正听得津津有味时，一位年轻教师突然接过话茬，大谈起世界杯足球赛来，顿时将讨论的中心引开。大家听后十分扫兴，年轻教师看到大家一脸失望的样子也顿感内疚。

点评 年轻教师在讨论会上的表现忽略了讨论的话题要统一这一原则，致使讨论会不欢而散，所以讨论时的发言一定要围绕讨论的话题，同时接话也要把握时机，力求衔接恰当得体。

案例4

在论及“人活着究竟为了什么”时，有人这样陈说:“人活着为了什么”是一个比较严肃的问题，也是非常重要的。因为人区别于其他动物一个显著的特点，是有高度发达的大脑。这个高度发达的大脑要是只想吃、穿，只想着享受，只想着自己，那就不成为人了。那也就是说，是活着的僵尸了。所以说，人活着究竟是为了什么，值得我们大家认真仔细地想一想。中国革命经历了几十年的艰苦奋斗，很多革命同志抛头颅，洒热血，取得了革命的胜利，赶走了帝国主义，打倒了蒋介石，建立了新中国。在这场革命中，像李大钊呀，向警予呀，这些革命同志，在很年轻的时候，为了全中国人民，为了革命，为了国家，为了民族，嗯，都慷慨地献出了生命。我们无产阶级文艺伟大旗手鲁迅先生有句名言:“横眉冷对千夫指，俯首甘为孺子牛。”这两句话呢，就是鲁迅先生的，他一生革命奋斗的忠实写照。

（陈建民《说话的艺术》）

点评 上述陈说开始提出“人活着为了什么”这个严肃的问题，本应紧接着论证，但接着却提出了人有别于动物的特点，最后又讲到中国革命的仁人志士，也没有明确点明这些仁人志士活着的目的。言辞啰唆，偏离话题，不知其所云。

技巧扫描

一、交谈的技巧

1. 善于引出话题

（1）中心开花法 就是选择众人关心的事件为题，把话题对准大家的兴奋中心，引出大家的议论，导致“语花”四溅，形成“中心开花”。如：

2016年里约奥运会女排决赛，中国以3:1战胜塞尔维亚，夺得冠军!

提出这一话题，顿时能调动大家的谈话热情：有的描述精彩激烈、激动人心的比赛现场，有的谈论亲朋好友一起观赛的热闹情境，有的畅谈永不言败的女排精社……各抒己见，十分热闹。这类话题是大家想谈、爱谈又能谈的，人人有话，自然会引起许多人的议论和发言。

（2）即兴引入法　就是巧妙地借用彼时、彼地、彼人的某些材料为题，如对方的口音、衣着，与对方相关的物件等，借此引发交谈。如乘坐火车时，你看到对面的乘客在看一本你所熟悉的杂志，那么你就可以以这本杂志为题引发交谈。

（3）投石问路法　向河水中投块石子，探明水的深浅再前进，就能较有把握地安全过河。与陌生人交谈，先提些“投石”式的问题，在略有了解后再有目的地交谈，便能谈得较为投机。如在宴会上见到陌生的邻座，可先“投石”询问：“您和主人是同学呢，还是同事？”然后可循着对方的答话交谈下去。

（4）兴趣入题法　了解对方的兴趣，循趣发问，就能顺利地找到话题。因为对方最感兴趣的事，总是最熟悉、最有话可谈，也最乐于谈的。如对方喜爱摄影，便可以此为题，谈摄影的取景、色彩、用光技巧等。如你对摄影也略知一二，那定能谈得很融洽；如你对摄影不了解，也可借此机会大开眼界。

引出话题的方法还有很多，如“借事生题法”“由情入题法”“即景入题法”等。

2. 运用优雅的词语，礼貌待人

谈话时，遣词造句是非常重要的，运用优雅的词语，可以展示个人的良好教养和对谈话对象的尊重。要避免冗长无味或意思重复的言语，自觉养成使用礼貌用语的习惯，不说粗话，礼貌待人。

3. 态度要真诚

真诚是做人的美德，也是交谈的要求，交谈双方的态度一定要认真、诚恳。只有直率诚笃，才能有融洽的交谈环境，才能奠定交谈成功的基础。双方应认真对待交谈的主题，坦诚相见、直抒胸臆、不躲不藏，明明白白地表达各自的观点和看法。

4. 注意强调对方的价值

双方在交谈时应将对方当作话题的中心，将对方视为主角，了解其感受，强调其存在的价值，只有这样才能打动对方的心。

5. 满足对方的心理需要

谈话时应尽可能地从某一方面去满足对方的心理需要，多谈谈与对方相同的意见或对方想谈论的话题，这样对方自然会对你产生好感。有了谈话的兴趣，你们之间的谈话自然就会越说越精彩。假如我们非得反对某人的观点，也一定要先找出某些可以赞同的部分，再表述自己的不同看法。

6. 学会倾听，尊重对方

交谈过程中，要细心聆听对方的讲解，切勿东张西望、似听非听、心不在焉、翻看书报、哈欠连天，或随便打断对方的谈话。倾听和尊重对方是实现成功谈话的前提条件。

7. 反馈要积极

交谈要注意反馈。当一方在阐述自己的意见时，另一方要通过适当的眼神、手势或其他的形体语言让对方感觉到你在认真倾听，或及时、适当地使用一些语气词，或用简单的语句进行反馈，如“啊”“是吗”“那太好了”“讲得对”“那后来怎么样了”等来烘托、渲染谈话的气氛，激发对方的谈兴。

8. 让幽默成为交谈的调味剂，营造轻松愉快的交谈氛围

幽默是一个有魔力的东西。人们可在幽默中发现严肃、美好、善恶及崇高的印迹。且不说它能被政治领袖们当作改善国际关系的工具，就平常的生活而言，它既能使单调乏味的日子变得轻松快乐，又能营造愉快的交谈氛围。思想放松、随意自然、没有顾虑，话语和思维同步，那么不但自己不会紧张，对方也会感到放松，交谈的气氛自然融洽，谈话就能顺利地进行。

9. 控制交谈的时间

为了避免陷入无休止的闲聊、争执中，要控制住谈话的时间。

其实交谈的技巧还有很多，要真正成为交谈高手，必须注意技巧，但切忌技巧过多，显得做作，真诚＋适当的技巧＝融洽的交谈。

二、讨论的技巧

1. 话题的统一

讨论是一种双向性的交际活动。在讨论的过程中，人们要进行多个回合的分析、探讨，讨论双方很可能会在不知不觉中偏离探讨的话题。这就要求大家在探讨的过程中服从于指定话题，注意力要高度集中，避免接话时发生偏离话题的现象。

2. 语言的简明扼要

在讨论中，语言必须简明扼要，具有极强的概括力。要尽可能用最简明的语言表达最完整的意思，这样才能让对方听清楚、听明白，才能使对方在极短的时间内抓住你的表述梗概。

3. 认真倾听，积极发言

只有认真倾听对方的陈述，才能在别人发言时，积极调动自己头脑中的相关知识，多角度地进行分析和判断，从而进一步深化自己的认识，积极地参与到讨论之中。

4. 让不同意见充分发表

听到别人的发言后，可以发表补充性见解，也可以发表受他人言谈启发而产生的看法，还可以表述与他人不同或相反的意见。但要注意，要等他人表述完再谈自己的见解，且要“对事不对人”，即在发表自己的不同见解时，应针对相反观点展开而不要指名道姓地指向发言者。

5. 营造和谐融洽的讨论氛围

讨论中，如听到与自己意见不同或对立的见解，不要随便抢话，不要讽刺挖苦，更不能随便否定他人看法；要态度谦虚，善于接受对立意见，避免争吵式的讨论。

实用训练

一、根据所学知识，对下列几则案例进行点评。

1. 两个出外考察很久的人归来。A 对女友说：“一个人的日子，好寂寞！”B 却对女友说：“没有你在身边的日子，好寂寞！”

2. A、B 两人初次见面。A 谈起了几天前发生的一件有趣的事情：“那天真是刺激，我们在雨中上山，真不得了……”话还没有说完，B 说：“你要注意啊，下着雨上山是不行的！”

A一下子就不知道该不该继续讲自己那天的经历了，只好说："你说的有道理。"双方再无话可说。

同一天，A又认识了C。A再次说起："那天真是刺激，我们在雨中上山，真不得了……"C说："呀！那怎么办呢？"A说："我们赶紧跑进了山上的小亭子，小亭子里挤满了人。"C又问："那后来呢？"A说："贴身的衣服都湿透了……"C说："是吗，太精彩了……"

3. 甲、乙两人在火车上相遇，下面是他们的对话：

甲："听你的口音好像是山西人。"

乙："我是太原的。"

甲："太原是好地方。你们那儿的晋祠可是旅游者必去的地方。"

乙："是呀，'晋祠三绝'名气可大了。"

甲："哦，哪三绝？"

乙："有……"

4. 王光英受命赴香港创办光大实业公司。一下飞机，香港记者就向他提出了个很难回答的问题："您这次来香港办公司带来多少钱？"王光英见对方是个女记者，急中生智答道："对女士不能问岁数，对男士不能问钱数。小姐，您说对吗？"

5. 赵明是个有思想、见解独到的青年，但嘴快、性子急。毕业后来到某校任教期间，看到学校落后的教学现状颇感焦急。适逢学校召开教学研讨会，许多教师积极响应、出谋划策。赵明经过仔细调查和思考，也形成了一些可行性意见，准备会上参与讨论。会上，赵明急于发表自己的见解，也想给各位教师留下深刻美好的印象。于是，会刚开始，他就抬高嗓门，抢先发言，把几个要发言的老教师晾到一边。结果他的意见不仅没被大家所接受，还给各位教师留下了一个表现欲强、骄傲自大的印象。

6. 语文课上，大家正积极热烈地讨论着一个话题。小明对某同学提出的意见颇感不可思议，于是出口相驳，令课堂气氛顿时由热转冷，那位同学也立刻面带怒色。小明猛然觉得自己的话语太过激烈，于是慌忙打住，巧改其口，变坚决否定为有限制的肯定。讨论气氛慢慢得到缓解，小明也将自己的不同意见准确、完整地表达了出来。最后大家求大同存小异，话题讨论收到了很好的效果。

7. 每次班会，李特都积极发表自己的见解，但班里有些同学却看不惯他这种积极表现自己的行为，不时对他的言行加以责难和批评。每遇到这种情况，李特并不将此视作与自己过不去，相反却总能控制好自己的情绪，虚心倾听，真诚请教。慢慢地，一些故意找茬的同学反倒觉得过意不去，提的意见也中肯起来，并逐渐改变了对李特的看法。

二、情景模拟训练。

有个朋友到你家串门，天很晚了，他还东拉西扯地谈个没完。你很困了，又不好意思直接叫他回去（因为你们是刚认识不久的一般朋友）。现在请你在不伤害彼此感情的前提下婉转地表达送客之意。

三、以下为书中案例 4"人活着究竟为了什么"的一段陈说，请指出这段陈说存在的问题，并根据这段话做一简明概括的陈说。

人活着要有个理想。嗯，这个，比如说蒋筑英，比如说雷锋、王杰等等，他们都把自己的一切，包括自己的生命在内，嗯，无私地献给了人民，献给了革命。这个，我们很多知识分子，比如说蒋筑英、罗健夫，在过去，这个，我们这些同志，将来有的当农艺师，有的人担任一些领导职务，但是无论在，嗯，什么岗位上，在什么职务上，这个，我们要树立这个思想，从这个起点出发，嗯，才能做好工作。

第三节 道谢与道歉

知识点津

日常生活中，我们得到他人的帮助与恩惠，应及时地道声“谢谢”，以表达我们的感激之情；“金无足赤，人无完人”，在社会交往过程中，人难免有做错事的时候，但如能及时、妥善地向对方道歉，得到对方的谅解，则可“大事化小，小事化了”。道谢与道歉是社会交往过程中不可或缺的一部分。

一、道谢

道谢是日常生活中的基本礼仪，也是应酬交际的基本技巧之一，得体地运用道谢礼仪，体现出一个人的智慧、涵养和境界。恰当的道谢应注意以下几个方面：

1. 注意道谢的时间和地点

别人对你的帮助也许是举手之劳，也许是辗转求人才得以办成，情况不同，保密程度也不同。被谢者也许不希望局外人知道他对你有所帮助，当你表达感激之情时就要考虑具体的时间和地点，不要给对方带来不便。如不具备当面道谢的条件，你可含蓄地向对方表达谢意，也可以另找合适的时间、地点再坦陈你的感激之情。

2. 注意道谢语言的使用

举手之劳的帮忙，我们可以简单地道声“谢谢”，但如果所托之事要耗费一些精力和时间，甚至要求人或托情，则需我们用含有歉意的语言来表示自己的谢意，如“让您费心了”“实在不好意思，给您添麻烦了”“劳您……”等。

二、道歉

在人际交往中难免磕磕碰碰，产生冲突和不愉快。家里如此，邻里如此，工作单位也是如此。“人非圣贤，孰能无过”，出现打扰、失礼、伤害别人的情况时，如果不及时解决，往往会形成僵局甚至冷战，使隔阂进一步加深。此时应胸襟坦荡，决不能文过饰非、将错就错、一错再错。最好及时地以适当的方式向对方真情实意地道歉。道歉的妙处在于它可以冰释前嫌，消除他人对自己的反感，也可以防患于未然，为自己留住知己、赢得朋友。道歉是人际交往中常见的沟通方式，可以起到保持人际关系和谐的作用。

1. 应道歉的情况

人际交往中，需要道歉的情形很多，如迟到、打断别人的谈话、影响别人的工作、公共场合不小心踩到人家的脚，或打伤了别人、损坏了他人的重要物品、出言不逊伤害了他人的自尊等。总之，当打扰了别人，以及发生失礼、失陪、失约等情形时都要道歉。

2. 道歉的方式

在向他人道歉时，用得最多的方式就是开诚布公地向对方道歉，直截了当地说声“对不起”，这种方式最易取得对方谅解。如果觉得道歉的话语一时说不出口，那不妨试试其他办法，让对方知道你有悔过之意。如：

（1）书信式　将说不出口的道歉话语用书面表达方式传达给对方，表达自己的歉意。这种方式可避免面对面的尴尬局面。

（2）转达式　请双方都熟悉的第三者转达歉意。

（3）替代式　适当送上小礼物，表示歉意、取得和解。

（4）改正式　改正过失，以实际行动表示歉意。

案例点评

案例 1

有一位小店的老板，推车上坡时，一位大妈看他十分费力，便走上前去助其一臂之力。当过了坡时，这位老板二话没说，从口袋里拿出 5 元人民币往大妈手里一拍，说道：“不能让你白辛苦！”不想大妈大怒，将老板的钱狠狠摔在地上，大声斥责道：“你以为我是贪图这几个钱吗？有钱就什么都能买吗？”

点评　孟子认为：人皆有同情之心。在日常生活中，当我们见到身边的人需要帮助时，力所能及地帮上一把，是我们人类善良天性的体现。这位老板用金钱亵渎了大妈的好意，惹恼了大妈。其实，这位老板只需真诚地向大妈道声“谢谢”，就是对大妈最好的回报了。

案例 2

上海电视台曾播放过这样一则新闻：

某人拾得万元储蓄存单，立即设法归还失主，失主一方面表示“感谢”，一方面却说，存单失而复得不过是“省得跑一趟邮局去挂失”，还说这种存单“别人拿了也领不到钱”。此人的说法令很多人为之恼火。

点评　道谢之辞不能流于形式，要发自肺腑，诚心向对方的善意之举表示感谢。只有具有真诚之心，才能道出真诚之言。

案例 3

汶川地震中有这样一幅感人的画面：几十位消防队员历经几个小时的艰苦努力，成功解救了教室废墟下被困的孩子们。当消防队员拖着疲惫的身躯准备离开之时，他们听到了这样的呐喊声：“叔叔，谢谢！谢谢你们！……加油中国！我爱中国……”孩子们排成队，眼含热泪，挥手向战士们告别！消防队员无不流下热泪，一股股暖流注入心田。孩子们的言行使本已疲惫不堪的战士们，精神为之一振。

点评　孩子们怀着感恩的心，及时、真诚地向战士们表达了他们的感激之情，这对于身临救灾现场的消防队员们来说无疑是最好的回馈，因为他们看到了祖国更美好的未来！

案例4

妻子还在为早上的争吵而生气，一句话不说地躺在床上。丈夫在客厅里走来走去不知所措。丈夫灵机一动，箭步冲进厨房，一会儿，几道可口的饭菜便准备好了。“淘淘，到爸爸这来！”丈夫对女儿耳语几句，女儿点点头，端着父亲准备好的饭菜来到妈妈身边：“妈妈，吃饭吧！爸爸做了你最喜欢吃的糖醋排骨。爸爸说了，以后再也不惹妈妈生气了，请妈妈原谅爸爸吧……”

点评 丈夫采用转达式道歉方式向妻子表达自己的歉意，且转达歉意的第三者还是彼此心爱的女儿。试想，当做母亲的听到自己的孩子这么说的时候，她怎么会不看在孩子的面子上原谅自己的丈夫呢？此时，这种间接的道歉方式比丈夫向妻子直接表达歉意效果还要好。

案例5

战国时期，廉颇是赵国有名的良将，他战功显赫，被拜为上卿。蔺相如“完璧归赵”有功，被封为上大夫。不久，蔺相如又因在渑池秦王与赵王相会的时候，维护了赵王的尊严，被提升为上卿，且位在廉颇之上。廉颇对此不服，扬言说：“我要是见了他，一定要羞辱他一番。”蔺相如知道后，就有意不与廉颇会面。别人以为蔺相如害怕廉颇，廉颇为此很得意。可是蔺相如却说：“我哪里会怕廉将军？不过，现在秦国倒是有点怕我们赵国，这主要是因为有廉将军和我两个人在。二虎相争必有一伤，如果我跟他互相攻击，那只能对秦国有益。我之所以避开廉将军，是以国事为重，把私人的恩怨放一边儿了！”

这话传到了廉颇耳朵里，廉颇十分感动，顿感先前所言之错，便光着上身，背负荆杖，来到蔺相如家请罪。他羞愧地对蔺相如说：“我真是一个糊涂人，想不到你能这样地宽宏大量！”两个人终于结成誓同生死的朋友。

点评 当蔺相如的话传到廉颇耳朵里时，廉颇意识到自己之前言行的不妥，便诚恳地背负荆杖向蔺相如请罪，如此及时、真诚的道歉怎能不使两人结为生死之交？这就是成功道歉的魅力。

案例6

三国时，公孙渊在辽东割据，害怕曹操征讨，就给孙权写信说要归顺东吴。孙权决定派军队带着钱财去支援他，并封公孙渊为燕王。大臣张昭认为公孙渊不可靠，极力反对孙权这样做，两人因此发生了激烈的争执，孙权最后还是没有采纳张昭的意见。张昭一气之下不去上朝，孙权也生了气，派人把张昭家的门给堵上了。张昭更不示弱，让家人在门里面又堵上一层。后来公孙渊杀了孙权派去的人，孙权这才认识到张昭的意见是对的，于是，几次到张昭家去认错，张昭就是不见他。

一次孙权又来到张昭的家门口，高喊张昭的名字，张昭仍卧床不起。孙权派人去烧张昭家的门，本意是想逼迫张昭出来，可张昭却让人把窗户也关上了。孙权一看，连忙让人把火扑灭，自己则一直在张昭的门前站着。后来，经儿子的劝说，张昭终于露面。孙权一看，非常高兴，把张昭让到自己车上，一路上自责不已，请张昭原谅。从此，君臣和好如初。

点评 与人交往难免说错话、做错事，也难免得罪人，甚至给对方带来精神上的巨大痛苦和经济上的巨大损失。若能及时认识到自己的错误，诚恳地向对方道歉，主动承担责任、求得谅解，并希望重归于好，通常总能得到对方的原谅。这样不仅可以弥补破裂了的关系，还可以增进友谊。否则将会损坏自己的形象，丧失朋友，失去友谊。任何人都不能小看道歉的作用。

技巧扫描

一、道谢的技巧

1．态度诚恳

道谢之意需发自内心，态度要亲切、诚恳，面带微笑。只有拥有真诚之心，才能道出真诚之言，才能让对方及时、准确地感受到道谢者真诚的感激之情，从而增进双方的感情。

2．及时道谢

道谢要及时，这样才能使对方切实感到你是在对他的高尚行为和礼貌言行进行一种及时的回敬和酬谢。哪怕一句最朴实无华的“谢谢”也能引起对方的共鸣。

3．明确对象

道谢应有明确的称呼，称呼被谢人的名字，既能使你的道谢专一化，又会使对方感到亲切、舒适。如果你要感谢的是几个人，那就要说声“谢谢大家”，这样就会在每个人的心里都引起反响和共鸣，从而促进彼此感情的进一步交流。

4．讲明原因

道谢时，不仅要用清晰、响亮的语言向对方表达你的感激之情，还应及时注意对方的反应。如果对方对你的道谢感到茫然，你就要及时用简洁的话语道出向他致谢的原因，这样才能使你的道谢达到预期的目的。

5．赠以礼物

道谢者在口头表达自己的谢意时，往往还要向对方赠以礼物，聊表寸心。但礼物一般不宜过重，能表达心意即可，以免让对方产生某种心理负担。送上礼物之时，还可随即奉上一句“小小礼物，不成敬意，望笑纳！”或“随便买了点儿东西，不知您喜不喜欢”等。至于礼物价格方面，即使对方问及，最好还是避而不答。

二、道歉的技巧

道歉不仅仅是一句简单的“对不起”，它也是一门艺术，需要讲究一定的技巧。那么，怎样向人道歉才能达到预期的目的呢？

1．道歉要及时

当意识到自己有不妥言行时，要及时向对方道歉。时间拖得越久，就越会让人家恼火，越易让人误解，自己也会越来越难以启齿。道歉及时，还有助于当事人大事化小，小事化了，及时化解双方的矛盾。

2．态度要诚恳

真心实意的道歉不只是认错，而是要主动承认自己的言行给对方带来了伤害或损失。道歉时不要强调客观原因，为自己做过多的辩解，只需诚恳地求得对方的谅解和宽恕。但也不要过分贬低自己，使人看不起。

3．道歉语要简明扼要，文明而规范

道歉语以简明扼要为佳，只要态度诚恳，定会取得对方的谅解，切忌语言啰唆、重复。

道歉语还应文明而规范。有愧对他人之处，应说“非常惭愧”“深感愧疚”；渴望见谅，需说“请多多包涵”“请您原谅”；有劳别人，可说“打扰了”“麻烦了”；一般场合，则可以讲“对不起”“很抱歉”“失礼了”等。

4．要有所醒悟，主动承担责任

在整个事件中，即使自己只有部分责任也要主动承担，说明引起错误的原因，这样既会让对方感到你的诚心实意，也会鼓励对方勇于承担属于自己的那部分责任。

实用训练

一、根据所学知识，对下列几则案例进行点评。

1. 一位女士在车站不小心将自己的挎包丢失，她急忙赶到警察局报案。办案组组长问道：“你是什么时候发现被偷的，小偷长什么样子？”“如果我知道还来找你们干吗？”女士生气地说道：“我还有急事，先走了，找到再联系我！”警察同志们无奈地相互看了看。后来，在目击者的帮助下，警察成功地侦破了此案。丢包女士接过失而复得的挎包之后，怒道：“拿着这么高的工资，办事效率却这么低！真是的！”办案人员无奈地摇了摇头……

2. 一位司机在开车门时不小心撞到了一位骑车人，骑车人十分恼火。司机立即当面道歉，并主动要求将对方破了的衣服送去织补。骑车人见司机如此诚恳道歉，怒气随即全消。

3. 肯德基连锁店的创始人弗德雷·德卢加对员工的要求一向比较严格。一天晚上，德卢加忙完自己的事情后到肯德基店检查工作。他进入一间肯德基餐厅后，发现这间餐厅的柜台后面乱糟糟的，食品摆得杂乱无章，顿时火冒三丈。他对仅有的一名正在干活的雇员大声吆喝，命令这个员工马上把餐厅收拾好，并帮着员工一起收拾了起来。第二天，德卢加在查阅销售记录的时候，惊讶地发现他昨天批评的那位员工所在的店，销售量超出了近期销量记录。这时他才明白过来，那家餐厅之所以乱糟糟，是因为店里的顾客太多，以至于那位员工忙不过来。可以说，那位员工十分称职。一想到这里，德卢加心里就不安起来。当天晚上，德卢加就来到那家店，诚恳地向这位员工道歉。员工看到老板如此诚恳地向自己道歉，虽然之前有一肚子的委屈和不满，此时也早已烟消云散。在日后的工作中，这位员工更加积极努力，为肯德基业绩的提高做出了巨大的贡献。

二、情景模拟训练。

1. 期末考试临近，同学们都在紧张地复习，一道数学题使你百思不得其解。课间，你去请教正埋头苦学的数学科代表。数学科代表认真、仔细地帮你讲解了这道习题。请设计你对数学科代表的感激之词。

2. 李彤到公司工作不久，对所从事的业务并不十分熟练。下班时间已到，手里的工作还有很多亟待完善的地方。身旁的小王读懂了李彤的难处，便主动帮助李彤完成了工作。假如你是李彤，请向下班后依然帮你忙了两个多小时的小王表达你的感激之情。

3. 早晨上班时，在拥挤的公交车内，一个急刹车让你不小心踩到了身旁女士的脚，请向这位女士表达你的歉意。

4. 星期天，你本已和同学约好一起看电影，可是家里突然临时有事。请设计你的歉意之词。

第四节　赞美与批评

知识点津

在我们的生活中，人人都需要赞美，赞美之于人心，如阳光之于万物，它会使人明白自身的价值，增强自信心；而善意中肯的批评也如雨露之于绿叶，既有助于对方及时改正自身的不足，又不影响彼此的感情。所以，赞美与批评在社会生活和人际交往中均具有举足轻重的作用。

一、赞美

适时、恰当地赞美别人，是社交活动中一种重要的礼仪。它不仅能起到鼓舞他人的作用，而且也能密切人与人之间的关系。赞美别人，你所付出的只是语言，得到的回报却是友谊和帮助。如果我们在生活、工作中把握好了赞美的艺术，就可以收到意想不到的效果。

1. 细心观察，善于赞美

老师经常赞美学生，学生会更自信、更努力；领导经常赞美员工，员工会更积极、更认真。生活中人人需要赞美，人人喜欢赞美。得到赞美的人，会更自信、勇敢地面对生活；而善于赞美他人的人，则会拥有健康、乐观的心态，拥有一颗宽宏大量和充满爱意的心。只要我们细心观察，就会发现他人身上许多值得赞美的闪光点。善于赞美他人，既能体现对他人的关心与友好，又有助于增进彼此间的了解和友谊，是协调人际关系的重要环节。

真诚的赞美，往往会使被赞美的人发生奇妙的变化，甚至改变他的一生。所以在生活中，我们要更多地去关注那些身处逆境、缺乏自信、自卑感比较重的人。也许你的一句赞美，会顿时使其得到温暖、受到鼓舞、增强信心、振奋精神。

2. 因人而异，恰当赞美

人的职位有高低之分，年龄有长幼之别，因人而异、符合个性的赞美往往要比一般化的赞美效果好。成功的老年人总不能忘记自己辉煌的过去，与其交谈时，可以多赞美他引以为豪的创业史；对于年轻人，则可多赞美其精力充沛、有创新意识；对于经商的人，可称赞他头脑灵活、生财有道；对于知识分子，则可赞美他知识渊博、思想崇高。

3. 态度真诚，发自内心

虽然人人都喜欢被赞美，但并不是所有赞美的话都会让对方开心，只有发自内心的赞美才会让被赞美者产生愉悦的心理，正所谓“赞者真心，被赞者开心”。真诚的赞美是发自内心的真情实感，是一方对另一方的认可。

4. 实事求是，措辞恰当

真诚的赞美要以事实为基础，不能言过其实、任意夸大。赞美之词也要适度、讲究分寸，过分的恭维便成了奉承，会使对方认为你为人虚伪或疑虑你动机不纯。正如我们不能见到女孩子就夸其漂亮一样，倘若对方明知自己并不漂亮，就会感觉你在嘲笑她，从而引起对方的不满。

5. 深入细致，将赞美内容具体化

赞美之词不能空洞，否则不仅不能取悦对方，甚至还会因为你的敷衍之词而引起对方的反感。如果你想赞美一个人的服饰，就不能简单地说“这件衣服真好看”，而要细致地说说好看的原因，如“你穿这件衣服真不错，不仅颜色、款式好，人也显得越发精神”。

6. 现代社会，自赞自夸也不可或缺

“王婆卖瓜，自卖自夸”经常用来嘲讽那些为自己说好话的人。但在现如今这个竞争激烈的社会，很多时候我们缺少的正是王婆的这种自夸精神。新产品的问世、新理念的产生、招标招聘、推销产品等，如果没有一个正确的自我定位和勇于“自卖自夸”的精神，又有谁会知晓、有谁会接受呢？

但自赞自夸也要建立在实事求是的基础上，否则只会降低自己的可信度；自赞自夸还要明确目的，有的放矢。盲目的自我赞美，只会白费工夫、浪费精力，因为你的优点、长处并非对方所需。所以在自赞自夸时，一定要考虑各方面的所需，做到“知己知彼，百战不殆”。

二、批评

在人际交往中，我们需要真诚的赞美，也需要善意的批评。良药苦口、忠言逆耳，善意的批评会及时指导、帮助对方认识和改正错误。但对于批评者来说，批评也要讲究艺术，要让被批评者心悦诚服地接受。能否达到这个目的，在很大程度上取决于你所采用的方法和技巧。

家长不顾及孩子的感受，喋喋不休地指责孩子的缺点，以为这样孩子就会及时改正；老师态度严肃、厉声训斥，以为这样学生就能发愤图强认真学习；公司领导在众人面前大声呵斥其员工，以为这样就可以在员工面前树立威信……这些做法往往会带来事与愿违的效果，甚至还会引发双方的矛盾。即使是善意的批评，也要注意以下几个方面：

1. 把握好批评的时间

这里的“时间”是指最佳的批评时间。不要在上课前批评学生，否则会影响学生的情绪，导致这个学生听课效果不好。不要在吃饭前批评孩子，否则会影响孩子的食欲和咀嚼，导致消化系统功能的紊乱。一般情况下，批评教育要及时，但还是应尽量避免在工作时间大发雷霆。有时，故意拖延一些时间再处理，也许效果会更好。

2. 注意批评的场合

人人都有自尊心，都不希望自己被当众批评，不希望自己的缺点与错误被他人知道。因此，最好选择无他人的情况下对其进行批评。否则会让被批评者觉得自己丢了面子，弄不好还会破罐子破摔，以致达不到批评的预期效果。

3. 关照双方的情绪

批评应选择批评者和被批评者情绪都相对稳定时进行。如果自己带着不满情绪去批评人，难免由于激动而使批评话语过于激烈；而被批评者的情绪如果处于激动时期，批评和教育的效果也不会太明显，有时甚至会使其恼羞成怒、出言顶撞。所以，批评时既要注意自己的情绪，也要多体谅对方的感受。

4. 讲究批评用语

批评时，要讲究语言的"精益求精"，不说则已，一说惊人。不能用羞辱对方人格的语言，也不能冷嘲热讽。否则，不但不能帮助对方改正错误，还会使其产生对立情绪，引发双方情感上的矛盾。不能用以偏概全的语言，如"你总是……"，这样容易打消对方的自信心。

案例点评

案例1

停车场上，一位图书推销员看到一位30多岁的女士正朝一辆轿车走去，他立即赶上前去，对这位女士说："不好意思，小姐，打扰一下，这本书对您谈恋爱一定很有帮助。"女士听到之后，笑道："我孩子都上幼儿园了，还谈什么恋爱啊！"推销员赶紧接着说："不可能吧，您看起来这么年轻！"于是，推销员又急忙掏出一本教育小孩的书给她。她拿过书，看了看说："这本书还差不多。"然后，她高兴地付了钱。

点评　推销员利用故意错位赞美的方法，缩小了女士的实际年龄，先给女士一个愉快的心情，然后再顺势拿出自己要推销的书，自然推销成功。

案例2

某文化公司要修建一座影剧院。这一天，公司王经理正在办公，家具公司李经理找上门来推销座椅。"呦，好气派！我从来未见过这样漂亮的办公室，如果我有一间这样的办公室，此生足矣。"李经理这样开始了他的谈话。他用手摸了摸办公椅扶手："这不是香山红木吗？难得一见的上等木料哇！""是吗？"王经理的自豪感油然而生。他说："整个办公室是请深圳的装潢厂家装修的。"说罢，不无炫耀地带着李经理参观了整个办公室，兴致勃勃地介绍设计比例、装修材料、色彩调配，兴奋之情溢于言表。不用说，李经理顺利地拿到了王经理签字的影剧院座椅订购合同。

点评　李经理能够成功拿到影剧院座椅订购合同，主要由于李经理在没谈生意之前对王经理办公室进行了恰当的赞美，满足了对方的自尊心需求，拉近了彼此之间的距离，为成功签订合同奠定了坚实的基础。

案例3

公交车进站了，一位年轻的母亲抱着孩子挤上了车，身旁坐着一位假装睡着了的年轻人。孩子不停地吵着："妈妈，我要坐！我要坐！"母亲见状，略思片刻，大声对孩子说："好孩子，别吵了。大哥哥累了，等哥哥休息一会儿，他会让给你坐的！"果然，年轻的妈妈话音刚落，年轻人马上站起来，主动给这母子俩让了座。

点评　年轻母亲没有说一句批评的话，而是运用了肯定对方式的批评方法，先对年轻人的行为做出了解释：哥哥累了，需要休息。然后又对年轻人进行了肯定：他会让给你坐的。让年轻人认识到了自己的不对，并及时改正。

案例4

伏尔泰曾有一位懒惰的仆人。一天，伏尔泰请他把鞋子拿过来。一会儿，鞋子拿来了，但布满污泥。于是伏尔泰问道："你早晨怎么不把它擦干净呢？""用不着，先生。现在路上尽是污泥，两个小时以后，您的鞋子又要和现在一样脏了。"伏尔泰听后没有说话，微笑着走出门去。仆人赶紧追上去说："先生慢走！钥匙呢？食厨上的钥匙，我还要吃午饭呢。""我的朋友，还吃什么午饭啊，反正两小时以后你又将和现在一样饿嘛！"

点评 伏尔泰面对懒惰的仆人，没有厉声喝骂，却巧用幽默的话语委婉地批评了仆人的懒惰，取得了极佳的批评效果。

案例5

北京市公交公司优秀售票员王桂荣以文明礼貌的服务用语，赢得了许多乘客的好评。有一次，有个抱着孩子还带个大提包的妇女乘车，一位年轻人主动让了座，但那个妇女并没有向年轻人道谢，让座的年轻人有点不高兴。王桂荣见状就摸着那妇女怀中孩子的小脸说："多可爱的孩子呀！你知道是谁给你让的座吗？"那位妇女猛然省悟，连忙起身向让座的年轻人道谢，年轻人也笑了。

美国总统柯立芝有一次批评他的女秘书："你这件衣服很漂亮，你真是一个迷人的小姐。只是希望你打印文件时注意一下标点符号，让你打的文件像你一样可爱。"女秘书对这次批评印象非常深刻，从此打印文件很少出错。

点评 王桂荣通过委婉的提醒，间接地批评了妇女对他人的帮助不道谢的不良做法，既缓和了车上紧张的气氛，又收到了良好的批评效果。身为美国总统，柯立芝可算是世界上最有权势的人之一了，可说话能如此委婉、客气，体现了他的好修养、好气度。假如他换成一种盛气凌人的口吻呵斥对方，就只能让对方反感，却未必能达到纠正对方的目的。

案例6

数学老师讲解习题时，有两位同学窃窃私语，违反了纪律，影响了其他同学。这时老师并未高声训斥，而是走近其旁轻声问道："你们在讨论什么？我的讲解有什么错误吗？"两位同学听后都为自己没认真听讲而深感惭愧，低下了头。

点评 这位数学老师很讲究批评的艺术。当这两位同学违反课堂纪律，犯了错误的时候，老师并没有居高临下地高声训斥，而是用商讨法心平气和地与这两位同学交谈，使其认识到错误。这种批评方法比以势压人更能被人接受。

案例7

甲、乙两个人分别负责其所在部门的管理工作。两人的工作都非常认真，然而在与下属交流时的方式方法上却有一些细微差别，结果两个部门的业绩大相径庭，甲的部门业绩平平，乙的部门却得到了上级的奖励。

甲：你这段时间进步挺快的，但是你能在某某方面再加一把力，相信你的成绩会更好。

乙：你这段时间进步挺快的，如果你能在某某方面再加一把力，相信你的成绩会更好。

点评 甲在赞扬下属之后用了转折词"但是"，令听者反感，认为前面的表扬是哄人、套话、言不由衷。这样不但批评不奏效，甚至连前面的表扬也会被理解为虚情假意。乙在表扬下属之后用"如果"的间接提醒，就比"但是"后面的直接批评效果更好，更令人乐于接受。

技巧扫描

一、赞美的技巧

1．直接赞美

生活中，他人的些许变化、点滴做法，我们都应及时对其闪光处给予简短的鼓励或赞美，这样不仅能使对方为你的赞美之言感到高兴，也会由于你对他的关心与重视而感到温暖。

2．间接赞美

在赞美他人的时候，有时间接赞美可能比直接赞美的效果更好。因为在一般人的观念里，都会认为第三者的话比较具有客观性和真实性。这样你对他人的赞美虽然是在当事人不在场时表达出来的，但最终都会由第三者传达到对方的耳朵里。这种赞美更能加深受赞者对你的良好印象。

3．对比赞美

即将被赞美者和其他对象相比较，以更突出被赞美者的闪光之处，这种赞美给人一种真实、具体的感觉。

4．故意错位赞美

就是不直接赞美对方的真实存在，而是将对方的特征如年龄等故意夸大或缩小的赞美方法。

二、批评的技巧

1．肯定式批评

人人都希望得到他人的赞美和表扬，因此，在批评他人所犯错误时，如能先肯定，以肯定为先导，就能促成彼此心理相容，建立沟通的桥梁，然后再指出问题、不足或不妥之处。人们听到肯定的话，心情自然会比较好，再接受批评，也就能心悦诚服了。

2．委婉式批评

批评他人的缺点或错误，采用委婉式的批评方式，不直接指出别人的短处，故意声东击西，给对方一个台阶下。这样既能达到批评的目的，又能不伤被批评者的自尊心。

3．自我式批评

当自己身边的亲戚、朋友、下属等做错了事情时，不直接批评做错事者，而是先自我批评，使对方从你自我批评的话语中认识到自己的错误，并及时承认及改正错误。这种批评方式比较容易让对方接受。

4．幽默式批评

幽默式批评是指使用富有哲理的故事、双关语、形象的比喻等含蓄、委婉地表达批评之意。这样可以巧妙地揭露对方的缺点、错误，并启发被批评者思考，使批评不但达到教育对方的目的，还能营造出轻松、愉快的氛围。

5. 商讨式批评

当对方有不良表现的时候，不居高临下地高声训斥，而是以平等的姿态，心平气和地与之商讨，使其认识到错误。

6. 间接式批评

注意批评的语言，巧用间接式的批评方法。如可把“但是”改为“如果”，避免对方的反感，使对方心悦诚服地接受批评，并改正自己的错误行为。

实用训练

一、根据所学知识，对下列几则案例进行点评。

1. 一天晚上，一家公司发生一起盗窃案，但盗贼并没有得逞。提起原因，令人感到吃惊：该公司聘用的一位保洁员不顾生命危险，与盗贼进行了一场惊险的搏斗。

在这样一个拥有数百名员工的大公司里，论地位、论工资，这位保洁员都难以在公司里引起重视；论责任，防火防盗这些事情与一个小小的保洁员也没有什么直接的联系。然而是什么让这位保洁员产生了如此强烈的正义感呢？后来有人从这位保洁员的口中得知：他之所以会这样，是因为该公司的总经理每次看到他在辛勤工作，都会微笑着表扬他把地板打扫得很干净，称赞他以后肯定会有所作为。

2. 下午放学，孙强带着迟交的作文本来到老师的办公室。老师看过孙强的作文之后问道：“这篇小说是你写的吗？”“是我写的，”孙强答道，“我足足构思了一天一宿，才写出来的呢，写作真辛苦啊！”“啊！伟大的莫泊桑先生，您什么时候复活了啊？”老师感慨道。听了老师的话，孙强不好意思地低下了头。

3. 一次宴会上，一位肥胖出奇的夫人坐在身材瘦小的萧伯纳旁边，她带着娇媚的笑容问萧伯纳：“亲爱的大作家，你知道防止肥胖有什么好办法吗？”萧伯纳郑重地对她说：“有一个办法我是知道的，但是我怎么也无法把这个词翻译给你听，因为‘干活’这个词对你来说是外国话呀！”

4. 古时有位名叫乐羊子的名仕外出求学，留下妻子和母亲在家里，婆媳俩日子过得十分清苦。有一天乐羊子的母亲把邻居的鸡偷偷抓来宰了吃。对于母亲的这种行为，乐羊子的妻子非常难过，她不但不动筷子与母亲一同吃这只偷来的鸡，而且直掉眼泪。乐羊子的母亲对儿媳面对美食伤心很不理解，问她为什么哭，她回答道：“都怪我没本事改变家庭的贫困，没有把母亲侍奉好，使得饭桌上有了别人家里的鸡。”乐羊子的母亲听了儿媳的话，羞愧得无地自容，端着煮熟的鸡到邻居家赔礼道歉。

二、情景模拟训练。

1. 如果你在货摊上买衣服，付款时不小心把钱夹落下了，里面有 100 多元钱，是别人托你买东西的。你回去找时，货主不承认落在他那儿了。请运用恰当的赞美语言使货主心甘情愿地将钱夹返还给你。

2. 假如你们寝室有位同学非常喜欢音乐，但他经常在就寝时听音乐，严重影响了其他同学的休息。请运用恰当的批评技巧指出该同学行为的不当之处，做到既不影响彼此感情又成功解决此事。

3. 学校的草地旁立着一块警示牌——“严禁践踏草坪!”但课间时几个男同学竟在草坪上踢足球，请你对他们进行批评教育。

4. 课堂上，坐在你前面的两位男同学一直在窃窃私语，严重影响了你的听课效果。请向他们表达你的批评之意，使他们明白自己的行为已影响他人的听课效果。

5. 某市孤儿院无钱修缮年久破旧的校舍，院长多次向上级申请均无结果。无奈之下，院长决定向该市有名的慈善家—— 市饮品厂的张经理请求援助。但不巧的是，听说最近该厂效益不是很好，院长深知希望渺茫。为了孤儿院的孩子们能拥有一个更好的学习环境，他还是想尽力去试试。如果你是这位院长，你将运用什么样的赞美方法向这位经理求援，以达到最终的目的。

第五节 说服与婉拒

知识点津

在社会交往过程中，大多数人不知道该如何轻松、有效地说服他人接受自己的观点、建议，也不知道面对他人的邀约和请求该如何婉转、巧妙地拒绝。本节将教会你说服与婉拒的技巧，使你的交际生活更加愉悦成功!

一、说服

说服就是促使对方放弃原有的打算和看法，认同你的观点，从而实现思想上的重大转变的过程。在生活中，需要说服的对象很多，他们可能是你的父母、你的同学、你的朋友、你的上司、你的顾客……在大多数情况下，人们总是趋于坚持己见，不愿意自己的意志被别人所左右。你可能随时遇到要说服别人改变或放弃自己的主意，进而心甘情愿地同意、采纳你的意见的情况。能够轻松、有效地说服他人，做到以理服人、以情动人，真正地使对方心悦诚服，掌握说服的基本策略是非常重要的。

1）要了解说服对象的性格、爱好、心理需求等。

2）要取得对方的信任。

3）要把握说服时机，将说服对象与时、境、理联系起来，营造和谐适宜的说服氛围。

4）要揣摩对方心理，有的放矢地针对其顾虑进行说服。

5）要帮助对方分析利弊，从其他角度剖析对方原有想法的不合理性，促使其自动放弃。

二、婉拒

在日常工作和交往中，当别人向你提出了一些违背你意愿的请求时，如果你不忍心说“不”字给予回绝，就会使自己陷入两难的境地，给自己平添很多麻烦；有时由于拒绝方法不当又会得罪别人，影响彼此的交往。

拒绝是令人深感遗憾却又难以回避的，我们应该力争做到既不刺激对方，又不伤害对方的感情，在不同意和不接受对方的看法或要求的前提下，用含蓄、婉转之词加以拒绝。善于拒绝者，既能使自己掌握主动权、进退自如，又能给对方留足“面子”、搭好台阶，使交际双方都免受尴尬之苦。因此，学会婉言拒绝，掌握婉拒的基本策略是非常重要的。

1．态度要和蔼诚恳

不论是倾听对方的请求还是婉拒对方并说明缘由，都要始终保持和蔼诚恳的态度。不要对对方的请求表现出不悦之色，甚至蔑视或忽略对方。

2．语言要委婉含蓄

当对他人的请求不得已说“不”字时，言谈话语中要真诚地流露出你的歉意，如使用“请您谅解”“实在不好意思”“抱歉”“对不起”等致歉语，这样能不同程度地舒缓对方被拒之后的低落情绪。

3．内容要明白直接

对自己明显办不到的事情要清楚明白地表达拒绝之意，不能模棱两可，让对方抱有幻想，甚至引发误解。

4．理由要合情合理

除清楚明白地表达拒绝之意外，还应给“不”字加上合情合理的解释，让对方明白你确有苦衷，绝不是搪塞推诿。

案例点评

案例1

传说汉武帝晚年时很希望自己长生不老。一天，他对侍臣说：“相书上说，一个人鼻子下面的‘人中’越长，命就越长，‘人中’长一寸能活一百岁。不知是真是假？”东方朔听了这话，知道皇上又在做长生不老的梦了。皇上见东方朔面有不悦之色，喝道：“你敢笑我？”东方朔脱下帽子，恭恭敬敬地回答：“我怎么敢笑话皇上呢？我是在笑彭祖的脸太难看了。”汉武帝问：“你为什么笑彭祖呢？”东方朔说：“据说彭祖活了 800 岁，如果真像皇上说的，他的‘人中’就有 8 寸长，那么他脸不是有丈把长吗？”汉武帝听了，也哈哈大笑起来。

点评 东方朔要劝谏皇上不要做长生不老梦，但又不好直接去规劝，所以采用故事类比法，委婉地表达了自己的意思，使汉武帝愉快地接受了他的规劝。

案例2

一次，克罗地亚人劫持了美国环球公司从纽约拉瓜迪亚机场到芝加哥的一架班机，飞机兜了一个大圈，越过蒙特利尔、纽芬兰、伦敦，最终降落在巴黎市郊的戴高乐机场。在这里，法国警察打瘪了飞机轮胎。飞机停了三天，劫机者同警方僵持不下，法国警方向劫机者发出最后的通牒：“喂，伙计们！你们能够做你们想做的任何事情，但美国的警察已经到了。如果你们放下武器同他们一块回美国去，你们将会被判处不超过 4 年的徒刑。这也可能意味着你们在 10 个月左右就被释放。”法国警察停顿片刻，目的是让劫机者将这些话听进去。接着又喊：“但是，如果我们不得不逮捕你们的话，按我们的法律，你们将被判处死刑。那么你们愿意走哪条路呢？”劫机者听了法国警察的劝说，权衡了一下，主动投降了。

点评　在劫机者陷入进退两难的痛苦局面时，法国警察为其权衡利弊，在劝降中明确地为其指出了两条道路：一个是投降，将被判10个月左右的徒刑；一个是顽抗，结果只可能是死刑。面对两条不同道路，早已心慌意乱的劫机者只能听其劝说而弃械投降了。

案例3

办公大楼内，一个全身绑满炸药的狂暴歹徒，用枪指着8个人质，坚持让警方做出选择：要么预备好足够的钞票和一架直升机让他离开这个国家，要么他与人质同归于尽。

危急关头，一位老警官挺身而出，赤手空拳走进大楼……不一会儿，解除了武装的歹徒跟着老警官走出大楼。请看他是如何说服歹徒的：

"我有一个可爱的儿子，今年10岁，上小学四年级。为了他我可以牺牲我的一切。（话锋一转）你有儿子吗？"歹徒情绪稍有放松，但仍用枪指着警官"有，两个。一个6岁，一个9岁。""你爱他们吗？""当然爱。""既然爱他们，难道你不想看着他们长大成人，看着他们上大学吗？"歹徒头上开始冒汗，拿枪的手剧烈颤抖起来。警官穷追不舍："你既然爱他们，难道忍心让他们这么小就失去父亲，成为孤儿吗？"歹徒心理防线轰然崩溃，一屁股坐在地上哭了起来。

点评　老警官面对狂暴歹徒，采用了顺从感化的说服方法，抓住人所共有的爱子之心，唤醒对方潜意识之中的良知，由此消除对方的防范心理，使其终止不良行为。

案例4

王涛在某职业学校读书，颇有点才华，写得一手好字，可就是有点不拘小节，每天早晨起床后，不肯把被子叠整齐，检查评比时，他总是拖班级的后腿。为此，班主任也曾批评过他，可他满不在乎，依然我行我素。

有一天，班主任老师到寝室查看，见王涛在练字，就走过去说："汉字是方块字，其中既有美学，又有力学，……"接着，班主任从古代书圣王羲之、颜真卿、柳公权等，说到当代的郭沫若、沙孟海、舒同等。王涛没想到班主任老师竟也懂得那么多书法知识，渐渐听得入了迷。

班主任老师发现时机已到，就突然把话锋一转说："常言道，字如其人，但遗憾的是，你的字却与你本人不一样。"王涛对班主任的突然袭击毫无防备，一下子呆了，"我怎么了？"班主任老师趁热打铁说："看你的被子窝窝囊囊的，像个练书法的人吗？整理内务犹如写字，也很有讲究。一个字中，只要有一笔没写好，整个字就显得逊色；一个寝室里，只要有一个人不好好整理内务，整个寝室的统一美就被破坏了。"王涛听了，顿时恍然大悟，脸一下红了起来。从此以后，他不仅被子叠得整齐，学习也更加努力了。

点评　班主任老师以谈书法为切入点，先循循善诱，对王涛"投其所好"，再用"激将法"指出他内务不整，给集体带来的负面影响，从而帮助教育了王涛，这种劝说方法收到了良好的效果。

案例5

某精密机械工厂生产新产品，将部分零件委托其下属的一家小工厂制造。当该小厂将零件的半成品呈示给总厂时，竟然没有合乎总厂的要求。由于生产任务迫在眉睫，总厂负责人只得令其尽快重新制造，但小厂负责人认为他是完全按总厂的规格制造的，不想再返工，双方僵持了许久。总厂厂长见到这种局面，在问明原委后，便对小厂负责人说："我想这件事完全是由于公司方面设计不周所致，而且还令你吃了亏，实在抱歉。今天幸好是你们帮忙，才让我们发现竟然有这样的缺点。只是事到如今，事情总是要完成的，你们不妨将它制造得更完美一点，这样对你我双方都是有好处的。"那位小厂负责人听了总厂厂长的一番话后，便欣然应允。

点评 这个案例里，总厂厂长站在对方的立场上分析问题，给对方一种为他着想的感觉，以心换心。这种投其所好的技巧常常具有极强的说服力。要做到这一点，"知己知彼"十分重要，唯先知彼，而后方能从对方立场上考虑问题。

案例 6

钱钟书先生是我国著名作家，他的作品《围城》享誉海内外。有一位外国女士特别喜欢钱钟书。有一天，她打电话给钱钟书先生说："钱钟书先生，我十分喜欢您的作品，我想去拜访您一下。"这是一个善意的请求，人家是慕名而来的。但钱钟书先生一向淡泊名利，不慕虚荣，于是他在电话中婉拒道："假如你吃了一个鸡蛋觉得不错的话，又何必一定要见那个下蛋的母鸡呢！"

点评 钱先生以其特有的幽默和机智，运用新颖、别致而又生动、形象的比喻，婉转含蓄地拒绝了对方的请求，既维护了那位女士的自尊，没有伤害对方的感情，又避免了不必要的麻烦。

案例 7

罗斯福在当选美国总统前，曾在海军担任要职。一天，一位好朋友向他打听海军在加勒比海一个小岛上建立潜艇基地的计划。这时，罗斯福向四周看了一看，压低声音问："你能保守秘密吗？"对方答："当然能。""那么，"罗斯福微笑着说，"我也能。"

点评 罗斯福的方法是先不直接说自己的做法，而是问对方能否保守秘密，诱使对方上当，巧妙地使其陷入自我否定之中，这种婉拒的方法真是妙不可言。

案例 8

在一次记者招待会上，基辛格向随行的美国记者团介绍情况，当他说到"苏联生产导弹的速度为每年大约 250 枚"时，一位记者问："我们的情况呢？我们有多少潜艇导弹在配置分导式多弹头？有多少民兵导弹在配置分导式多弹头？"这是一个很难回答的问题，基辛格如果说"不知道"，便等于撒谎；如果说"无可奉告"之类的外交辞令，又会落入俗套，还有可能激起记者们更尖锐、棘手的追问；如果实话实说，则必然泄露国家机密。面对这样的难题，基辛格非常从容地答道：我们有多少潜艇我知道；有多少民兵导弹在配置分导式多弹头我也知道。但是我不知道这是不是保密的。"一个记者急忙说："不是保密的！"基辛格笑着反问道："不是保密的吗？那你说是多少？"记者们都傻了，只好嘿嘿一笑了之。

点评 记者提出的问题涉及国家秘密，基辛格能够防中有攻，通过反诘，反戈一击，咄咄逼人，变被动为主动，巧妙而又十分得体地封住了记者的嘴，效果甚佳。

案例 9

个体户陈某听说工商局长的儿子要向他借一大笔钱。他知道这钱如果出手，就有可能是肉包子打狗—— 一去不回，但又不想得罪这位公子。于是他灵机一动，在工商局长的儿子刚一进家门时，就立刻说："你来得正好，我正要去找你呢。这两天可把我急坏了，有一批货非常便宜，可人家非得要我一口吞，我怎么也凑不齐这笔资金，正想找你借几万元钱呢。"对方一听这话，懊悔自己到和尚庙借木梳—— 走错门了，赶紧搪塞几句，一走了事。

点评　这是一个抓住时机、反攻为守的典型例子。陈某深知工商局长儿子的意图和秉性，所以他在对方刚进家门，只字未说的时候抢先向他借钱。遇到这种意外情况，对方毫无心理准备，只好敷衍几句，溜之大吉，哪里还顾得上借钱。

案例 10

贾某与甄某在生意上有来往，但没有实交。当贾某提出要向甄某借钱时，甄某犯难了：借吧，怕担风险；不借吧，又怕得罪这个用户。思量再三后他说："你有难处时，找到我，这是瞧得起我。不过，这几天我手头紧得很，刚刚装修完房子，花了五六万元，又进了一大批货，把所有的钱都用上了，还贷了两万元的款，你看，贷款条子还在我口袋里呢。这样吧，你先等几天，等我的货出手后，我一定借给你。"

点评　贾某之所以向甄某借钱，在很大程度上是因为他相信甄某的实力。甄某体会到这一点，先赞赏贾某向他借钱是看得起他，让对方觉得脸上有光，然后诉说自己手头很紧，实在无能为力。话说到这一步，贾某也不好意思强求了。

技巧扫描

一、说服的技巧

1. 故事类比法

以讲故事的方式说服他人，可以使说服行为变得含蓄生动，使人不用浪费太多的口舌就能让对方明白较为复杂的道理。在使用此技巧时，要注意遴选恰当的事例，使故事主角的情况与对方产生明显的对应关系，从而启发对方，使其吸取教训。

2. 权衡利弊法

站在对方立场上，客观、全面、深入地帮助对方分析行为的利弊，使其自动放弃错误的行为，这种方法往往会使说服事半功倍。

3. 投其所好法

从对方的兴趣、爱好入手，赢得对方的信任，消除对方的对立情绪，使对方从心理上愿意接受你的说服或主张。

4. 顺从感化法

在与要说服的对象较量时，先采取顺从的态度缓解紧张的气氛，然后嘘寒问暖，给予关心，表示愿意给对方帮助等，消除对方的防范心理，再入情入理感化对方，使其终止不良行为。

5. 诱导激将法

利用一定语言技巧，刺激对方，激发起对方的某种情感，使对方的情绪波动或心态朝着你所期待的目标发展。

6. 以心换心法

了解对方的心理需求，盛赞对方的美意，拉近感情，求得理解，然后陈述自己的难处，使对方知难而退。

二、婉拒的技巧

1. 幽默迂回法

拒绝别人，尤其是对不是很熟悉的人，说话要谨慎，适当使用一些委婉语言，或比喻，或幽默，或暗示，或引用，或假设。方法多种多样，目的却是一样的：既达到拒绝的目的，又不伤害对方。

2. 诱导否定法

在对方提出请求时，你可以先不马上答应，而是先向对方提出类似的请求，以此诱使对方自我否定，自动放弃自己提出的要求，反攻为守，达到“不战而屈人之兵”的效果。

3. 故设“圈套”法

先设法把对方引入和自己一样的处境，让对方做出选择，然后顺势表明自己和对方一样的态度，对方自然也就无话可说了。

4. 搪塞推诿法

先爽快答应对方，然后故意加大实现诺言的种种困难，推迟付诸行动的时间，让对方知难而退。

5. 反攻为守法

在对方还没有来得及明确提出自己的请求时，先向对方提出类似的请求，反攻为守，使对方无法开口说话。

6. 感谢诉苦法

先盛赞对方对自己的重视和信赖，表示自己愿意为其效力，然后诚恳地陈述自己的困难和不便之处，博得对方的理解，使对方知难而退。

实用训练

一、根据所学知识，对下列案例进行点评。

1. 一天，某保险公司的一个推销员来到某单位推销少儿保险，几位年轻的妈妈询问保费怎么缴。推销员未加思索，脱口而出：“年缴365元，连续缴到18周岁。”话音未落，人早已散去。没过几天，这家保险公司的另一个推销员又来到这个单位，他是这样说的：“您只要每天存上一元零花钱，就可以为孩子办上一份保险……”听他这么一说，立即吸引很多人前来咨询。

2. 一次，出租车女司机韩晶经过火车站时遇到一男青年打车。韩晶把他送到指定地点，对方拿出一张百元钞票交车费。就在韩晶找钱时，对方掏出尖刀逼韩晶把钱都交出来，韩晶装出害怕的样子交给歹徒300元钱说：“今天就挣这么点儿，要嫌少就把零钱也给你吧。”说完又拿出20元零钱。见韩晶如此“敞亮”，歹徒有些发愣。韩晶趁机说：“你家在哪里住，我送你回家吧。这么晚了，家里人该等着急了。”歹徒见韩晶是个女子，又没有反抗之意，便把刀收了起来，让韩晶把他送到火车站去。见气氛缓和了，韩晶不失时机地劝说歹徒：“我家里原来也非常困难，咱又没啥技术，后来就跟人学开车，干起这行了。虽然赚钱不算多，可日子过得也不错。何况自食其力，穷点儿谁还能笑话我呢！”见歹徒沉默不语，韩晶继续说：“唉，男子汉四肢健全，干点啥都差不了，走上这条路一辈子就毁了。”

火车站到了，见歹徒要下车，韩晶又说：“我的钱就算借给你的，用着干点正事，以后别再干这种见不得人的事了。”一直不说话的歹徒听罢突然哭了，把300元钱往韩晶手里一塞说：“大姐，我以后饿死也不干这事了。”说完低着头走了。

二、情景模拟训练。

1. 你的一个好朋友因家庭突遭变故，深受打击，从此变得一蹶不振。现在，请你安慰说服她，帮助她恢复理智，走出烦恼的困扰，重新扬起生活的风帆。

2. 快要考试了，可唐强还要约你到网吧去玩。现在，请你拒绝唐强的邀请并劝说他远离网吧。

3. 你的好朋友小张买了两张足球赛票邀请你一起去观看，恰巧你有事不能去。请你委婉地拒绝小张，使他不会扫兴而归。

4. 张帅的学校处于一个旅游城市，一年里，亲戚、朋友、同学，走了一个来一帮，招待、陪同应接不暇，弄得他焦头烂额。这天，一个久未联系的同学又突然给他打来电话，双休日想来他这玩，希望他当导游，并全程陪同。假设你是张帅，请你婉言拒绝同学的要求。

5. 生活中，我们常会遇到不良的行为，比如随地乱扔果皮纸屑，摘公园里的花，乱摇小树，在公物上乱写乱画……看到这样的现象你会怎么说怎么做呢？请同学们拟写几条环保标语，进行规劝。

第六节　询问与应答

知识点津

在日常生活中，我们总会遇到向对方询问或回答对方询问的情况，小到简单的问路、课堂上的师生互动，大到激烈的辩论、成功的面试……巧妙的询问或应答往往会给你带来意想不到的惊喜。所以，询问和应答在人际交往活动中占有重要的位置，使用好这两种武器，会使你在交际活动中如鱼得水。

一、询问

在社交活动中，询问往往是交谈的起点，会不会问，怎么问，问什么，都直接影响着交谈的效果，因此有效的询问应注意以下几点：

1．注意询问的对象

询问要因人而异，对不同年龄、身份、职业、性格、教育程度、生活阅历的人，要选择不同的询问方式和技巧。如对小朋友的询问要用直观具体、通俗易懂的语言，而对成年人来说，由于他们社会经验比较丰富，人生阅历也较多，则可以用一些比较概括、抽象的语言，也可适当扩大询问范围。对性格直爽者，不妨开门见山；对脾气倔强者，要迂回曲折；对文化较低者，要问得通俗；对心有烦忧者，要体贴谅解、亲切。

2．注意询问的场合

恰当的询问应注意询问的具体场合。一般来说，当对方正忙于公务的时候，不要提一些琐碎无聊的问题；当对方心情不好时，不要提能引起对方不愉快的问题。一定要注意，不能向对方提此时此地不方便回答的问题，否则只会给对方带来不便或引起对方的反感。

3．注意询问的态度

询问的态度要谦逊、友好，切忌将询问变成质问，如“你怎么会知道？”这句生硬的质问会让人不知所措，甚至影响双方交谈的情绪。

4．询问要明确具体

询问一定要抓住要害，问得明确具体，要善于从大处着眼，小处设问，化抽象为具体，才能启发对方的思路，获得满意的答案。

二、应答

应答是针对询问而言的，但难度却比询问大，因为应答者往往处于被动的地位，需要回答的问题通常也都是事先毫无准备的，因此能及时、恰当地做出应答在一定程度上也反映了一个人的学识和修养。

1．应答准确，恰到好处

应答者往往处于一种被动的地位，通常事先也是毫无准备的，但应答者面对询问时反应一定要迅速，应答也要简洁明了、准确无误。

2．有的放矢，灵活多变

由于应答是一个被动的过程，应答的方式由被询问问题的性质而定，不同性质的问题决定了不同的主观态度和回答方式，所以，应答的语言要有的放矢，灵活多变。

案例点评

案例1

一个美国的旅游者在导游的带领下参观中国的某一城市，他边走边发议论，并对导游说：“你们这里的楼房建筑也太矮了，缺乏宏伟高大的气势，这栋房子要是在美国的话，起码要高十倍。”导游答道：“你说得对，这是一家精神病院，当然比不上你们了。”

点评　导游对美国旅游者的狂妄自大、目无一切的言论并没有据理力争，而是将话锋一转，指出这栋房子是一家精神病院，言外之意楼房越高大，精神病人越多，社会弊病也越严重，给对方以有力的嘲讽。

案例2

一名教士问主教：“我在祈祷的时候可以抽烟吗？”主教感到这位教士对上帝极为不敬，断然拒绝了他的请求。

另一名教士也去问这位主教：“我在抽烟的时候可以祈祷吗？”主教感到他念念不忘上帝，连抽烟的时候都想着祈祷，可见其心之诚，便欣然同意了。

点评 后一名教士的请求之所以获准，正是由于他审慎地组织语句。他在自己真实目的不变的情况下，利用语序变化改变了语意，使听话者产生了错觉，在态度上形成积极的呼应，减少了产生对抗、戒备、敌视等不良反应的可能。

案例3

一位老汉在车上不小心踩到一位姑娘的脚，姑娘大怒，骂道：“你这个老不死的！”乘客闻言均用异样的眼光看着老汉，老汉急中生智，呵呵一笑说道：“谢谢你，多亏你说我老不死的，我才活到了这把年纪……”话音刚落，便引来了满车乘客的笑声，被踩的姑娘反而不好意思了。

点评 面对姑娘的辱骂，老汉急中生智，幽默诙谐的语言既有对姑娘善意的针砭，又有对自身的解嘲，使得骂者消怨，旁人敬佩，一句妙语化解了不必要的冲突。

案例4

有个喜欢找麻烦的顾客进了一家洗染店，对老板说：“请把这件衬衣染成世界上没有的那种颜色。”老板爽快地答应了下来。“那什么时候才能取衣服呢？”顾客追问。老板笑了笑：“除了星期一、星期二、星期三、星期四、星期五、星期六、星期日，哪一天都行。”

点评 聪明的老板面对顾客的有意刁难并不着急，而是从容巧妙地采用迎合式应答的方法，以其人之道还治其人之身，对顾客的刁难和挑衅做出了有力的还击。

技巧扫描

一、询问的技巧

询问需要考虑环境与时机，询问者要根据不同的环境与时间选择不同的询问方式。

1．直接式

直接式也可以称作开门见山式，即直接切入主题，向对方发问。

2．诱导式

这种发问是无疑而问，诱导对方接受自己的观点，故意向对方询问。

3．选择式

询问者给对方提供若干个答案，可供对方选择。选择式询问可使被询问者依据本人的喜好，自由地选择答案，这样会使谈话的氛围更为融洽。如：

炎热的夏天里，朋友到你家做客，你想给他准备点喝的，但又不知道他喜欢喝什么，你可以这样问他："你是要可乐，还是橙汁？"

4. 委婉式

为避免遭对方拒绝而出现尴尬的局面，询问者要将自己的询问意图委婉地传达给对方。

5. 借他人之口式

在交际中，由于某种原因，你不方便直接表明自己想要询问某些信息时，就可以巧妙地借他人之口，表自己之意，以达到询问的目的。

6. 错觉式

在交谈中，为了获得主动权或显得尊敬有礼，可对提问语言进行语序及结构上的变换，使对方产生语意判断上的错觉，并对之进行积极呼应。

二、应答的技巧

1. 迎合式应答

在社交活动中，我们经常会听到一些自己不喜欢听到的询问，此时若反唇相讥，只会破坏谈话的氛围，伤害彼此的感情，不如迎合对方的话题，给出一个独到的应答。如：

漫长的假期结束后，刚回到学校，室友问道："你的体重又增加了，是不？"虽是自己不喜欢听的询问，但你可迎合地答道："这阵子我打算增肥五公斤，身体是革命的本钱嘛！"

2. 避答式应答

某些询问是自己不适宜做出应答的，但对方既已提出，此时"避而不答"要比"闭而不答"好得多。如：

"麻烦你把这件事情解释清楚。""当然要解释，但不是现在。"

3. 错答式应答

即所谓的"答非所问"式应答，这是一种机警的口语表达技巧，可使应答者摆脱不必要的询问。

4. 独辟蹊径式应答

作为一个应答者，回答问题时如能开拓思维、调动知识积累，并运用一定的谈话技巧，独辟蹊径，给大家一个新颖独特的答案，会收到意想不到的交谈效果。

实用训练

一、根据所学知识，对下列几则案例进行点评。

1. 门铃响了，一个衣冠楚楚的人站在大门的石阶上。当主人把门打开时，这个人问道："家里有高级的搅拌器吗？"男人怔住了，这突然的一问使主人不知怎样回答才好，他转过脸来和夫人商量，夫人有点窘迫但又好奇地问道："我们家有一个食品搅拌器，不过不是特别高级的。"推销员回答说："我这里有一个高级的。"说着，他从提包里掏出一个高级食品搅拌器。接着可想而知，这对夫妻接受了他的推销。

2. 小王和朋友小刘与另外一个班的几个男生在一起聊天，当他们谈到体育运动这一话题时，小刘便说："你们知道吗？我非常喜欢打篮球，而且打得相当好。投起篮来不说是百发百中，至少也是十有八九，不信你问问小王。"小王对小刘比较了解，知道他并不怎么会打篮球，便说："小刘的篮球技术确实不错，我可以作证，因为篮球是用牛皮做的。"

3. 一位导游在向游客讲解此次旅游的注意事项时，事先声明只讲两句，可不知不觉讲了十来分钟。一位游客半开玩笑地说道："导游先生，你说只讲两句，怎么讲了这么久？"引得其他游客哈哈大笑，导游觉得很尴尬，但马上说："开头一句，结尾一句，中间忽略不计，一共不是两句吗？"

二、情景模拟训练。

1. 期末考试之前，你想请语文老师帮忙辅导一下，请礼貌地向老师传达你的请求之意，询问老师是否有时间。

2. 女友问男友："如果我和你母亲同时掉到河里，你先救哪一个？"请巧妙回答，既要显得你很爱你的女友，又不会落下一个不孝顺的罪名。

3. 招聘现场，面试官问你："你认为你有什么缺点吗？"针对这一问题，请作答。

4. 设想你是一个各方面都很优秀的人，但却在班干部选举中落选了，如果有人问你原因，请巧妙作答。

第七节　拜访与接待

知识点津

拜访和接待都是人们在生活和工作中常见的社会交往方式，是主客双方互动发生的交际形式，具有双向性。尤其是在职场中，拜访和接待有着举足轻重的作用，往往决定着事业的成败，因此掌握一定的口才技巧和社交礼仪是非常重要的。

拜访又叫拜会、拜见，就是指前往他人的工作单位或住所会晤、探望对方，以达到某种目的的社会交往方式。接待是指在拜会、拜见中，主人对宾客表示欢迎并给以应有的待遇。在人际交往活动中，拜访和接待能促进人与人之间、单位与单位之间的联系，也能够交流感情、增进友谊、解决事情。

一、拜访中应注意的问题

1. 事先有约，如约而至

拜访者在拜访前一般应提前打招呼，约定拜访的时间和地点，不可贸然前行。时间选择要尽量避免他人用餐和休息的时间，地点选择可以客随主便；拜访者要遵守约定时间，一般也可适当提前 5 分钟到达，但不要迟到也不可违约。如因某种原因需要推迟或者取消拜访，要尽快告之对方，以免使对方空等，在表示歉意的同时可提出重新安排拜访的时间和地点。

2. 着装得体，干净整洁

出门拜访之前，应根据拜访的对象、目的选择适合的服饰。业务拜访应着正装，一般性的友好拜访则可轻松自然，但也要大方得体。出门前应对着镜子将自己的服饰、容颜适当修饰，力争留给对方干净整洁的印象。

3．讲究礼节，客随主便

（1）进门　拜访者进门前，要先敲门或按门铃，敲门时用中指轻叩两三下即可；按门铃时也只可让铃声响两三下。切忌用拳头擂门，用脚踢门或用身体撞门，以免扰得四邻不安。如果主人家大门敞开着，在未经主人允许的前提下，不可自行进入，也要敲门或按门铃，待主人允许后方可入内。

（2）问候　在得到主人的允许进门后，要主动与主人打招呼，应根据实际情况使用适宜的称呼，如“叔叔”“阿姨”“老师”“经理”“校长”“主任”等。对于室内主人的亲属、朋友，也要主动打招呼，点头致意，不能视而不见，不理不睬。如有礼品，可适时奉上。

（3）服饰　拜访者进门之后，要脱下外套，摘下帽子、手套，并与随身携带的物品一起放到主人指定的地方，不能随意乱放；当需要换上拖鞋时，要将自己的鞋子在指定位置摆放整齐。

（4）入座　拜访者进入房间时，不要急于就座、抢先入座，也不要自己寻找座位，要等主人发话后，坐在指定的位置上。要谦让同行者，最好与主人一同入座。

4．寒暄问候，营造氛围

拜访者入座后不可马上直奔拜访主题，这样会显得生硬唐突。要根据拜访对象、目的，选择恰当的开场白，营造轻松愉快的氛围，拉近彼此的距离。如“这是您女儿吧？长得真可爱……”

5．选择时机，切入主题

寒暄过后，不能同主人东拉西扯地聊个没完，要看准时机，适时切入主题。如“今天来，想和您商量件事情……”

6．面对拒绝，心平气和

不是每次拜访都会达到预期的目的，如被对方拒绝，拜访者也不必感到不好意思或转身就走，要保持心平气和、从容不迫的良好形象，面带微笑，礼貌地道声“打扰了”，然后彬彬有礼地离开，这样才不会有失风度。

7．友好告别，适时再访

拜访者要掌握好拜访的时间，不能打扰对方太久，以免给对方造成不便。交谈结束后，拜访者要主动起身，同主人握手告别，面带微笑地表达对主人热情招待的谢意，说些“打扰了”“麻烦了”之类的客套话。

二、在职场中应掌握的拜访策略

在职场交往中，经常要有公司与公司之间、部门与部门之间、公司与客户之间的礼尚往来。礼貌的拜访代表一个公司的形象，同时也表现出一个人的素质、层次和水平，因此，我们应熟练掌握拜访的策略。这里以营销活动的拜访为例。

1．确定拜访目标，做好拜访前的准备工作

拜访前，要详细了解客户的相关信息，包括企业的采购负责人、决策者，该企业的市场销售情况和该企业的资信情况等。

2．明确拜访目的，制定拜访策略

拜访目的不明确就容易使拜访流于形式，失去效用，交谈也会不顺畅。只有明确拜访目的，再根据拜访对象特点制定有效的拜访策略，才能实现有效拜访。

3．掌握社交礼仪常识

包括自己的穿着打扮、体态风度以及微笑、握手、入座等细节。

4．学会赞美，用微笑面对客户

赞美可以拉近主客之间彼此的距离；微笑是以良好的情绪去感染客户，让客户觉得跟你打交道很愉快，为与客户的进一步沟通奠定基础。

5．七分听三分说

拜访时尽量让客户多说话，自己做一个忠实的聆听者。要善于听"弦外之音"，了解对方的需求，做到心有灵犀一点通。

三、接待中应注意的问题

1．认真准备

如果已经与客人约好来访事宜，就要提前做好各方面的准备。如搞好室内卫生，创造一个良好的待客环境；适当准备一点待客的糖果、香烟、茶叶之类物品。要注意个人的仪容和着装。切忌主人衣着不整、蓬头垢面或室内脏乱，让客人难以入座。如果在办公室或接待室招待客人，要让客人有"宾至如归"的感觉。

2．热情迎客

对于来访的客人，主人可根据需要亲自或派人在大门口、楼下、办公室或住所门外迎接。对常来常往的客人一旦得知对方抵达，应立即起身，相迎于门外，表达欢迎之意。使用欢迎用语如"欢迎，欢迎""见到您真是太高兴了""终于把您给盼来了""是什么风把您给吹来了？"如来的是陌生客人，见面可用提示性语言："您是……"表示询问，让客人自我介绍，然后表示欢迎。请客人落座后，不要询问客人来访的目的，应等客人主动开口。即使对不速之客或不被你欢迎的拜访者，也要表现出主人起码的礼貌和姿态。

3．以礼待客

接待客人时，要讲究待客之道，做到以礼待客。总的原则是主动、热情、周到、善解人意。要集中精神待客，不能无精打采、心不在焉，如边聊天边看电视、忙家务、打电话等，更不能在客人面前摆架子，待理不理，或冷落客人，让人理解为逐客。

4．礼貌送客

客人将离去时主人要表达挽留之意，但对一般拜访者不可强留。送客时要走在长者后面，亲自送出门外，再目送其离去；不能客人还没离去，主人却早已消失了。送客时要讲欢送言语，比如“不能再待会儿吗”“您慢走”“欢迎再来”。

四、在职场中应掌握的接待策略

在职场中，因工作需要，接待单位客人的机会很多，而一些商品销售的成功也要靠销售人员的现场接待，接待客人要牢记“顾客至上”原则。这里以商品房销售为例。

1．不要过分热情、急躁

房地产是一种高价位的特殊商品，动辄数十万元甚至百万元，相应地，客户也大多是理智而谨慎的，不是简单层次上的营销辞令、热情接待所能打动的。在如今买方市场情况下，过分的热情会给客户留下楼盘卖不动的感觉。在接待时要让客户觉得自己是专业的置业顾问，能给他提供专业的市场分析，帮助他选择正确的投资产品。

另外，销售过程中也不能急躁，不能让客户觉得你急于把房子推销给他，甚至有些时候逼客户订房。在整个洽谈过程中，销售人员应该有理有节、落落大方、坦率真诚、清楚明晰地回答客户提出的各种问题。

2．在接待的初期，不要在价格上过多地纠缠

优秀的销售人员应该在最短的时间内找到客户的关注点和需求，在介绍时突出他所关注的事情并尽量地满足他，想方设法让客户认识到你推销的楼盘正是他所需要的，当他觉得物有所值时，他就会将价格放在次要的位置上。如果一定要涉及价格问题，则应将价格连同价值一并予以介绍。

3．要有高超的谈判技巧

现场接待是一种商业谈判，经常会遇上一些客户对楼盘价格进行杀价，这样的客户往往是有了买意的客户。销售人员要让客户经历一个艰苦卓绝的谈判过程，让他感觉到所争取到的每个优惠都是来之不易的。在条件允许的情况下，最终要让客户有一种“胜利”的感觉。客户对辛苦得来的胜利果实一般都倍加珍惜，从而有利于打开成交的大门。

4．要学会把握好客户

在销售商业地产时，由于投资金额比较大，投资风险也比较大，所以客户很难在第一次到访时就敲定，这就需要销售人员在第一次交谈时尽量给客户留下一个好的印象，同时要在短暂的接触中了解客户的购买意向，做好客户的跟踪回访，直至最后成交。

案例点评

案例1

某学校请来了一位外籍教师，他以幽默的教学风格赢得了学生们的欢迎，而且他开朗的个性也使学生们很快就和他成了朋友。圣诞节来临的时候，学生们相约要给外教一个惊喜，于是在平安夜，大家一起来到他家里，并为他送上一份可爱的礼物。可是平时开朗幽默的外籍教师在那天却一直闷闷不乐，这场事先被学生们策划好的聚会最终在并不愉快的气氛中结束。

点评 学生们的行为为什么会使这位外籍教师闷闷不乐呢？原来，学生们没有做到事先有约。按照西方传统，在平安夜，人们要在家里和亲人一起欢度。这一天如果未经允许，一般不要登门拜访。中国有句俗话叫“三日为请”，当你到他人的工作单位和住所去拜访时，必须尊重被访者的习俗和生活习惯，做到事先有约。随时、随意地不约而至，会打扰对方的工作和生活计划，令人不安、厌烦。

案例2

甲：这幅字是你写的吗？写得真不错！

乙：你过奖了！我不过在业余艺校学了几天。

甲：你也在业余艺校学过？

乙：怎么？听口气，你也到那里学习过？

甲：是啊，我在××艺校向×××老师学过。

乙：真的？太巧了！我们都是×××老师的学生啊！

点评　案例中，拜访者甲在切入正题前，恰当地就地取材，以被拜访者乙的一幅字为媒介开始了一段小寒暄。话虽不多，却拉近了双方的情感距离，从而为双方的进一步交谈奠定了良好的基础。

案例3

于雷前往一家公司应聘，却被告知来晚了，这个岗位已经有人选了。尽管满怀希望被泼了一瓢冷水，于雷还是微笑着站起身来，礼貌地同经理握手道别：“打扰了。我非常遗憾自己看到这个消息的时间太晚了，但我衷心地希望这只是属于我个人的遗憾。”走出办公室的于雷突然听到身后传来经理的声音：“小伙子，等一下！”于雷得到了一次面试的机会，最后他成了这家公司的一员。

点评　于雷拜访遭拒绝，但却不卑不亢，从容大方，而且还向经理含蓄地表达了这样一则信息：不录用我，对于你们可能也是一个遗憾！语言表达得体而又巧妙，最终打动了经理，也使事情出现了转机。

案例4

一位家用电器的推销员来到一位老太太家里推销洗衣机。一番简单的沟通后，他初步了解了老太太的心理：老太太十分珍惜她那台已过于陈旧的洗衣机。推销员随即便说：“这是一台令人怀念的洗衣机。用了这么久都没坏，真是耐用。”听了这位推销员的话后，老太太十分高兴：“是啊，真的是很耐用！就是功能不太全，而且看起来比较旧，我正考虑换一台新的呢！”推销员马上拿出洗衣机的宣传册子以供其参考。在老太太对产品产生兴趣后，他并没有直接向其大肆介绍这种洗衣机的功效，而是有礼貌地向老太太告辞道：“那您慢慢看看，我得去给花园小区的王奶奶送洗衣机去，您如果有需要再给我打电话……”

点评　这就是一个优秀推销员的说话技巧。他能够先说出让老太太感兴趣的话，以拉近彼此间的感情距离；然后再适时推出他们的产品，但又并不对该产品强力推销，而是在关键时刻抛出诱人的话语“我得去给花园小区的王奶奶送洗衣机去”，让老太太自己分析、对比、思考后，最终心甘情愿地掏腰包。

案例5

第一次世界大战期间，美国女权主义者南希拜访丘吉尔，丘吉尔热情地接待了她。一开始，两人由于比较陌生，不知说些什么好，气氛很沉闷。丘吉尔毕竟是老道的政治家，为了缓解气氛、打破僵局，他谈起了家常事。他说：“一次，我和妻子吵架，她两天不和我说话。我实在憋不住了就对她说：‘你这样对我，还不如往咖啡里放点毒药！’”南希出神地听着，同时也被丘吉尔说得呆住了。丘吉尔接着说：“她听我这么说也觉得她的做法有些过分。因为我的过错还不至于喝下毒咖啡！”说完两人都笑了。

点评　丘吉尔在此处成功地扮演了一个优秀接待者的角色。在面对冷场的尴尬局面时，他能主动寻找交谈话题，以轻松的事例、幽默的语言有效地化解了尴尬的气氛，热情、周到地做到了以礼待客。

案例6

有位农学院的教授家里来了一位农民客人，主人甚为热情，端茶倒水，客气礼貌。坐下之后，主人寒暄道：“您现在是远近闻名的种田大王，真了不起，市长亲自接见，您声名显赫啊！我这个农学院的专家今天难得有机会向您讨教，请您不吝赐教啊。”一席话让这位农民云笼雾罩，不知说些什么为好。

点评　教授礼貌热情地待客是对的，但他没有考虑到与一个农民谈话应采用的方式方法，没有做到“知人善谈”，因而这样的接待是失败的。

案例7

永乐公司的林平山，是一位刚从大学经济管理专业毕业的学生。他毕业前在该公司实习过，而且他针对该公司的管理情况撰写的毕业论文中的某些观点很得指导教师赏识，他本人也认为其观点对该公司改革会有一定作用。来到该公司工作后，他对论文中的一些观点和看法更加成熟，因此，很想找总经理谈谈。但他去找经理那天，恰好经理外出开会，只有经理办公室张秘书在看当天准备上报的统计表。张秘书很客气地让他坐下，并告诉他：“经理不在，有何意见，我可以代为转达。”于是，林平山就滔滔不绝地讲了起来。张秘书一边看报表，一边听着他的谈话，但精神却集中在报表上。小林言谈中常带“像我们这样的小公司”，张秘书越听越不高兴。结果，没等这位大学生把话说完，他便满脸怒气地说道：“公司小是否埋没了你的才能？你是大学生，到我们公司大材小用了呗，那何不去大公司呢？……”张秘书的冷嘲热讽，激怒了小林，导致了双方的激烈争吵。最后，林平山非常气愤地离开了办公室。

点评　张秘书在接待小林时首先没有做到以礼待客：他一边看报表，一边听着小林的谈话，没有将全部注意力集中在小林身上，这显然是对小林的不尊重。其次，当听到自己不赞同的观点时，情绪过于激动、暴躁，没能做到有理有节，最终导致双方的激烈争吵。

案例8

一位很有身份的西欧女士来华访问，下榻于北方一家豪华大酒店。酒店以VIP的规格隆重接待。这位女士很满意。陪同的酒店总经理见西欧女士兴致很高，为了表达酒店对她的敬意，主动提出送她一件中国旗袍，她欣然同意，并随即让酒店裁缝量了尺寸。总经理很高兴能送给尊敬的西欧女士这样一份有意义的礼品。

几天后，总经理将做好的丝绸旗袍送来时，不料这位西欧女士却面露愠色，勉强收下。几天后女士离店时，她把这件珍贵的旗袍当作垃圾扔在酒店客房的角落里。总经理大惑不解，经多方打听，才了解到客人在酒店餐厅里看见女服务员多穿旗袍，而在市区大街小巷，时髦女士却无一人穿旗袍，因此她误认为那是侍女特定的服装款式，故生怒气，将旗袍丢弃。

点评 酒店经理在接待本店的贵宾时，热情、周到、以礼待客，并适时送上自认为有意义的纪念品，可就因为这件纪念品才惹得西欧女士生气而归。经理失误的根源在于，在面对一位对中国文化不是十分了解的西欧女士时，没能完全站在客人的立场上，设身处地地为客人着想，以致最终做了件画蛇添足的事情。

技巧扫描

一、拜访客户的技巧

拜访客户，与客户进行面对面的访谈是职场中销售人员营销工作中最常见、最重要的环节。成功的拜访应遵循以下“六步”。

第一步，打称呼，感谢对方相见。

当销售人员见到拜访对象时，应以亲切的音调向客户打招呼、问候，并做自我介绍。如：

张经理，您好！我是 ABC 公司的销售主管张三，非常感谢您能抽出宝贵时间接受我的拜访。

第二步，寒暄、表明拜访来意。

销售人员要迅速与客户寒暄，营造融洽、轻松的会谈氛围。这种寒暄要经过精心准备，能迎合客户的兴趣和爱好，让客户对其产生好感。

第三步，开场白、陈述议程。如：

王经理，今天我是专门来向您了解你们公司对某某产品的一些需求情况的，通过了解你们明确的计划和需求，我可以为你们提供更方便的服务，我们谈话大约只需要六七分钟，您看可以吗？

第四步，介绍、询问和倾听。

这是拜访的主要部分，通过双方沟通，让客户大概了解自己的公司及其产品和服务，了解客户的现状并力图发现客户的潜在需求。

第五步，总结，达到拜访目的。

销售人员此时要主动对这次拜访成果进行总结并与客户确认。如：

张经理，您今天主要介绍了……，您希望在……方面看看我公司是否可以提供帮助，对吧？

第六步，道别，约定下次会见。

在达到拜访目的、总结之后，销售人员需要再次向客户表示感谢并立即与客户道别。在道别时要有意识地约定与客户下次访谈的时间，从而获得向客户进一步销售的承诺。如：

王经理，今天很感谢您用这么长的时间给我提供了这么多宝贵的信息，根据您今天所谈到的内容，我回去后将好好地做一个供货计划方案，然后再来向您汇报。我下周二上午将方案带过来让您审阅，您看可以吗？

二、接待的技巧

无论接待什么样的客人，交谈的时候都应尽量合乎交流双方的特点，诸如性格、年龄、身份、知识面、习惯及双方的文化因素差异等，知人善谈。

1）对工作性拜访者，要做到平易近人，多用商量的口吻，如“你看这样行不行？”“你看这样好不好？”

2）对公关性拜访者，应多谈友谊之词，表达愿意合作之意，对能给予帮助的要不遗余力，对帮不上忙的事，可表达自己的歉意，也可以出点子、主意或给建议。如“我们上次的合作非常愉快”“今后我们还会有更多的合作机会”。

3）对礼节性拜访者，要表达谢意，对对方所做的工作给予赞美和肯定。如“这样忙还来看我，我真是太高兴了”。

4）对亲朋性拜访者，则可以放松一些，谈谈自己，也可以询问对方及家人的情况，表达出关心之意。

实用训练

一、分析下面两段拜访的优缺点。

1. 学生李明到一位年轻女老师家做客，一进门发现老师的爱人也在家，该怎么称呼？大哥？大叔？好像不太适合。师父？师公？总觉得有些别扭。最后李明灵机一动，问道：“王老师，您爱人贵姓？和您是同行吗？”老师微笑答道：“他也姓王，不过他是名工程师。”听完，李明如释重负，大方地伸出手去，说道：“王工，您好！”

2. 徒弟为感谢师父多年的培养之恩，决定请师父及其妻子吃饭。席间为了表示谢意，徒弟倒了一杯酒，恭敬地说道：“这杯酒敬您和您的夫人，祝你们两口子身体健康，事事如意！”师父一听，忍不住笑道：“‘两口子’的称呼哪是你用的啊？”

二、情景模拟训练。

1. 小李快毕业了，爸爸想把他安排到朋友的公司去上班。恰逢周末，爸爸带小李登门拜访。假如你是小李，面对眼前的王叔叔，或者说是王经理，请设计自己的言谈举止，力争给自己未来的领导留下一个良好的印象。

2. 刚转学过来的陈超到邻居同学家请教问题，却发现同学对他的到来并不是很热情，给他倒杯茶后就自顾自地看起电视来。如果你是陈超，请适时打破这尴尬的局面。

3. 王婷到舅舅家做客，无意间看到舅舅的房间一片狼藉：被子没叠，脏衣服也扔得到处都是。如果你是王婷，请巧妙化解舅舅的尴尬。

4. 周末，父母没在家，正巧妈妈多年未见的好友张阿姨前来拜访。请你做个热情的主人，招待前来拜访的张阿姨，以弥补她未能见到老朋友的遗憾。

第八节　拨打与接听电话

知识点津

电话是现代人之间进行交流和沟通的便捷工具。在日常工作中，使用电话的语言很关键，它直接影响着一个公司的形象；在日常生活中，我们通过电话也能粗略判断对方的人品、性格。因而，有效使用电话，让它发挥应有的作用，是我们交际成功的重要保证。

一、打电话的礼仪

1. 事先准备，有的放矢

我们在打电话前，最好先将自己的讲话内容整理、记录到记事本上，这样既能节省时间，又不至于由于某些客观原因，而忘掉一些重要细节。

2. 选择适宜的时间

打电话时，要尽量避开他人休息、用餐的时间，公事一般选择上午 8:00—11:00 和下午 2:30—5:30 这两个时间段为宜。节假日期间最好不去打扰他人。

3. 掌握好通话时间

将自己事先准备好的内容简洁明了地传达给对方，以节约通话时间。一般通话时间以 3～5 分钟为宜。

二、接电话的礼仪

1. 及时接电话

我们提倡“铃响不过三”的原则，接听电话以铃响三声之内接最为适当。如手头有工作没能及时接听电话，接电话时应礼貌地说声：“对不起，让您久等了！”但也不要铃响立即接听电话，这样会让打电话的人为之不适。

2. 自报家门，确定对方身份

在电话接通之后，接电话者应该先主动向对方问好，并立刻报出本公司或部门的名称，如：“您好，这里是某某公司……”，然后还需确定来电者的身份。一般对方在打电话时会主动说明自己的身份，如没有介绍或者你没有听清楚，就应该主动问：“请问您是哪位？……”

3. 左手持听筒，右手拿笔，注意话筒的位置

一般人在接听电话时，都习惯右手持听筒，但在与客户进行电话沟通的过程中，难免有需要记录的重要内容，此时如将话筒夹在肩膀上面，很容易出现因夹不住而掉下来发出刺耳声音的情形，从而给客户带来不适。为避免这种情况的发生，我们在工作岗位接听电话时要养成左手持听筒、右手拿笔的习惯。

接听电话时，还应注意话筒的位置。一般我们应使嘴和话筒保持 4 厘米左右的距离，并将耳朵贴近话筒，仔细倾听对方的讲话。

4. 耐心倾听，认真理解，重复重要信息

接电话时要耐心倾听，对方询问的事情稍多、时间稍长时，不要表现出不耐烦的情绪，要认真理解对方传达的信息，电话接听完毕之前，不要忘记重复一遍来电的要点，防止记录错误或者偏差而带来不必要的误会。

5. 礼貌道别，让对方先收线

结束电话交谈，要由打电话一方提出，然后彼此客气地道别，说一声“再见”。一般在电话即将结束时，应礼貌地请客户先收线，这是对对方的尊重，不要只管自己讲完就擅自挂断电话。

三、手机使用礼仪

在手机越来越普及的今天，我们在使用手机时，应遵循以下几点原则。

1）在不允许使用手机的公共场合，如加油站、飞机场等，不要擅自接打电话。

2）在公共场合接打电话时，要尽可能地压低自己的声音，以免影响他人；还要注意自己的形象，不能在电话里吵架、说脏话。

3）在会议中或和别人洽谈时，最好将手机关掉，或调到振动状态。这样既显示出对别人的尊重，又不会打断发言者的思路。

案例点评

案例 1

“您好！请您帮我找一下×××。”一位先生礼貌地说道。但接电话者正巧心情不佳，又逢手头还有别的急事，于是没好气地说：“他不在，你打他的手机！”随即挂掉了电话。这位先生很生气，于是再次拨通了电话。这次接电话的是一位女士，她耐心地听取了这位先生的一阵牢骚，然后温和地说：“刚才真是对不起，向您赔礼道歉了。不过您要找的人确实不在，有什么事可以转达或代办吗？”听了这些话，这位先生才消了气，并说出了事情的原委。原来，这位先生是一位推销员，他推销的产品正是这个单位所急需的。女士赶忙把公司领导找来，商榷之后，订下了这笔生意。

点评 接电话是一种特殊的接待，要注意文明礼貌，否则，无论是对个人还是单位，不但会影响友好交往，而且容易带来不必要的伤害与损失。

案例 2

同学王莹面容精致，智力超群，她看起来总是很忙，半步也不停歇。如果你听到我们宿舍电话铃响，一个女孩急匆匆地问：“你找谁？……不在！”然后“啪”地挂掉，那接电话的人肯定是惜时如金的王莹。她认为，对于不相干的电话耽搁半秒钟都是多余。

另一位同学赵丽则迥然不同。她打电话就似小提琴与钢琴的协奏曲，你在轻轻拉，我在轻轻和。第一句通常是：“请问您找谁？”柔和的意境，有如静谧清幽的小树林，其间有山泉微溅。如果对方要找的人不在，她的第二句便是：“请问有什么事情需要我转告吗？”有时我们甚至会听见她惊喜的第三句：“哦，您是阿姨啊，××上晚自习去了，等她回来我就让她给您打回去。对，这里下过一场雪了，但不太冷，据说今年是暖冬……”四年来，这位“电话大使”始终保持着这样亲切优雅的“接线员”习惯，她还特意准备了一个秀气的小本子，搁在电话机旁，清楚写着：“××，几月几日有人来电。”有她在宿舍，我们总是很安心。

谁知，这个不起眼的习惯竟帮赵丽毕业后找到一份“总裁助理”的工作。总经理对她说：

“我打电话到你们宿舍，本想找另一位同学的，你的第一声‘您好’听起来非常舒服和职业；当我要找的同学不在时，你加问一句‘有什么事情需要转告吗？’，让人感到你的细心和周到；当我无意中说起，周末要来你们学校开招聘会时，你主动介绍了行车路线，提醒我西门容易堵车，最好走东门……尽管你在其他方面并不具备绝对优势，但接电话时，却展现了超出一般大学生的良好修养和亲和力。你们宿舍另一位同学，则显得过于急躁……”

点评　赵丽在某些方面本不具备绝对优势，她没有王莹精致的面容，没有王莹超群的智力，但就因为她在电话中表现出的良好修养和亲和力，使未曾谋面的经理对其产生了良好的印象。由经理和赵丽的一番言谈，我们能切实感受到文明、亲切、自然的电话语言对一个人的生活及事业的重大影响。

技巧扫描

一、语言文明，热情大方

在电话交流中，语言是表情达意、增进感情的载体，最能体现一个人的文化修养与素质。与对方通话时要彬彬有礼、热情大方，养成礼貌用语随时挂在嘴边的习惯，这样可以让对方感到轻松和舒适，如“您好”“麻烦”“谢谢”“再见”等。

二、吐字清晰，简洁明了

接打电话的时候嘴里不能含东西，如叼着香烟、嚼着口香糖、吃着零食等。说话声音不宜过大或过小，应当吐字清晰，语言简洁明了。当讲重要内容时，语速可适当放慢，以保证对方能听清楚、听明白。

三、语气适中，亲切自然

在电话交谈中，语气可以体现细致微妙的情感：太高、太重给人尖酸刻薄、生硬冷淡之感；太轻、太低又给人无精打采、懒散拖拉之感。所以，语气要适中，这样才会使听者感到亲切自然。

四、调整情绪，保持喜悦心情

即使自己是在心情不佳、情绪不好时拨打、接听电话，也要及时调整自己的情绪，面带笑容地拿起听筒。因为面部表情也会影响声音的变化，虽然对方看不见你，但也会被你的情绪所感染。亲切、温情的声音会使对方马上对你产生良好的印象。

五、注意环境，态度专注

接打电话时，应选择安静的交谈环境，嘈杂场合会影响对方的倾听效果，使对方产生厌烦情绪。交谈时，态度要认真、专注，不要一边接打电话，一边还顾左右而言他，这样会给人有意怠慢、不尊重对方的印象。

实用训练

一、分析下列两组接电话语言的优缺点。

第一组：

1. 吴先生正在通电话，您能否留下您的电话，等会儿我让吴先生给您回电，好吗？
2. 吴先生正在通电话，您是否可以等一下呢？

第二组：

1. 对不起，吴经理刚离开办公室，请问，哪一位？
2. 对不起，请问哪一位？……吴经理刚离开办公室。

二、分析下面的电话留言有何不妥。

李经理：

刚才一位姓陈的先生来电，让你晚上 8:30 在浑河桥那里等他。

三、下面是一位订餐顾客与饭店服务员之间的通话记录，根据所学知识对其进行点评。

顾客：你们怎么搞的，我的订餐这么久还没送到？

服务员：您什么时候订的餐呢？

顾客：一个小时之前。我已经催促很多次了，你们就那么忙吗？

服务员：刚才不是我接的电话。请问，您点的是什么？

顾客：我只是点了一盘扬州炒饭，难道就需要这么长时间？

服务员：我怎么知道？那又不是我做的，是厨师炒的，你抱怨什么？等一会儿我给你查查吧！

顾客：到底什么时候送过来嘛，查一查？要查到什么时候？

……

四、情景模拟训练。

1. 假设您正在电话里和一个客户谈生意时，另一部电话突然响起，请巧妙应对这种局面。

2. 如果有个电话是你接听的，所找之人为你的同事，而你的同事恰巧不在。请你简要设计一下电话记录。

第五章　职场口才技巧与训练

一个人要在复杂的职场中正确对待各种人和事，不仅需要会“做”，而且需要会“说”。说话水平是一个人思维本领、认识高度、知识底蕴等方面的综合表现。因此无论是求职面试，还是在职场上打拼，精于口才技巧，就能为职业生涯锦上添花。

然而很多人在不同环境、面对不同群体讲话时，常表现得紧张怯场、思维混乱、言不由衷、词不达意、语无伦次，尤其是初涉职场的学生。

为提高学生在应聘和就业与创业中的语言沟通艺术，增强个人在职业生涯中竞争与合作的能力，并赢得更多的发展机会，针对职场岗位能力实际需要，本章从求职应聘以及职场工作中采访、主持、讲解、辩论、推销、洽谈与协商等方面所需要的口才能力上加强学生口语表达训练，切实提高学生职场口才能力。

第一节　求职应聘

求职应聘是毕业生步入社会、走上工作岗位的“必经之门”。在毕业生求职过程中，用人单位一般都要通过面对面的交流方式来考察求职者的综合能力，从众多的求职者中挑选出比较优秀的人才。而求职者往往要借助于自己的口才推销自己，展示自己的才能，力争给用人单位留下美好而深刻的印象，以取得求职的成功。戴尔·卡耐基说过：“不要怕推销自己，只要你认为自己有才华，你就有资格担任这个或那个职务。”在社会竞争日趋激烈的今天，要想找到一份理想的工作，要想在强手如云的求职者中脱颖而出，学习和掌握一些求职应聘的有关知识和语言技巧，是十分必要的。求职应聘口才是学生应该具备的基本素质和能力。

知识点津

一、求职前的准备

“不打无把握之仗”是军事指挥家共同的信念。对于刚刚走上求职竞聘之路的毕业生而言，面试前的准备工作同样应予以重视。

1. 对于用人单位的准备

求职时必须对用人单位有一个较为清楚的了解，这既是为了求职的成功，也是为了满足将来的事业发展需要。

了解用人单位的情况包括：用人单位所属行业的基本知识，该行业的发展现状，社会对该行业的需求与支持，用人单位的历史及发展前景，用人单位的人员构成，用人单位的福利待遇及相关收入等。

了解的途径是多种多样的，既可以通过网络报刊、各种书籍资料的介绍了解，也可以通过亲朋好友、学校老师的介绍了解，或者去人才市场调查了解。如果情况许可，最好去用人单位实地“侦查”一番。

2. 对于心态的准备

面试时，大家都希望成功，害怕失败，这种心态会导致患得患失，精神过度紧张，因而不能发挥正常的水平。所以面试前要做到以下几点。

（1）对面试有一个正确的认识　有竞争，就会有成功和失败，成功了固然可喜，失败了也要从中吸取经验，使失败成为成功的基石。

（2）对自己有一个客观的评价　根据自己的实际情况寻找适合自己的应聘单位和职位，提高面试的成功率。

（3）要充满自信　自信不是盲目自大、目中无人，而是对自己的学识与才能的确信，对自己综合素质的确信。既要自己相信自己，也要在公众面前表现出这种自信心。人只有充满了自信，才能获得别人的信任。

（4）要克服紧张心理　等待面试时，如果心情紧张，可以运用心理暗示法，想想自己以前做的最成功的一件事，或者一些很可笑的事来缓解自己紧张的心理。

3. 对于提问的准备

要根据自己的简历及对拟应聘的单位、职位的了解，尽可能地设想在面试中可能出现的提问，并思考自己的回答。

除了与应聘单位及职位相关的专业问题，考官往往还会问一些常见的问题，如为什么选择我们公司？你的业余爱好是什么？对于这类问题，我们也要事先做好充分准备。

4. 对于仪表的准备

1）注重服饰与所应聘职业相协调，与自己的气质相匹配，要给人以整洁、美观、大方、明快之感。不要穿太暴露或太短的服装。注意一下是否有纽扣脱落、开线裂缝的地方。

2）注意修剪好手指甲；头发梳洗干净、整齐；如果穿皮鞋，要尽量擦亮。

3）女生可以略施脂粉，但千万不可浓妆艳抹，也不要喷过多的香水，不要佩戴过多的首饰。

5. 对于求职资料的准备

求职资料包括个人简历、求职信、曾经获得过的荣誉、能力证明等。

（1）个人简历　个人简历是对求职者过去的工作经历、教育背景等情况的陈述材料，是用于应聘的书面交流材料，它往往附在求职信的后面。个人简历是通向求职成功的入场券，所以，写好个人简历意义重大。

个人简历一般包括四部分内容。

1）个人基本情况。

2）学历情况。

3）能力特长。

4）求职意向。

个人简历按制作形式可分为条文式、表格式两种。表格式简历制作简单，内容清晰、简练，对应届毕业生来说最为合适。以下是一份表格式简历的实例。

个 人 简 历

姓　名	李××		性　别	女
籍　贯	辽宁省铁岭市		民　族	汉
出生年月	1997 年×月		政治面貌	团员
毕业学校	×××职业学校		所学专业	园林
联系方式	家庭住址	铁岭市××县××乡		
	固定电话	×××××××××	手机	×××××××××××
教育经历	2010.9—2013.9　××县第一中学 2013.6～2016.6　×××职业学校			
技能水平	（1）掌握了土壤肥料、植物及植物生理、生态农业等基础知识和技术 （2）掌握了花卉、蔬菜、果树、草坪等作物的栽培管理 （3）能够运用所学知识分析和解决园艺作物方面的问题			
知识结构	主修：绘画、工程制图、园林设计、园林建筑、城市规划和绿地、风景区规划、园林树木学、花卉学、园林树木栽培与养护、计算机辅助设计等			
自我评价	思想上积极要求上进，学习勤奋刻苦，成绩良好，团结同学，尊敬师长，乐于助人，能吃苦耐劳，为人诚恳老实，性格开朗，善于与人交际，工作上有较强的组织管理和动手能力，集体观念强，具有团队协作精神和创新意识			
奖惩情况	2014 年获校“优秀团员”称号，个人素质大赛二等奖 2015 年获校“优秀学生”称号，三等奖学金 2015 年获“优秀学生”称号，二等奖学金			
特长爱好	阅读、写作、运动、音乐			
求职意向	希望从事与本专业相关或相近的工作或管理工作			

制作简历时要注意：

1）简历要简洁明了、朴素大方，要突出与所应聘的职位相关的信息。最好将简历的全部内容写进一页纸，最多不超过两页纸。简历内容过多会淹没一些有价值的闪光点，而且，一个用人单位通常会收到很多份简历，面试人员不可能每份都仔细研读，一份简历一般 1 分钟就看完了，再长的简历也不会超过 3 分钟。

2）简历的表述在用词、语法等方面应规范、准确、恰当，不能有差错。如果是手写简历，字迹要清楚、工整。

3）简历的内容必须真实。

（2）求职信　求职信是个人向用人单位谋求职位时使用的一种专用书信。广义的求职信包括应聘信和自荐信。

求职信一般由以下几部分组成：

1）标题。标题一般写“求职信”，位置居中。

2）称呼。称呼顶格书写，如“××公司”“尊敬的公司领导”。

3）问候语。另起一行，空两格写，如“您好！”等。

4）正文。另起一行，空两格写，内容包括：①求职缘由。简要交代为什么要向该用人单位求职，是通过什么途径获得该用人单位的招聘信息的。②个人简介。包括姓名、性别、年龄、籍贯、文化程度、毕业学校、所学专业等。③个人能力。着重介绍自己的知识结构、业务能力、实践经验、工作成绩、基本素质、兴趣爱好等。这一部分是求职成败的关键，要写得充分具体。所学课程，可以列上几门最主要、最有特色的专业课；实践经历包括勤工俭学、课外活动、社团组织、实习经历等；兴趣爱好也可以列上两三项。④求职意向。包括求职的目的、能胜任何种工作、希望得到何种职务以及被聘后的打算等。⑤请求语。希望并请求用人单位给予面谈的机会，语气应诚恳、有礼貌。⑥结束语。以表示敬意或祝愿的话作为结束，另起一行空两格写“此致”，再转行顶格写“敬礼”。⑦落款。在结束语右下方写上姓名，可以用“敬上”或“谨上”等词语以示礼貌和谦逊。姓名下面写上日期。⑧附件。附件是信后附上的有关资料，如简历表、学历证、资格证、获奖证书、技术等级证书、身份证的复印件等，要在正文左下方注明。此外，还要在左下方留下详细的通信地址、邮政编码以及电话号码、电子邮箱等信息，以便于联系。

求职信的基本格式如下图所示：

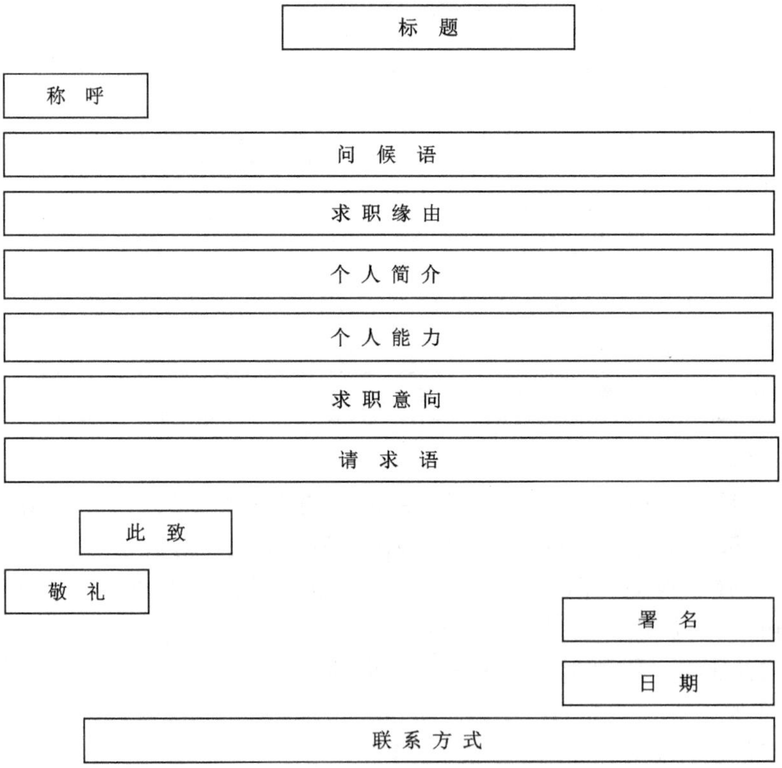

求职信的基本格式示意图

二、求职口才的原则

1．目的性原则

求职本身是一种有目的的主体行为，所以求职口才的展示就是为了有效地推销自己，成功就职。在回答考官的问题时，思维和语言的出发点以及归宿都应该服从“成功就职”这一目的。有这样一个问题：“请问，1+1 等于几？”一位应聘公务员的求职者自信地回答：“你需要它等于几，它就等于几。”结果他被淘汰了。而在企业部门经理的招聘中，同样是这个问题，一位应聘者的答案与那位应聘公务员的求职者一样，却被录用了。题目一样，答案一样，结果却截然相反，为什么呢？原因就在于二者回答问题的目的是不同的。第一位求职者应聘的是公务员，实事求是是公务员的必备素质，这位求职者的回答只注意了要答得“巧”，而忽视了不同职位的不同素质要求，他的回答不符合公务员的素质要求，自然被淘汰。第二位求职者应聘的是企业部门经理，企业自然希望能找到一位将企业利益放在首位，能有效执行领导命令的下属，他的回答与职业素质要求一致，成功自然也就在情理之中了。

2．诚实性原则

诚实是人的品行与修养的基本要求，是一个人具备健全、完美人格的一种体现，许多单位都将诚实视为第一重要的品质。

求职者在面试时如果有意隐瞒、存心欺骗、刻意伪装，就难免会自相矛盾、前言不搭后语，而一旦被招聘者识破，即使才华再出众也不会得到录用。就算侥幸骗过招聘者，得到了职位，在接下来的工作中却不能适应和胜任，也会很快被这个原本就不适合自己的职位所淘汰。

3．准确性原则

求职口才要达到好的表达效果，还必须符合准确性原则。求职者应能准确表达出自己的意图和观点、自己的应聘条件、自己的竞聘优势等，准确展示自己的综合素质。

4．积极性原则

在求职面试中，你的回答要能表现出对应聘单位和应聘职位的热情与兴趣，要善于使用积极的、正面的、富于建设性的言辞来陈述自己的情况，表达自己的观点和意见，努力给招聘者留下一个你在积极争取应聘职位的印象。

5．礼貌性原则

面试时还要注意礼貌性原则，尊重招聘者。比如，见面时的主动问好；面试结束时说几句表示感谢的话；面试时不随意插话、不贸然打断招聘者的话；不与招聘者争论，甚至比嗓门；面试时不要左顾右盼，答非所问；在提问时，应使用祈使句“请问……”“能否告诉我……”；面试时应将手机调为静音等。

三、求职口才的要领

1．语言表达方面的要领

要注意谈话的语气、声调、音量和速度，做到语气和缓流畅，声调抑扬顿挫，音量大小适中，速度快慢得体。声音过大令人厌烦，会使面试官感到很不自在；声音过小则难以听清，也显得信心不足。音量的大小要根据面试现场情况而定。两人面谈且距离较近时声音不宜过大，群体面试且场地开阔时声音不宜过小，以每个面试官都能听见为原则。语速适中，不急不缓，平时说话快的要尽量把语速降下来。

在介绍情况、回答问题时，既不能冗长烦琐，又不要混乱晦涩，应该尽量做到三点：一是把自己的意思完整地表达出来；二是要条理清楚，层次分明，合乎逻辑思维；三是语言简练，没有废话。

说话时除了表达清晰外，适当的时候还可以插进幽默的语言，为双方谈话营造轻松愉快的气氛，展示自己的优雅气质和从容气度。尤其是遇到难以回答的问题时，幽默的语言往往会使你化险为夷，表现出你的聪明机智。

2．交流互动方面的要领

在面试谈话中，应聘者要积极参与。大多数招聘者都喜欢开朗的人。因此，应试者应尽可能积极主动地参与交谈，适时调控交谈的进程，达到说服对方的目的。当然，交谈要把握分寸，不能喧宾夺主。讲话在精不在多，说话过多就难免失之轻率。说话要力求把握要点，说一些无关的事于己不利。

面试时的交谈既不同于当众演讲，又不同于自言自语，重点在于相互之间的呼应。成功的对话是一个互相问答的过程，自己的每一句话都应该是对方上一句话的继续，并给对方提供发言的余地。对于面试官说话中的幽默风趣之处，可报以微笑。

注意招聘者的反应。比如：心不在焉，可能表示他对你的这段话没有兴趣，你得设法转移话题；侧耳倾听，可能说明你的声音过小，对方难以听清；皱眉、摆头可能表示你的言语有不妥之处。根据对方的这些反应，就要适时地调整自己的语言、语调、语气、音量、陈述内容等，这样才能取得良好的面试效果。

在谈话的过程中，还要特别注意弄清对方提问的内容。如果对方提的问题很笼统，或者很模糊，不要当面指出："您到底想问什么？"最好是婉转地说："不知道您想问的是不是……"对于没有听清的问题，可以礼貌地提出请对方重复一次，不能胡乱猜测、信口开河。

3．心态平衡方面的要领

在面试中，姿态过高或过低都不足取：表现得过高令人难以接受，毕竟现在是"买方"市场，而表现得过低又会被对方看低，认为你没有真才实学。比较好的做法是"略卑不亢"。

曾有一位刚刚大学毕业的女孩去应聘一份工作，当时面试已经接近尾声，彼此都交谈得很愉快。这时候招聘者随口又问了一个问题："你认为现在找一份工作是不是不太容易，或者说你很需要这份工作？"按常理来讲，如果她当时回答"是的"，一切也就大功告成了。然而这位女孩可能是为了表现她的不卑不亢，便回答说"我看不见得"，这使招聘者顿时打消了录用她的念头，原因是觉得"此人比较傲"。就这样，一句话断送了一次宝贵的就业机会。其实，为了找一份好工作，只要不涉及人格与尊严，略卑不亢，说话谦逊一点又何妨呢？当然，谦逊不等于缺乏个性甚至卑躬屈膝，在该表达自己的独特见解时，也需大胆沉稳。一般来说，在应聘国有企业、民营企业时，说话应谦虚一点；而对于一些外资企业、合资企业及管理方式较为现代、西化的单位，可大胆表现、灵活随意，这与国内企业和国外企业在经营理念及管理方式上的本质差异有关。

有的招聘者比较强势，面试时咄咄逼人，往往有一种审问犯人的感觉；有的面试人员则显得比较温和。遇到这两种面试人员，自己首先要有好的心态，前者往往会让人不舒服，有压力感，但是你不能就此产生逆反心理，觉得对方素质如何如何，甚至得出该公司不怎么样的结论，而应该以一种宽容、平和的心态去对待；对于后者也不要麻痹大意，因为温和面孔的背后常常是一把利剑。

有的招聘者会有意在面试过程中逐步向应试者施加压力，以考察其能否适应工作中的压力。他们可能故意挑衅，令人难堪。但你要明白这些“不怀好意”的提问，大多是作为一种“战术”而进行，其用意在于考验应试者，如果你沉不住气而反唇相讥，甚至恶语相向，那就大错特错了。有的招聘者提出特别尖锐或者让应试者感到左右为难的问题，由此来测试应试者的反应是否得体、胸襟是否开阔等。有的招聘者还故意提出一些令人气愤而又没有道理的问题，考验应试者是否立场坚定、有主见。在这种面试中，应试者应事先有心理准备，表现出理智和容忍，保持礼貌和风度。

四、求职面试中的常见问题

尽管不同单位面试的程序和模式会有所不同，面试考官的风格各异，但是有些问题是面试中一定会涉及的，有些问题是很多考官都喜欢问的。如果我们能够对一些常见问题做些准备，那么面试的成功率就会大大提高。

1．你最喜欢的课程是什么？

分析：最好说与你所应聘的职位相关的课程，一方面可以说明你的专业与未来的工作对口，另一方面也可以表现出你对这份工作抱有的兴趣和热诚。

2．你有什么优点和长处？

分析：从辩证的角度看，优点和缺点是可以相互转化的。有些优点对于某些工作来说可能恰恰是缺点。所以面试之前，应了解自己拟应聘的岗位的职责和素质要求，有的岗位要求的素质是“独立工作能力强”、有的是“具有团结协作的精神”、有的是“具有开拓进取的精神”……在回答时，要根据具体情况把你的优点告诉招聘者。

3．你有什么缺点和不足？

分析：回答这个问题时，态度比内容更重要。对于正要走向工作岗位的毕业生来说，有些普遍性的缺陷是无法掩盖的。比如，缺乏实践经验、学校教育与社会现实发展不同步造成的知识结构不甚合理等。对这些问题要坦然承认，实事求是地回答，并表示出将努力弥补缺憾的决心，比如相信自己会很快适应，迅速成长起来，会在工作中不断学习，丰富自己的知识储备等。

回答时要注意两点：一是不要故意把缺点处理为优点。例如，回答“我需要更耐心一点，有时候性子太急，总要把手头的工作在第一时间全部完成”。这种自作聪明的小把戏通常都会被看破，给招聘者留下很不好的印象。二是最好讲一两个不太严重的缺点后就及时打住，比如“我有时比较固执己见”“我的实践经验比较欠缺，还需要多加磨炼”，否则就会让人觉得你的能力不够，或在性格上存在较大缺陷，对成功求职不利。

4．你的老师、你的同学对你如何评价？

分析：招聘者想通过这个问题了解你的适应能力如何，你是否容易相处，你是不是一个好学生等。可以把你的老师、同学对你的中肯的评价说一说，还可以参考“你有什么优点和长处？”“你有什么缺点和不足？”两个问题的分析来回答。

5. 你为什么要应聘我单位？

分析：在面试前，应尽可能对该单位进行了解。回答问题时要显示出你对该单位的兴趣以及对这个行业、这个公司、这个职位的认识，还有自己的专业知识、职业技能、个人素质等与该岗位的契合度。可以这样回答：“我十分看好贵公司所在的行业，我认为贵公司十分重视人才，而且这份工作很适合我，我相信自己一定能做好！”

6. 我为什么要聘用你？

分析：招聘者想通过这个问题了解你对自己的才能、优势是否了解，是否有足够的自信和勇气。在回答问题时要直截了当，把自己的职业技能、专业特长、组织管理能力等与所应聘职位相关的综合素质介绍清楚，做到自信而稳重。既不可茫然不知所措、吞吞吐吐，又不能狂妄、自负。“我找不到你们不聘用我的理由”“放弃我将是你们最大的失误”，这类话一定不要说。

7. 你觉得在学校取得的分数重要吗？

分析：如果你的分数很高，显然要回答：“是的，因为分数是学习效果的一种体现，也显示了对知识的掌握程度。”如果你的分数并不高，就要有技巧地回答：“衡量一个人的价值要全面考虑，既要看分数，也要看应聘者的实际水平和工作积极性。我觉得，能力比分数更重要。”

8. 你有什么业余爱好？

分析：这个问题看似简单，实则很有深意。因为人的业余爱好往往反映着一个人的情趣，同时，也会对正常工作产生影响。如果一个人没有任何业余爱好，那么他可能被看作缺乏格调的人，这种人不大重视情操的陶冶与培养，往往因循守旧，没有创造性。过于将精力放在业余生活上的人，又会有吃喝玩乐、不务正业的嫌疑。在回答这类问题时，既要显示出自己的情调与修养，又要展示出自己的事业心，以此为原则说明实际的情况。例如：“我平时在课余时间喜欢踢足球和看电影，但从未因此影响过学习。”

9. 你想得到的薪水是多少？

分析：贸然回答这个问题是错误的。除非你是对方急需的人才，否则，让你去面试的单位一般是不会在薪水待遇方面跟你有很大的谈判余地的。也就是说，你只能根据人家的薪酬标准来行事。在很多大公司看来，刚毕业的学生是没有资格谈薪水的，况且新人的起薪都一样，你谈也没用，反而会使招聘者反感。如果招聘者问起你对薪水的期望，应该谨慎应对：“每个单位都有自己的标准，我愿意服从单位的安排。”或者：“我对工资没有硬性要求，我注重的是找对工作机会，只要公平合理，我没有什么意见。”这样，既回避了敏感问题，也体现了你的修养和对对方的尊重。

如果一定要谈薪水的问题，事先应了解自己所应聘的工作的合理行情，另外不要在面试的时候谈，而应在对方已经基本认同你，准备和你签订协议之前谈。

10. 今天的面试就到这儿，你还有什么问题吗？你可以向我提关于公司的任何问题。

分析：这是求职者最后一个表现自己的机会，所以最好不要说“没有了”。这样的回答可能会被理解为求职者对这家公司没有太大的兴趣。你可以通过提一些问题来进一步了解这家公司和这个职位的信息。例如：“这项工作的具体职责是什么？”“您觉得这项工作的合适人选应该具备什么素质？”等等。

另外，如果你确实对该公司有过深入的调查研究，并有自己的看法，你也可以在最后向招聘者谈谈你的建议或指出对方的不足。在通常情况下，求职总是要说恭维话的，但有时候指出对方的不足之处，且让对方心服口服，也会取得意想不到的效果。例如，南京大学的一位女生在参加宝洁公司最后一轮面试时，就大胆指出宝洁公司的不足之处，并列举了国外的事例加以佐证，使对方不得不折服，结果她被首先选中。在指出对方不足时必须注意，态度一定要诚恳，想法要具有建设性，且实事求是，具有可行性。切不可故弄玄虚、不懂装懂、态度傲慢，否则会适得其反。

案例点评

案例 1

某公司在招聘时，要求应聘者首先做自我介绍，小张是这样介绍自己的：

“我叫张××，2015 年毕业于×××职业学校，所学专业为工业与民用建筑。曾经连续两年获得一等奖学金，并在不久前的上岗实习中被评为‘优秀实习生’。我在学校期间学习刻苦，积极参与实践，打下了扎实的专业基础，并考取了施工员、安全员以及测量员的职业资格证书，我相信自己能够胜任贵公司的这份施工监理工作。如果被录用，我将兢兢业业，发扬吃苦耐劳的精神，尽我最大的努力为公司创造效益。”

点评　这段自我介绍干净利落，围绕自己所取得的成绩、自己的能力特长以及自己爱岗敬业的决心等有条理、有重点地向用人单位介绍了自己与应聘岗位相关的知识、技能和优势，既显得简明扼要，又非常具有说服力。

案例 2

沈阳市一家大型电器厂招工，中专生陈昭亮前去应聘，请求随便让他干什么都行。招聘人员见他紧张局促得脑门直冒汗，穿着打扮随随便便，学历又低，不便直说，就回答：“我们现在不缺人，过一个月再说吧！”一个月后，陈昭亮又来了，招聘人员上下打量他几眼说：“你这不整洁的样子，怎么可以进厂呢？”于是陈昭亮就去借钱买了新衣，并好好整理了一番，又去了。对方拿他没办法，但又说：“你不懂电器知识怎么行？”不想两个月后，陈昭亮又来了，并说：“我已学了两个月的电器知识。”最后，陈昭亮终于感动了对方，如愿以偿地进了这家工厂。

点评　陈昭亮的应聘最初因“紧张局促得脑门直冒汗，穿着打扮随随便便”而遭到了用人单位的拒绝。但他没有灰心泄气，而是积极改进“借钱买了新衣”，又努力学习电器知识，从外在形象到内在气质上修炼自己。最后，他终于感动了用人单位，如愿以偿地应聘成功了。

案例 3

郑小姐是某财经学院管理系的高才生，但是，因相貌欠佳，找工作时总过不了面试关。经历了一次又一次的打击，郑小姐不再相信任何招聘广告，她决定主动上门，专挑大公司推销自己。她走进一家化妆品公司，老总静静地听她“卖嘴皮”，她从“永芳”“紫罗兰”等外国化妆品公司的成功之道说到国内“雅芳”“霞飞”的推销妙技，侃侃道来，顺理成章，逻辑缜密。这位老总很兴奋，亲切地说：“小姐，恕我直言，化妆品广告在很大程度上是美人的广告，所以从业人员的外观很重要。”郑小姐毫不自惭，她迎着老总的目光大胆进言：“美人可以说这张脸是用了你们的面霜的结果，丑女则可以说这张脸是没有用你们的面霜所致，殊途同归，你不认为后者更高明吗？”老总写了张纸条递给她：“你去人事科报到，先搞推销，试用期3个月。”郑小姐十分珍惜来之不易的工作，满腔热情地投入到工作中，一个月下来，业绩显著，她现在已是该公司的副总经理了。

点评 郑小姐的面试，做到了扬长避短。在许多用人单位挑选性别和相貌的情况下，她没有因为自己相貌不佳而自惭形秽、灰心泄气。当主考人员暗示她“外观不美时”，她没有回避现实，而是充满自信，积极应对，巧妙地做出既对自己有利又能“投其所好”的回答，最终获得了成功。

案例4

在一次招聘会上，招聘人员问小李：“我为什么要聘用你？”

小李回答说：“我是个经验丰富的经理，在员工建设方面，从组织项目实施到鼓励员工合作，都能做到得心应手。多年来，我已经掌握了一套雇人和留人的技巧。此外，我还擅长帮助公司顺利实现技术改造和员工培训。我经常对主要客户进行示范讲解，我之前任职公司的销售额在过去两年平均增加了87%。”

点评 直接的问题需要直截了当的回答。他们为什么要聘请你呢？小李向招聘人员提供了具体的例子以证实自己适合这份工作。以实例作为有力的证据，直接而自信地推销自己，这是最有效的推销。

案例5

在一家大公司的面试中，有这样一道面试题：假如你在飞机上遇到一位高尔夫球的生产商向你询问中国每年消耗的高尔夫球的数量，你怎么回答？

有一个人是这样回答的：①统计中国高尔夫球场的数目；②统计每天消耗的高尔夫球的数量，再乘以一年的营业天数，就可以知道中国每年消耗的高尔夫球的数量。

点评 中国每年消耗的高尔夫球数量是多少？相信对于大多数应聘者来说，这无疑是一个使人一头雾水的问题。你会怎样回答？案例中的应试者运用虚实结合的技巧，把握住了原则，提出了解决问题的方法，这样就可以了，因为连考官自己也不知道问题的答案。很多类似的问题，都可以用类似的方法来解决。

案例6

有一位物业管理专业的毕业生到一家房地产公司应聘。招聘者问：“你到公司来是想做物管员，还是想做售楼员呢？”这位毕业生回答：“作为一名物业专业的学生，物业管理、楼盘销售在学校里我都学过，但实践方面都不够。我想，如果贵公司能录用我的话，无论是物管员还是售楼员我都愿意做。”

点评 这名学生的即席应对，前句顺承切境，后句转接机敏，应对自如，表现出了他真诚的愿望和较高的说话艺术。

案例7

小静去深圳某公司应聘时，穿的是一套雅致的连衣裙。老板问她：“为什么愿意离开家，从北方到深圳打工？”小静微笑着说：“在深圳不仅可以更好地发挥我的专业，而且一年四季都可以穿裙子！”这出乎意料的回答，令老板觉得眼前一亮。他马上笑着站起来，走过去握着她的手说：“好，欢迎你的加入，你有一颗纯真质朴的心。”

点评 在听厌了千篇一律的类似“这是一片希望的土地”“这是一个有利于年轻人创业的城市”的回答后，突然有了小静个性化的回答，当然会令老板耳目一新，眼前一亮。小静的成功应该归功于她那个性十足的回答。

案例8

参加面试的人很多，可办公楼里却寂静无声，特有的肃穆让大家都严阵以待。张丽也在紧张地等待着，这时，办公室里传来声音：“下一个。”她整整衣服，大着胆子往里走。很幸运，问题不算刁钻，5分钟就考完了。主考官点点头，面无表情地说：“你可以走了。”没看到微笑，张丽心想也许没戏了。她朝门口走去，正准备开门，又返身出于礼貌地朝他们鞠了一躬：“谢谢！”然后轻轻地关上了门。

半个月后，用人单位给张丽打电话，她被录取了。

第一天上班的时候，张丽去领制服，碰到了那天面试的主考官。他说：“我记得你，那天我们接待了约50名应聘者，你是唯一一个向我们说谢谢、鞠躬并且关门关得那么有礼貌的人。我们是服务行业，不论客户的态度怎么样，我们展示出的都该是最好的一面。”

点评 从这个例子我们可以看出，不管招聘单位的态度怎样，应聘者都应该保持一种从容的心态。很多细节，譬如离去时的一句“谢谢”，说不定都会改写你的一生。

案例9

因为家境贫寒，前任香港特别行政区行政长官曾荫权在年仅20岁时就辍学踏入社会。其时，正是经济萧条时期，要想找一份较为理想的工作极为艰难。一家知名医药企业刚刚贴出招聘科员的启事，就引来了数十名应聘者，曾荫权也在其中。

面试时，数十名应聘者被一一编了号，曾荫权因来得较晚而被编在了后面。面试开始不久，几位先参加面试的应聘者阴沉着脸从招聘办公室走了出来，他们沮丧地说：“招聘条件很苛刻，没有大学文凭和两年以上的从业经验者，一概不收！”在门外等待面试的应聘者们听后，呼啦一下散去了很大一部分。曾荫权虽然也不符合条件，但他却没有跟着他人一起走掉。不久，又有几名年龄与曾荫权相仿的应聘者阴沉着脸从招聘办公室里走了出来，他们更为沮丧地说：“他们的条件很苛刻，不仅要求有大学文凭和两年以上的从业经验，而且还要求年龄在25周岁以上！”剩下的应聘者听后，呼啦一下又散去了一部分。但曾荫权仍然没有走，继续耐心地排队等待。这时，曾荫权身后的一名应聘者小声地问曾荫权：“小伙子，你符合他们的应聘条件吗？”曾荫权回答说：“一条也不符合。”那人说：“既然如此，你肯定会被淘汰的。不如走掉算了！”曾荫权听后，笑了笑说：“机会难得啊！即便是不符合条件，也应该有试一试的勇气啊，说不定就被录取了呢！”那些没走的应聘者听后，觉得他有些自不量力。但随后的结果，却让那些认为曾荫权自不量力的应聘者们大吃一惊：不符合应聘条件的曾荫权，虽然未被招聘为科员，但却因超于常人的勇气和伶俐的口齿，而被破格录用为药品推销员。

点评 一些求职者在应聘时，常常会因招聘单位苛刻条件的限制和自身的缺憾及不足，就轻易放弃了。曾荫权本人却以自己的经历告诉了我们这样一个求职道理，那就是—— 求职要有勇气，成功始于尝试。

技巧扫描

一、自我介绍的技巧

在做自我介绍时，不要事无巨细地一一罗列自己从小到大的各项经历，而是要有条理、有重点地介绍自己与应聘岗位相关的知识、技能、经验和个性优势，避免说一些与应聘岗位无关的事。要把简历上的亮点找出来，在自我介绍中突出、放大和细化，而不是复述简历的内容。在思路上，不妨围绕以下三个问题展开。

第一，“你曾经干过什么？”即你在学校的专业学习和上岗实习中取得过怎样的成绩。如果你已经从事过相关职业，就谈一谈你有过怎样的工作经历、取得过怎样的成就、发表过什么论文、创造过多少效益等。

第二，“你能干什么？”回答这个问题时要表明自己的能力特长适合做什么，说出自己足以胜任应聘岗位的理由并摆出证据或事实。

第三，“如被录用，你将怎么干？”回答时，要表明自己将立足本职工作、爱岗敬业的决心。同时，大胆说出自己的设想，或用建议的方式，向招聘单位出点子，显示出自己的聪明才智。

对于自我介绍的内容，最好事先打个草稿，试着讲述几遍，时间不要过长，1～3 分钟即可。在做自我介绍时，眼睛不要东张西望、四处游离，显出漫不经心的样子，这会给人做事随便、注意力不集中的感觉。自我介绍结束时要道一声“谢谢”，这对于招聘者对你的印象往往有很大的影响。

自我介绍的语言要简洁、明快，不能拖泥带水。“我出生在海边，那儿风景优美，空气湿润……”不要以为这样的开头生动形象，会给招聘者留下深刻印象。实际上，啰唆的语言会让招聘者觉得应聘者缺乏概括能力，甚至缺乏判断能力，连他提问的用意都理解不了。

二、面试回答的技巧

1．诚恳执着，感动对方

应聘心仪的工作单位时，自己要抱着诚恳的态度，虚心了解对方的需求，不断完善自己、充实自己，用真心感动对方。

2．扬长避短，突出优势

对于一些自己没有准备的、突如其来的问题，或不便直接表达自己意见的问题，要冷静地思考招聘者的真正意图，应尽量突出自己的优势，并把自己的优点和工作结合起来，以弥补自己的缺点和不足。

3. 举出实例，事实说话

可以通过对一些例子、轶事、具体做法的陈述等，让对方了解你。这样做，你才可能突显自己的个性，使自己从众多竞聘者中脱颖而出。

4. 虚实结合，把握原则

面试中有一些问题是没有确切答案的，应聘者可以采用“虚实结合”的技巧来巧妙回答。

5. 机敏转接，对答如流

面对主考官所设的“关卡”，先顺承对方的语意，将自己的想法与当时的语境、对方的意思做一番调试，然后再灵活地转入自己见解的表述，自如应付。

6. 突出个性，加深印象

有特色的东西，最具有吸引力。在面试中，个性鲜明的回答往往容易给人留下深刻的印象。

7. 注重细节，有礼有节

细节之处看成败，注重细节的人，不仅认真对待工作，将小事做细，哪怕是一声轻轻的“谢谢”，也会使你在做事的细节中找到机会，从而使自己走上成功之路。

8. 善于观察，大胆尝试

应该用积极的处世态度、思维方式和心态、信念、勇气大胆尝试，为自己创造机会。

实用训练

一、面试前，我们应该做好哪些方面的准备工作？

二、结合自己的实际情况，回答下列应聘时经常会遇到的问题。

1. 请介绍一下你自己好吗？
2. 你为什么来我们公司就职呢？
3. 你觉得你所学的知识最适合在我公司哪个部门工作？
4. 你的优缺点各是什么？
5. 如果你这次没有面试成功，你打算怎么办？

三、以下是五个招聘成功的例子，想一想，它带给你什么样的启示。

1. 王刚从名牌大学取得了博士学位后开始求职。在应聘第一个职位时，他在求职信上写道：“我在××大学取得了××博士学位，在××大学取得了硕士学位；我还是××学会的会员……”结果王刚没有被录取。第二封求职信王刚这样写道：“我的能力很高，我希望找一份××工作，我要求月薪……”王刚还是没有被录取。第三封信王刚写道：“我叫王刚，我需要一份工作。”结果王刚被录用了。

2. 一次招聘会上，精选出的50名应聘者参加最后一次考试。每位应聘者接到一份考题，上面写着：限时3分钟回答。下面罗列了50道题：①请看完全部试题；②请在试卷右上角填上你的姓名；③请列出五种植物名称；④试写出五个成语；……3分钟以后，只有一两个人按时交卷，主考官宣布未交的试卷全部作废。大家纷纷抱怨说：“这么短的时间，这么古怪的题目。”主考官意味深长地说：“虽然大家未能成功，但希望大家研究一下试题，可能会有所启示。”

大家接着往下看—— 第 50 题是：如果你看完全部题目，请只回答第 2 题。

3. 某家公司招聘业务员，招聘现场来了很多人。在招聘面试室的门口，有一张白纸丢在地上，考生几乎全都视若无睹地迈过去了，只有一个姑娘路过时捡起它。在一旁站了很久的经理立刻叫住她，说："你为什么捡起这张纸？"姑娘说："虽然它不是我的，但它是可以用的，不应该浪费。"于是这个姑娘被录取了。

4. 某公司进行招聘，共有三次笔试。第一次试卷发下来，大家都全神贯注地做着卷面上的试题，经过紧张答题，公司宣布了考试前 50 名名单，其中第一、第二名是两名男生，第三名是一名女生。第二轮笔试又开始了，试卷刚一到考生的手里，人群中便传出一阵惊异的叫声，原来试卷内容与第一次完全一样，监考员强调说没有发错卷子。于是大家不假思索地做完试题很快交卷出了场，只剩下那名女生还在苦苦思索……第二次成绩出来了，那名女生得了第二名。当第三场考试卷子发下后，人们几乎要愤怒了，还是那份卷子！我们是不是被人戏弄了！但监考员一再强调就是这一份，大家只好怀着不解将上两份试卷的答案复制了一份，匆匆出场，考场中剩下的还是那名女生，她依然在补充修改着答案。第三场考试结果，那名女生取得了第一名，她被录取了。

5. 某杂志社招编辑，应聘的人很多。主考小姐将一份打印好的文稿交给所有参加面试的人，要求在规定时间内改好。"他"是一个只有高中文凭的人，虽然与一大群文学学士、硕士一起面试显得有点心虚，但还是将文稿仔仔细细地修改了一遍。当他轻舒一口气放下笔后，发现大家都没有改稿，而且正以一种嘲讽的目光看着他，这时他才发现，稿纸背后印着这样一行字——"选自《余秋雨文集》"。时间到了，稿子交上去了，主编一篇篇翻看，最后宣布，"他"被录取了。所有人都怔住了。主编微微一笑说："不好意思，我们打字小姐跟大家开了一个小小的玩笑，错把一行与文稿内容毫不相干的文字打印在文稿背后……"

四、结合自己的专业，以小组为单位，进行模拟应聘的训练。

例如：模拟房地产公司招聘售楼员时的场景——在进行了一系列的问答之后，招聘者表示应聘者其他方面条件尚可，但身高比内定的标准矮了 2 厘米，不考虑录用。而应聘者认为这并不影响自己成为一名出色的售楼员。双方各陈理由。请分别扮演招聘者和应聘者，看看交谈的结果会怎样。

第二节 采 访

知识点津

一、采访的概述

采访，就是采集（信息）和访问。采集信息的手段包括观察、聆听、体验、记录、查阅、写生以及使用一定的工具，如摄影机、录音机、录像机等。访问就是同他人交谈、向他人询问。采访是一项社会交往活动。

常见的采访形式有以下几种。

（1）专访　即就某个问题或某个事件对有关对象做有准备的专项采访。如就职业能力培养的问题，采访某学校校长。

（2）现场采访　即对参与某项活动的有关对象当场进行即时采访。如在奥运会上对金牌获得者就获得奖牌后的感受进行采访。

（3）群体采访　就某个专项问题，听取群体的看法或意见。如就饮食问题现场采访用餐的学生等。

采访训练是训练语言表达的一种方式，能够增强学生的口语表达能力，掌握更多的口语表达技巧，提高交谈中的应变能力。

二、采访前的准备工作

毛泽东有一句名言："不打无准备之仗。"采访虽说不能和打仗相比，但同样需要做好准备。一些中外记者的采访经验也证明，采访之前有无准备，效果好坏是截然不同的。采访前准备得充分，就等于完成采访任务的一半。采访准备，从广义上讲，包括记者平时经常性的政治理论、时事方针政策的学习，文字写作修养的提高，各种专业常识的了解，以及一切社会生活、知识的积累。从狭义上讲，则是指发现新闻线索或接到采访任务之后，到进入采访之前所做的具体准备工作。

1．准备背景材料

采访前，一定要深入了解所要采访的对象，掌握被采访对象的基本信息。比如，你要采访一位美术家，就必须了解美术知识；要采访一起司法案件，就要了解法律知识……以避免采访中出现"卡壳"或知识性错误。因此，查阅与事件有关的资料不可忽视。

一般情况下，采访前需要准备的资料有直接的资料和间接的资料。

直接的资料，是由被采访者自己所能提供的与其有直接关系的现成文字资料，如被采访者写的回忆、文章等。如果我们采访的是一个单位或某个部门，就应搜集与报道内容有关系的资料，如该单位的内部文件、档案记录、会议记录等。

间接的资料，一般是指与采访对象有关的一切文字的东西。如果我们进行体育比赛项目的报道，那么我们就要翻阅该项目的有关资料，如它的发展史、历史纪录的创造者以及各参赛队的风格、特点等；如果我们采访一个地方，除了要报道的内容外还应该看一下该地区的历史、地理、经济、民风民俗等资料，对写作也会有所裨益；如果我们采访的是某一个工程项目或生产企业，那么我们就要翻阅一下与此有关的专业书籍。这样可以避免说外行话，容易找到与被采访者之间的共同语言。

2．准备采访提纲

一旦确定采访目标，就要立即突击进行知识准备。在采访中，向被采访者问什么、怎么问，是需要我们事先准备的，即拟定采访提纲。采访提纲总的要求是要尽可能详细、具体、实在、简明扼要。同一个问题，同一个事实和细节，要多侧面、多角度地去提问、考证、挖掘。要善于把复杂的问题和过程"浓缩"成一个或数个简单的问题。这样，既便于对方回答，也可以节省被采访者为组织自己思路和谈无用材料所花费的时间，以缩短采访过程。从效果上看，只要问题准备得充分，采访时间的长短并不是决定因素。采访提纲并没有千篇一律的模式，可粗可略。一般来说，采访提纲应该有以下几个方面的内容：

1）明确报道思想，即采访的目的是什么，通过宣传要达到什么效果。

2）规划好行走路线和采访地点、时间。

3）确定采访步骤，如打算采访什么人，是一个还是两个，谁先谁后。

4）设计采访要问的问题。

采访提纲拟定之后，还有一个细节不容忽视，那就是告之被采访对象，要设法让被采访对象与自己一起进行准备，这对一个成功的采访来说是十分必要的。

3．准备必备的知识

采访活动往往要涉及各个领域，这就要求采访者努力成为一名“杂家”。无论是政治、经济还是法律、文史、科技等都要能讲出子丑寅卯，这是采访者应具备的基本素质，采访者应重视平时积累。新生事物的层出不穷，又使得这种积累永无止境。

4．准备必备的物品

采访前记者必备的物品有以下几类：

（1）证明身份的采访证

（2）采访提纲等相关资料

（3）采访要用到的相关器械等

三、采访的语言

在采访活动中，即记者在措辞用句设计问题时，要根据不同采访对象的个性特征、文化修养、思维特点来设计内容和次序，语言要力求通俗易懂，交流方式要平易近人、因人而异。

1．建立人际关系的语言

它是用来定位双方身份、形成对话双方心理认同的语言，受社会规范和道德规范的制约。采访对象包括各行各业的人，面对不同的对象，采访者自身要有一个正确的定位。采访弱势群体不应高高在上，对待大款老板则要做到不亢不卑，在采访者与采访对象之间用语言建立起一种平等的语境。

2．语言的真实性

在采访活动中时刻都得遵守“真实”这一准则，包括采访时记者对基本事实的语言陈述。即使是问“有什么看法”等，也得先交代有关情况，指出问题的范围，引导采访对象进入问题的关键。

3．语言的有效性

这取决于发问者是否出自“真诚”的态度，要让采访对象觉得你的行为完全是出于记者的道德良知和社会责任感。要使采访语言有效，必须在可理解的前提下满足“适当性、真实性、真诚性”的要求。

四、采访的注意事项

1）采访时一定要注意使用文明用语。

2）采访提问时要注意对方周围的人，避免给采访对象造成不良影响，影响采访效果。

3）在一个问题谈完之后，提出下一个问题前，应该有所停顿。

4）采访之前要多拟一些题目，避免出现盲目性和随意性。

5）采访要尊重对方，不要逼问、诱问、套问。

6）不要喧宾夺主，自己讲得过多；更不要和采访对象无休止地争论。

案例点评

案例1

一家地方台做了一篇关于舍己救人、见义勇为好少年的深度报道，其中有一段对少年英雄父母的采访。记者的提问是："你想孩子吗？"结果，少年英雄年近半百的父母都是未语泪先流，使采访不能顺利地进行下去。

点评 在采访提问时，要掌握对方的心理，不能触及被采访者心灵的伤痛之处。否则，会影响对方的谈话情绪，不利于采访的顺利进行。

案例2

一位记者去采访山区的女劳模，可是劳模人比较腼腆。还没等记者向她提问，就已经脸红脖子粗说不出话来了，还一个劲儿地往后躲。这位记者为打破僵局，灵机一动，转移了话题，问她："您这几年不容易，为带动乡亲吃了不少苦吧？手都裂了好多口子。"

"是呀？每天睁眼闭眼就是想着怎样给大伙跑销路，可没少受累。哪有功夫打扮自己！"女劳模的话匣子一开，就关不住了。就这样，记者顺利地完成了采访任务。

点评 记者充满人情味的提问，让女劳模感觉心里暖暖的，一下子拉近了彼此的心里距离，让对方感觉到眼前的记者和蔼可亲，值得信赖。如此一来，对方没了距离感，谈起话来自然会滔滔不绝了。

案例3

一位实习记者对一位优秀班主任的采访实录（节选）

问：听说你在班主任工作中取得了优异的成绩。

答：不过是做一些班主任应该做的工作。

问：市政府授予了你"优秀班主任"的光荣称号，是吧？

答：那是领导的一种鼓励吧！

问：那也与你的勤奋努力分不开呀。

答：更重要的是学生的努力和家长的配合呢。

问：你为什么主动要求当班主任呢？

答：这应该说是工作的需要和学校领导的信任吧。

……

点评 采访中，记者采用封闭式的提问方式，没话找话，阻塞了采访对象的思路，这是采访中应当避免的提问方式。通常在采访的过程中，应该采取开放式和闭合式相结合的提问方式。

案例 4

一位记者去采访一位村党支部书记，想了解他廉洁自律的故事。但该村支书很谦虚，一个劲地解释说："哪能自己夸自己。"村支书在介绍加强村基础设施建设中，监工路面硬化场景时，记者随即问他："您整天泡在施工现场，顾不上照管有病的老伴，就不怕落埋怨？"

"不仅老伴埋怨，还往里多搭钱呢！"

"为啥？"记者追问。

"没人照顾的老伴一生气，病情重了，有多加了一顿药吃。你说能不多搭钱吗？"村支书回答。

"吃这么大亏，你干得还挺卖力！图啥？"

"要是图挣钱，我早就发了。"村支书突然冒出了这么一句。

"怎么个发法？"笔者紧迫不舍。

"就拿硬化路面来说吧，我还得罪了不少人。有的人半夜敲我家门送两万块钱想揽工程，都被我撵了出去……"村支书就像老朋友聊天一样，详细地诉说着自己拒绝腐蚀的幕后故事。

点评 会说不如会听，在采访过程中要注意认真聆听采访对象的话语，并善于发现新问题、解决新问题，从而达到事半功倍的效果。

案例 5

一个记者去采访费雯丽，问："您在电影《乱世佳人》中扮演什么角色？"

费雯丽反问道："你看过这部影片吗？你看过小说《飘》吗？"

记者回答："都没有看过。"

费雯丽说："那就不必多谈了。"

费雯丽无意和一个如此无知的人交谈。

有位记者去采访老作家叶圣陶。一见面就问："你是哪里人？""多大年纪？"八旬老人很烦躁，又感到很悲哀。并且，这位记者刚刚采访过夏衍，便转道来到叶家。他见到叶老的长子叶至善，一面紧紧握手，一面惊异地说："我刚从夏公那儿来，您岁数比他大些，可没想到这么年轻……"使人哭笑不得。

点评 采访前不认真准备，仓促上阵，结果往往是事倍功半，既影响了报道的时效，又给被采访者增加了麻烦，甚至可能造成采访的失败。所以，认真做好采访前的准备，是采访者的一项不容忽视的工作。假如你要去采访某一个人，就要通过不同方式、不同渠道事先了解他的经历、性格、嗜好、习惯、特长等，以便掌握尽可能多的情况。经验证明，采访前准备越充分，采访中记者才会越主动。

案例 6

下面是意大利著名女记者奥林埃娜·法拉奇采访我国领导人邓小平的谈话实录，她从祝贺邓小平的生日开始了采访。

邓小平：我的生日？

法拉奇：不错，邓小平先生，我从你的传记中知道的。

邓小平：既然你这么说，就算是吧。我从来不知道什么时候是我的生日，你也不应该祝贺我啊。我已经 76 岁，76 岁是衰退的年龄啦。

法拉奇：邓小平先生，我父亲也是 76 岁了。如果我对他说那是一个衰退的年龄，他会打我一巴掌呢。

邓小平：他做得对。你不会这样对父亲说的，是吗？

点评　记者采访前准备充分，并且话语灵活，起始语运用了委婉迂回的方式，拉近了彼此的心理距离，使谈话气氛和谐、轻松、融洽。

技巧扫描

采访中提问的技巧很重要，主要有以下几种。

1．提问的目的要明确

采访的第一要义，就是确定本次采访的主题，明确听众希望从采访中得到什么样的信息。同时要设法与采访对象沟通，使对方了解你的采访目的和要求，以适应采访时的谈话。根据不同采访对象的具体情况，如文化程度、性格特点、接受能力等来设计采访提问。在采访过程中，采访者就要把这个目的作为一个“主心骨”，提问要紧紧贴近心目中的主题，为达到目的，不忌讳问题的尖锐性。

2．提问的内容要具体

在采访中，同一主题要多角度提问，深层次挖掘。在设定了一个主题之后，就要认真思考如何具体实施，如何用提问的方式达到预想的目标。如果把采访对象心中所想比喻成一个矿藏，那么提问就是挖掘的铲子。如果是浅尝辄止、点到为止，那么得到的必定有限；如果能够从多种角度、层层递进地深入，就能够针对既定的主题充分挖掘出足够多的信息。采访的提问可由一般到具体，一步一步、一层一层地向深处了解，直到收集到理想的材料为止。一般来说，问题越具体，对方就越容易回答，获得的信息也就越有价值。

3．创设随机提问的语境

整个采访提问的过程是一个积极思考的过程：先问什么？再问什么？对方对这个问题会不会敏感？如何打消对方的顾虑？这是不是有价值的材料？要不要追问下去？假如对方拒绝回答这个问题该怎么办？……采访者既要谈笑风生，表现得应对自如，又要不断地开动脑筋，思考和整理各种问题。

4．运用灵活的提问方式

在采访时，一般可运用两种提问方式。一种是开放式问题，即对方的回答自由，回旋余地大。一种是闭合式问题，即对方只能具体地回答，不易回避。例如：“你在奥运会上夺得奖牌有何感想？”这就是开放式问题。对方回答自由，回旋余地很大。又如：“你喜欢沈阳吗？”这就是闭合式问题。对方只能回答“喜欢”或“不喜欢”，一定要具体地回答，不易回避。开放式问题一般较和缓，适于营造和谐的气氛，但是容易使谈话松散、空泛；闭合式问题一般较尖锐、紧凑，适于深挖某些问题，肯定或否定某些事实或看法，但是使用起来不容易，弄不好会破坏轻松的气氛。

在采访中，通常要把两者巧妙地结合在一起，灵活地加以运用，使采访的提问更明确、更有效。

5．尊重对方，亲切自然，尽量口语化

交流得好与坏的前提，就是双方在交流过程中是否平等。没有人愿意和一个须仰视才见的人交流，这就要求记者在采访过程中一定要尊重被采访者：一是态度上要谦恭礼貌，二是要尊重对方的隐私，三是避免触及被采访者心灵的伤痛。如有的记者面对父母离异的孩子这样问："你想妈妈（或爸爸）吗？"这类揭伤口疮疤似的问题不仅令人反感，也会影响宣传报道的效果。

另外在提问时一定要注意提问的语气，既要不卑不亢，又要亲切自然。交流是双向的，因此提问的语气就要用征询的口吻，如果语气生硬，就会给人以居高临下之感，使人避之千里；即便对方迫于某种压力或碍于面子做出回答，也是应付了事，不会讲真心话。

6．要客观对待，避免主观诱导

在提问时要用事实说话，避免掺杂过多的主观情感。有的记者出于义愤，或对新闻事件中一方人物或遭遇的同情，提问时往往带有个人感情色彩，这是不符合新闻的特点的。更有甚者，当采访对象没有按照自己的思路回答问题时，记者就迫不及待地将自己想要的答案说出来，然后问对方"是不是"。在这种情况下，被采访对象通常会点头称"是"。这是典型的诱导。新闻报道要客观公正，用事实说话。记者不应提一些带有明显倾向性或诱导性的问题，谁是谁非，把事实摆出来，观众自有公断。

除了要掌握采访中提问的技巧之外，在采访前还一定要做好充分的准备工作，如人物背景资料的了解、采访提纲的构思等。

实用训练

一、思考：一个好的采访者在采访前应该做好哪些准备？采访中提问方式有哪些？

二、以校园小记者的身份，采访一名你身边的优秀学生干部。要求在采访前精心做好准备，拟好采访提纲。

三、某记者要采访在"金融危机"的时代背景下，学生的就业情况。在很多学生都因找工作而发愁的时候，记者却遇到了一名学生辞职。于是记者就开门见山地问："现在工作这么难找，你为什么辞职呢？"这名学生很不耐烦地说："我是因能力不足被解雇的。"双方一下子就陷入僵局。如果你是这位记者，你要如何进行采访？

四、请你分析一下，为什么下述采访失败。如果想要获得成功，该如何设计采访问题？

1．某电视台要搞一组精神病患者康复的专题报道，一位节目编辑问女患者："你什么时候得的这个病啊？"对方敏感地反问："什么病？"该编辑随口便答："就这个精神病呗。"对方立即起身离去，节目制作只好暂停。

2．记者："参观了武钢以后，真是大开眼界呀，武钢果真是全国最大的钢铁基地呀……"

被采访者："不是最大的。"

"全国最老的钢厂。"

"也不是最老的。"

"嗯，对了，那就是最先进的，不管怎么说，总归有个'最'吧？"

"是有个全国之最的地方，不过不是你说的'最'。"

五、实践活动：全体同学轮流担任校报的编委或记者，分别拟定采访内容，然后以校报记者的身份进行采访活动，并在校报上发表采访报道。

第三节 主 持

知识点津

一、主持的概述

主持这个词，在《现代汉语词典》中是“负责掌管或处理”的意思。主持会议者、主持文艺演出、主持广播电视节目者就是负责掌管或处理会议、文艺演出、广播电视节目的人，所以我们可以将主持人理解为负责组织、掌管或处理某种事物的人。

主持人已经成为我们现代生活中一个重要的角色。主持人除了要有知识修养之外，还要有相当深的语言表达功底。要想成为一名成功的主持人，首先得从语言技巧上下功夫，练就一副好口才。

二、主持人应具备的素质和能力

1. 良好的心理素质

良好的心理素质并不是与生俱来的，而是一个人性格、知识水平、经验等的综合体现，是完全可以培养和锻炼的。这就要求我们平时要有意识地对自己进行一些心理素质的训练，比如找机会当众发言，阐明自己的观点，不断增强自信等。另外，上台主持之前应尽可能做好充分的准备，包括心理准备和文案准备，并反复演练，这些都有助于临场作战。

2. 较高的文化素养

主持人在语义传递上要简练、准确、完整、流畅，同时还要表现出亲和力和感染力。除此之外，主持人还应当具有宽广的知识面。

3. 较强的应变能力

主持活动，从某种意义上来说是对主持人应变能力的一种考验。无论文案等准备工作做得如何充分，突如其来的意外和变化总是会给主持人出难题，这时只能随机应变，见机行事。

4. 良好的组织协调能力

主持人负担着掌控整个现场过程和进度的艰巨任务，必须具备良好的组织协调能力。主持人的组织协调，首先要立足于活动的最高点，主动把握活动的总脉搏，尽量把自己的所思所感渗透到活动中，不断丰富活动的内涵，渲染现场的氛围。

三、主持的语言特点

1. 亲切自然口语化

在主持节目的过程中，主持人通常以第一人称的口吻出现在节目里，与受众构成如同和朋友交谈一般的非常和谐的传播情境，平心静气、娓娓道来，亲切而自然、通俗而平白。

口语化所追求的是语言的通俗化，是亲切而不是媚俗，是自然而不是随意。主持人语言的口语化是对人们日常口头语言筛选、加工、提炼后的再制。主持人对民间口头语言的选择使用，是一个净化、纯化的过程，即舍弃其中不规范、不纯洁的语言现象，努力使之更准确、顺畅、健康，达到良好的传播效果。

2. 坦率真诚情感化

很多场合，主持人都不可避免地要以“情”为先导，与受众进行面对面的、真诚、直接、平等的心灵沟通与交流。坦率而和善，真诚而质朴的情感化语言是缩短与受众心理距离的最佳途径。

3. 独具魅力个性化

不同的主持人，由于所主持的内容不同，自身修养、阅历不同，音质不同，语言习惯不同等，就形成了各自不同的语言风格。有的热情爽朗，有的幽默机智，有的节奏短促、快人快语，有的细语漫谈、缓缓道来……

4. 相互沟通交流感

主持人与受众进行的是面对面的交流。因此，主持人的语言具有明显的对象感、交流感，要有应答性及反弹的感觉。尽管主持人的面前通常只有冷冰冰的话筒、镜头，但在主持人的心中、眼前始终要有交谈对象，是这个隐形的对象默默地牵引着主持人的思路，激发着主持人的灵感，促使主持人去强烈地表现“自我”。

案例点评

案例 1

某学校文艺汇演主持词（节选）

甲：尊敬的各位领导、各位老师；

乙：亲爱的各位同学、各位朋友；

合：晚上好！

甲：在这莺歌燕舞、百鸟争鸣、姹紫嫣红、绚丽多姿的日子里，我们迎来了我校第五届校园文化艺术节。

乙：在艺术节活动中，同学们高扬智慧的风帆，有思想的翱翔，有感情的抒发，有青春的旋律，有技能的展示，有科学的探索，有毅力的体现，有诗意的飞扬。

合：这一切一切，充分展现了当代学子的青春活力，展现了当代青年的精神风采。

甲：今天晚上，艺术节的压轴戏—— 文艺汇演即将拉开帷幕。

乙：让我们以热烈的掌声预祝演出成功！

甲：有缘才能相聚，有心才会珍惜。只要我们人人心中有他人，我们的社会就会像一个大家庭；

乙：当别人快乐时好像是自己获得幸福一样，当别人受伤时我愿意敞开最真的怀抱；

甲：当别人生气时告诉他就算观念不同不必激动，当别人需要时我一定卷起袖子帮助他。

合：因为我们是一家人。

乙：请欣赏合唱《相亲相爱》，由学校学生会成员表演。

……

甲：火红的五月，向我们健步走来；绚丽的五月，鲜花盛开、姹紫嫣红；充满希望的五月，承载着多少欢乐与期待；

乙：同学们，朋友们，让我们将所有的赤诚、智慧和勤奋重新集结，再去创建一个更加辉煌的未来！

甲：本届艺术节即将落下帷幕，它将成为我校历史的一页。然而，许多精彩的片段犹然历历在目；许多动人的歌乐依旧余音绕梁。

乙：艺术节的时间虽然短暂，但艺术的空间却是无限的。

合：让我们将参加艺术节的热情转化为学习的动力，用知识开启理想之门，用才干塑造艺术人生。

点评 首先，开场以报幕的形式自然导入，介绍了晚会的目的、内容。其次，在节目的串联中，把演出者与观众紧密联系在一起，以一种谈话的语气实现了节目间的过渡。最后，本次晚会的主持词微妙地把主办方、演出者、观众结合在一起，句句中听，还时不时地插入抒情，紧扣观众心扉，从而让台上台下形成了良好的互动。

案例 2

杨澜与姜昆在主持《正大综艺》节目时，有这样一次开场：

杨：各位来宾，电视机前的热心观众朋友们，你们好！

姜：也许你刚刚脱去一天的疲惫，泡一杯浓茶坐到电视机前；也许你正觉得无聊，想不出家门就看到外面的世界；也许你刚刚做完老师布置的作业，希望在休息之前从我们这里得到一点精神享受。

杨：那好吧，就让我们带着您跨越时空的障碍，到世界各地去领略一番异域的风情，聆听美妙的音乐，因为—— 不看不知道，世界真奇妙！

点评 主持人的开场白要立足主动，注意开启受众的思路，将他们自然引入节目的预定环境中去。案例中两位主持人真诚的问候，关切的话语，制造了和谐融洽的气氛，自然地引入节目的正题。这种开场白的方式即为“自然导入法”。

案例 3

倪萍在主持一期以“母亲”为主题的电视节目时，其间有一段她与现场观众的交流：

“我想知道，今天在场的观众朋友，有哪位是陪同母亲一起来看节目的？”

观众席上一位清秀的小伙子站起来回答：“我！”

“是吗，可不可以把你的母亲介绍给大家？”

小伙子看了看母亲，说“可以。”

“请这位母亲站起来好吗？”那位母亲笑盈盈地在观众热烈的掌声中站起来。

“这位妈妈，我们都为你自豪……儿子带母亲来看节目本来不算什么了不起的，但我常常在我们的演播厅里看到的却是一对对情侣，一对对夫妻，有的是父母带着孩子，很少看见儿女陪着父母来的。其实，老人更需要多出来走走，他们更愿意来看看电视台是什么样的，演播厅是什么样的，倪萍是什么样的。我希望从今天以后能在这里见到更多的孩子陪着父母来。”

点评 倪萍的这番话语发自肺腑，亲切自然，切合晚会的主题，打动了许多做父母的心。倪萍主持节目很善于“煽情”，用发自肺腑的真挚言语去感染在场的观众。

案例4

在一次学校组织的“讲文明，树新风”学生干部座谈会上，主持人讲过之后，就开始冷场，无人开头发言，形成僵局。面对这种情况，主持人灵机一动，说：“××同学，昨天你还和我谈得头头是道，这个话题，今天恰好被列入座谈会的主题，请谈谈你的高见。”

点评 主持人在主持的过程中随机应变，巧妙地点名发言，打破了这种僵局。在主持的过程中，如果遇到冷场，主持人就可以采取自己做表率先发言，或者启示引发话题等方式。

案例5

一次，主持人××主持颁奖晚会，不小心被台阶绊了一下，“扑通”一声滚倒在地，这意外的洋相，使场内顿时一片哗然。然而主持人一跃而起，笑容可掬地说：“真是人有失足、马有失蹄呀，我刚才狮子滚绣球的节目滚得还不够熟练吧？看来这次演出的台阶不那么好下哩，但台上的节目很精彩。不信，瞧他们的。”话音刚落，全场观众为她机敏的反应爆出热烈掌声。

点评 主持人采取了戏谑自嘲的方式，巧妙化解了难堪。主持人在舞台上行走，穿着礼服，难免会有磕磕碰碰，或者出现这样或那样的问题。一旦出现状况，主持人一定要急中生智、冷静应对。

案例6

在一次“谈糖尿病与动脉硬化的关系”的广播节目里，主持人是这样结尾的：听众朋友，以上我跟您谈了糖尿病和动脉硬化的关系，在话题的最后呢，我再提醒一下，如果朋友中有谁出现了多饮、多食、多尿，也就是所谓的三多症状，那你可千万别大意，而要及时去医院。如果被确诊为糖尿病，一方面要积极治疗，一方面还要适当控制饮食。在这里，我要特别强调的是，现在威胁糖尿病患者最严重的并发症是心血管病变，所以啊，中老年朋友应该经常注意自己饮食量的变化。如果哪位朋友发现自己有了多饮、多食、多尿的症状，同时又感觉疲乏无力，请您一定尽快去医院检查，不要把病耽误了。

点评 主持人采用了强调式结尾，使话题结尾强调的色彩得以加强，同时又加重了关切的色彩，使人听起来亲切，觉得主持人确实是实实在在地关心他们，为他们着想，为他们服务。

技巧扫描

一、工于开场

俗话说：万事开头难。良好的开场白对于主持人和发言人来说十分重要，它可以确定基调、营造气氛、表明主旨、沟通感情，使全场人情绪高涨，注意力集中，造成一种全场和鸣共振的态势，从而保证活动的顺利开展。开场的技巧主要有以下几个。

1）直入点题，提纲挈领，简明扼要地把活动内容的主旨讲清楚。

2）调动全场人的情绪，使全场人的注意力集中起来，形成一种和谐的氛围。

3）语言要富于启发性、诱导性，引导全场人尽快进入角色、进入境界。

4）要周到得体，要照顾全体，尽量做到面面俱到。

二、巧于连接

主持人既是整场活动的有机组成部分，又是演说者（或表演者）与受众之间沟通的桥梁。因此，主持人要特别设计好各项内容之间的连接语，使之自然流畅，接续无痕，使整场活动浑然一体。

三、长于应变

主持一场活动难免会遇上意想不到的事，如果遇到麻烦，就需要主持人有随机应变的能力和技巧，及时地进行调整和变通。

1．打圆场

比如在座谈讨论会上，与会者之间彼此意见相左，甚至唇枪舌剑发生争吵，互不相让。这时主持人就要出来打圆场：或转移争论双方的注意力，把话题转移到别的方面；或联络感情，帮助双方寻找共同点，缩小感情、心理上的距离；或公正评价，将双方的意见进行整理和归纳，给予合理评价，阐述双方都能接受的意见；或引导自省，使双方从事实中反省自己的观点，消除误会，认同真理。

2．破僵局

僵局也是主持人常常碰到的难题，这就需要主持人随机应变，及时把僵局打破。

3．摆脱难堪

主持人在主持节目的过程中，难免会碰到难堪尴尬的场面。对此，主持人必须有敏锐的思维和高超的应变能力，冷静应对，巧解窘境。比如，有人在开会时由于会议内容和切身的利益相关而发起了牢骚，面对这种发难，主持人要冷静地分析思考：他的动机是什么？起因又是什么？症结在何处？然后采取对策。对于善意的发难，应以诚相见，可以直接说明或解释，也可以因势利导，引入正路，有时还可以采取调侃的策略。对于恶意的发难，则应采取外柔内刚的方法针锋相对。可以顺贬，即先默认并接过对方的难题，而后顺理成章地使对方陷入比自己更难堪的境地；可以回敬，套用对方的说法，以其人之道，还治其人之身；也可以釜底抽薪，直接揭出对方心怀的鬼胎。

有时主持人由于不小心会出现失误。遇到这种情况，千万不要慌张，不妨自觉而灵活地利用双向交流的纽带，将错就错，让它产生逆转和突变，化逆为顺，营造出更加健康活泼的情绪和气氛。

4．巧于终结

俗语说：“编筐织篓，最难收口。”活动进入尾声，虽然就要结束，但仍要讲究技巧，切忌草率急躁，匆匆收场。结尾没有固定的形式，不同的活动可以有不同的结尾方式，大致说来主要有总结式、号召式、赞扬式、祝贺式、抒情式等几种形式。

实用训练

一、谈谈主持人应该具备的素质和能力。

二、请以主持人的身份，为下列活动写一份主持词。

1. 学校即将召开的元旦晚会。
2. 学校举办的一次主题为“我的梦想”的演讲比赛。

三、假如你现在是一名班长，要组织一次题为“感恩的心”的主题班会，请你精心设计一份开场白。

四、分析案例中这位主持人的话说得是否得体。

中央电视台“实话实说”栏目，主持人在主持标题为“四世同堂说电影”一期时，一位老太太讲了很多，难以停下来。这时主持人巧妙地说道：“奶奶，咱们不说了，留一点急急他们。”

五、实践活动。

以班级为单位，每名同学都做一次主持人，自选主题主持一次班会或团会。

第四节 讲 解

知识点津

一、讲解的概述

讲解，顾名思义就是讲述、解说，即就客观事实对交流对象进行恰如其分的讲述、解释和说明，使听话人能够准确无误地把握事实的真实面貌，或对客观事理有所了解，获得新的感知和认识。

讲解是知识和语言高度综合的艺术，它综合了教师、播音、演讲、话剧、表演等专业的技术手段，是专业性、知识性和艺术性的综合。

二、讲解的分类

从讲解的详略来看，讲解有简约性讲解（略讲）和详尽性讲解（详讲）之分。简约性讲解就是用简练、概括性的语言进行讲述、解释。详尽性讲解则是对事物和事理加以详细的解释说明。

按照讲解的对象或内容来分，讲解可以分为事物性讲解、事件性讲解、事理性讲解等。事物性讲解就是对实际物体的外貌状态、内部结构、特点性质、功能作用等作出解说，这种讲解具有较强的描述性。事件性讲解是对事件发生的背景、事件发展的过程或场面以及事件的性质、意义和影响做出解说，这种讲解具有较强的叙述性。事理性讲解是对客观事实的起因、原理、内部规律以及外部联系做出解说，这种讲解具有较强的抽象性。

按照讲解的语言风格来分，可分为平实性讲解、形象性讲解和风趣性讲解。平实性讲解就是用平实、不加修饰的话语直接说明事物和事理。形象性讲解就是用形象化的语言介绍事物、事理。风趣性讲解则是用幽默风趣的话语进行解释。

除此之外，按照讲解的性质划分，可分为教学性讲解（如教师）、推销性讲解（如推销员）、引导性讲解（如导游）等；按照讲解的时空划分，可分为现场讲解、异地讲解、事前讲解、及时讲解等；按照讲解的层次划分，可以分为普及性讲解和提高性讲解等。

三、讲解的原则

1．巧用声音，使讲解耐听悦耳

无论是口头语言，还是书面语言，都有一个“声音”的问题，即读起来顺不顺口，听起来悦不悦耳。因此就要善于运用声音的技巧，包括恰当的语调、音量、语速等。

2．活用修辞，使语言生动形象

修辞是在运用口头语言和书面语言中创造的增强表达效果的格式。恰当地运用修辞，能使讲解语言鲜明生动，更趋艺术化。如：“那小姑娘特别喜欢唱歌，她的歌声就像百灵鸟的声音一样清亮动听。”再比如：“相传八仙之一的何仙姑，长得十分有姿色，她最喜欢穿绿色的衣裙，亭亭玉立，就像一株吐艳的荷花。”歌声和何仙姑的容貌在这里是一种抽象的概念，这一比就形象化了。

3．恰当使用讲解手法

要使讲解内容生动、耐人寻味，可运用多种讲解手法。如描绘法、简述法、感慨法、引用法和联想法等，这就要求讲解员在讲解的过程中根据实际情况加以灵活运用，以取得事半功倍的效果。

案例点评

案例 1

在一场名为“职场社交”的讲座上，主讲教师在谈到“同事相处”时说：现在的都市白领大多数爱以同事为主要社交对象，上班时默契配合，其乐融融；下班后逛街、泡吧，好不惬意。渐渐地一个新兴名词“同事文化”产生了。什么是“同事文化”呢？就是由于同处于一个工作环境，彼此又年龄相仿，有着相似的社会观念，再加上工作和生活中的相互影响比其他关系都来得密切产生的，是白领社会中的一种主流社交方式。

点评　这位主讲教师的讲解是从同事一起“逛街”、“泡吧”的现象出发，引出“同事文化”这一新概念，揭示了事物的本质。这种由浅入深、从现象到概念的方法便于听者领会主旨、理解记忆。

案例2

一位哲学家做有关人生问题的讲座，有这样一段对人生的讲解：

一位在电影中演绎出完美爱情的女明星，在现实生活中感情却一再遭到挫败。她接受记者的访问时，感慨地说："演了这么多年的戏，没想到演自己是最辛苦和失败的，因为演别人时可以根据剧本的情节来演出，但是演自己时，却没有写好的剧本，没有彩排，一旦演坏了，就要承担所有的责任。演别人容易，做自己难。"读了这个报道，我的感触很深，大凡世事皆如此，旁观者清，当局者迷；站在岸边时容易客观，身陷洪流时就会迷乱了。在现实社会中，我们可能看到心理学家比一般人有更多的心理情结；专门为人解答爱情婚姻问题的人，自己的爱情婚姻可能一塌糊涂。由于真实人生没有剧本，没有彩排，不能重来，所以要紧的是活在眼前，让每一个眼前都活在最好的状况，承担此刻的责任，那么结局即使不能完美，过程也没有遗憾了。世事离戏只有一步之远，人生离梦也只有一步之遥。生命最有趣的部分，胜过演戏与做梦的部分，正是因为它没有剧本，没有彩排，不能重来。生命最有分量的部分，正是我们要做自己，承担所有的责任。

点评 这位哲学家讲解深刻透彻。他从女明星的感情生活入手，由浅入深，由实到虚，逐步推进，透彻地对真实人生做了深刻的诠释，令人信服。

案例3

一位导游对桂林碧莲峰讲解时这样说：碧莲峰上石刻很多，特别是山腰石壁上刻有清代光绪年间的一个草书"带"字更是令人叫绝。这个字的字形结构意味深长，人称一字诗，竟包含了"一带山河，少年努力"八个字的韵味和笔意。有个文学家仔细琢磨借题发挥，辨认出"一带山河甲天下，少年努力举世才"十四个字。后来又有位诗人见了以后，不禁诗兴大发，竟又从中吟出"一带山河，举世无双。少年努力，万古流芳"这首诗。各位朋友，你们从中能否领悟出什么新的奥妙？是不是可以总结出漓江风景的特点就是一个"妙"字呢？漓江风光的自然美真是妙不可言！

点评 导游从碧莲峰上石刻草书"带"字这个点出发，引出了对整个桂林风景特色的欣赏与赞美。以点带面，激起游者游览景点的兴致。

案例4

以下是一位导游在号称"海天佛国"的普陀风景区，带着游客登上佛顶山，俯瞰大海时的一段讲解：

朋友们，眼前这锦鳞片片、白帆点点的水面就是东海，多少年来，这海拥抱着、冲刷着佛顶山，以它特有的气势启迪着人们：海是辽阔的，胸怀无比宽广；海是厚实的，什么都能容纳；海是深沉的，永远那么谦逊……常看大海，烦恼的人会开朗，狭隘的人会豁达，急躁的人会沉稳……

点评 这位导游在讲解的时候，没有局限于介绍海的辽阔、海的壮观，而是采用了由实到虚的手法，由眼前的实景，想到人的胸怀；用寓情于景、富有哲理性的语言激发游客的情绪，使他们得到一种愉悦的启迪。听着这些充满人生哲理的话语，游客们获得的又岂止是山水美景！

案例5

一位教师在"环保从我做起"的主题班会上，拿着一个千疮百孔的破旧地球仪，对其进行讲解："老师是特意把这只地球仪带到课堂上来的，这里有着深刻的寓意。同学们，地球给予了我们生命，这个地球仪正好比我们的地球母亲！由于生态失衡、环境污染，我们的地球母亲就是这样的伤痕累累。人类只有一个地球，地球是我们的家园啊……"

点评　这位老师巧用地球仪作为道具，给同学们的环保意识敲响警钟，以具象化的方式，激发了同学们对此问题的重视，把抽象变具体，把理念变直观，把说教变领悟，唤醒了同学们强烈的环保责任感。

案例 6

某售楼员面对客户推销一处别墅时侃侃而谈：

"美丽的半山海景别墅位于×××地，占地面积为 78000 平方米，共有 49 栋别墅。项目北靠青翠大南山，前望深圳湾海景，并与香港元朗隔海相望，依山傍海且与周边繁华旺地隔而不断，是具有鲜明特色、富有吸引力的国际化海滨城区。"

当客户问及别墅的户型及相关配套情况时，售楼员却说："半山海景别墅是迄今为止深圳最负盛名，增值幅度最大的项目……"这时客户已转身离去。

点评　案例中的售楼员没有真正了解顾客的需求，对××别墅的讲解太过于笼统，只介绍了楼盘的周边环境，喧宾夺主，无的放矢。对事物的讲解要重点突出，目的明确，有的放矢。通常对楼盘讲解应包含以下内容：周边整体环境、小区外部的交通环境、项目的整体分布、小区的绿化、项目的整体数据（包括有多少栋楼、一梯几户、层高以及不同的景观点）、户型的种类和分布情况、小区内部的公建配套设施的完善程度等。

案例 7

某讲解员对上海博物馆的讲解如下：

上海博物馆是一座大型的中国古代艺术博物馆，馆藏珍贵文物 12 万件，其中尤以青铜器、陶瓷器、书法、绘画为特色。藏品之丰富、质量之精湛，在国内外享有盛誉。上海博物馆创建于 1952 年，原址在南京西路 325 号旧跑马总会，由此开始了它的发展之路。1959 年 10 月迁入河南路 16 号旧中汇大楼，在此期间，上海市政府做出了决策，拨出市中心人民广场这一黄金地段，建造新的上海博物馆馆舍。

点评　案例采取简述式的讲解方法，客观介绍了上海博物馆的基本情况。博物馆讲解不同于其他的讲解，它是知识融会与语言表演艺术的一种内在结合的表象反映。讲解员先是通过知识综合和心理鉴别，然后运用语言技巧和不同的表现形式，将文物陈列的内在信息和艺术价值传送给观众。

技巧扫描

一、由浅入深

讲解是把别人不清楚、不了解或不明白的事物告诉对方，要讲解的内容大多对交流对象来说是未知的或知其然而不知其所以然的。因此，讲解人应十分注意说话的条理与顺序，遵循人们认识事物的特点和规律，精心安排语言的先后顺序，尽可能做到先易后难，由浅入深。对于那些专业性较强、内容繁复的事物，更要深入浅出，遵循循序渐进的原则，由表及里，层层递进。

二、由点及面

外在的客观事实是由无数小的事物、事件组成的，每一事物、事件都能够表述一个语言点，每个点都可以折射出整个事物实质的不同侧面，进而以小见大，触类旁通。讲解人依据讲述内容的繁复特征，不是面面俱到，而是抓住某一切入点，适时扩展开来，让听者清楚内容的关联，便于深刻领悟事物的本质。

三、由实到虚

人们认识事物的过程总是从具体到抽象，从现象到本质的。讲解可从具体可见的事物出发，逐步进入事物的内在规律，把具体事实和抽象议论有机地结合起来。讲解中采用由实到虚的策略，一是可以避免就事论事，阐明带有普遍意义的情况和问题；二是在讲解一些抽象的概念、道理和情感时，从具体可见事物或感受出发可以化抽象为具象。

讲解的技巧还有很多，此处不再一一列举，讲解的描述方法也要根据所讲解的内容而定。总之，讲解的时候，在想办法激发对方听的兴趣的同时，一定要清楚对方想听什么、想了解什么。

实用训练

一、请用你自己的话概括什么是讲解，讲解的语言技巧有哪些。

二、用你所了解的知识，讲解一下时下大家经常提到的一个词“金融危机”。

三、假如你是导游，带游客到某学校进行参观，你要如何进行讲解？

四、点评下列案例中的讲解方式。

1. 对坐落在武汉月湖畔的古琴台的讲解。

这座古琴台相传是春秋战国时期的著名音乐家俞伯牙弹琴的地方。有一次，楚国的俞伯牙坐船遇风，阻隔在汉阳。在这里，他遇见了一个叫钟子期的人，伯牙知道钟子期喜欢听琴，就用十弦竖琴弹了两支曲子，一曲意在高山，一曲意在流水。钟子期听完，很快把乐曲的含意说了出来，伯牙十分钦佩，两人从此成了莫逆之交。一年后，钟子期病逝，俞伯牙十分难过，特到钟子期的墓前弹奏了一曲高山流水，弹完后就把琴摔掉了，发誓不再弹琴，这就是后人所说的伯牙摔琴谢知音。北宋时，为了纪念他俩，就在当年他们鼓琴的地方建了一座琴台，取名伯牙台。

2. 一位导游在讲解虎丘塔的建造年代时说：“虎丘塔究竟有多少年呢？几百年还是几千年，说法一直不一致。这事直到20世纪50年代初才弄清楚。”

有一次，建筑工人在加固塔基的时候，在塔内一个窟窿里，发现了一个石头箱子。工人们把它搬出来，打开一看，里面还有一个小木头箱子。再把小木箱打开，里面有包东西，是用刺绣的丝织品包着的。他们解开一看，那是一包佛经，取出这包东西，只见箱底写着年代。你们猜是什么年代？

这年代是中国北宋建隆二年，也就是公元961年。由此可见，虎丘塔距今已有一千多年的历史，而苏州的丝绸刺绣工艺至少也有上千年的历史。

五、实践活动

1. 请以小组为单位搜集“山寨文化”的相关知识，然后在班级进行讲解。
2. 为班级设计一期板报，然后讲解设计意图。

第五节　辩　论

知识点津

一、辩论的概述

辩论是说话的双方或多方对同一事物的同一方面持有不同的观点，运用一定的理由来反驳对方的观点，确立己方观点的一种面对面的语言交锋。

辩论自古以来就是人类社会探索真理、沟通信息、解决矛盾的重要手段。辩论的目的是批驳谬误、揭示真理、维护自身的正当权益，并具有针锋相对、思维敏捷、逻辑严密以及表达灵活多变的特点。辩论是集听、说能力于一体的口语实践活动，有助于培养学生正确的思维方法和应变能力，有助于提高口语交际能力。

二、辩论的基本要求

1. 观点鲜明，论据确凿

辩论时必须毫不含糊地亮出自己的观点，不要闪烁其词，否则就“辩”不起来。证明自己观点的材料必须确凿、可靠，否则将不攻自破。

2. 听辩冷静，应对灵活

在辩论中，只有冷静专注地听辩，才能透过稍纵即逝的语言表述来抓住对方的要害，发现其疏漏之处并采取相应的反驳对策。在辩论中，要对语言信息有敏锐的感受力。只有机敏、准确地听辩，才能抓住战机，赢得主动。

3. 逻辑严密，言之有理

在“短兵相接”的辩论中，必须运用思维逻辑，紧扣论题，以缜密的思路、严谨的语言、准确的措辞，使自己的雄辩更具力量。

4. 思路开阔，方法多变

在辩论中，思路受阻或推理出现错误常导致失败。因此，辩论时要沉着，思路要清晰，面对争论焦点要做多角度思考，选择最佳突破口。要做到这一点，就必须时时提醒自己，不能限于固定思维模式，而要突破定势、深思慎取，要疑人所不疑，言人所不言，这样，才能做出“意料之外、情理之中”的精彩答辩。

三、辩论的基本原则

1. 实事求是原则

坚持实事求是原则首先要尊重事实。俗话说："事实胜于雄辩。"对事实要予以尊重，予以承认。用来证明己方观点的材料，不能信口胡诌；对对方引用的材料，不能随意否定。

坚持实事求是原则还要服从真理。"千秋胜负在于理。"在辩论中，对经过辩论已被证明为正确的观点或理论应予以承认，对错误的观点或理论应自觉摈弃。

2. 平等相待原则

在辩论中，辩论者的人格是平等的，绝无尊卑大小、高低贵贱之分。在辩论中，辩护和反驳的权利也是平等的。

3. 保持同一原则

保持同一的原则是对辩论者思维的逻辑要求，它要求辩论者在辩论时要具有确定性、一贯性和明确性，始终保持概念的同一、论题的同一和前后思想的同一。

4. 充足理由原则

这一原则要求辩论者在辩论中为自己的观点提供充足的理由。常言道："要言之有理，持之有据。"理由既要充足，又必须是真实的，只有同时具备这两个条件，才是"充足理由"。

案例点评

案例 1

"跳槽是否有利于人才发挥作用"辩题的一段精彩辩词：

正方：张勇，全国乒乓球锦标赛的冠军，就是从江苏跳槽到陕西，对方辩友还说他没有为陕西人民做出贡献，真叫人心寒啊！

反方：请问到体工队可能是跳槽去的吗？这恰恰是我们这里提倡的合理流动啊！对方辩友戴着跳槽眼镜看问题，当然天下乌鸦一般黑，所有的流动都是跳槽了。

点评　正方以张勇为例，说他从江苏到陕西后，获得了更好的发展空间，这是事实。反方马上指出对方具体例证引用失误：张勇到体工队，不可能是通过跳槽这种不规范的人才流动方式去的，而恰恰是在"公正、平等、竞争、择优"的原则下"合理流动"去的，可信度高、说服力强、震撼力大，收到了较为明显的反客为主的效果。所以在辩论的过程中，一定要认真听，然后适时指出对方论据与论题的关联不紧或者背道而驰之处，从根本上矫正对方论据的立足点。

案例 2

"人类是大自然的保护者（正）/破坏者（反）"辩题（节选）

反二：我再一次请问对方辩友，人类要生存、要发展的基础是什么？

正四：我想再次告诉对方辩友，破坏是少数的。

请问，马有白色的马，但是马一定要是白色的吗？

反三：对方答非所问，请正面回答，人生存发展是以什么为基础的？

点评　辩论中，一定要认真听是否有偷换概念的情况。如案例中的正方，在反方的追问下，由于一时没有合适的回答，所以搬出了“白马非马论”，但反方没有被“牵住鼻子”，以四个字“答非所问”马上把对方拉回来，在对自己有利的方向上毫不放松。

案例3

“愚公应该移山还是应该搬家”的一段论辩：

反方：……我们要请教对方辩友，愚公搬家解决了困难，保护了资源，节省了人力、财力，这究竟有什么不应该？

正方：愚公搬家不失为一种解决问题的好办法，可愚公所处的地方连门都难出去，家又怎么搬？……可见，搬家姑且可以考虑，但也得在移完山之后再搬呀！

点评　辩论中听与说是密不可分的两部分，说一定要切中要害，说得清楚明白。从上面的辩词来看，反方的就事论事，理据充分，根基扎实，正方先顺势肯定“搬家不失为一种解决问题的好办法”，既而引入“愚公所处的地方连门都难出去”这一条件，自然而然地导出“家又怎么搬”的疑问，最后水到渠成，得出“先移山，后搬家”的结论。如此一系列理论环环相扣，节节贯穿，以势不可当的攻击力把对方的就事论事打得落花流水。

案例4

荣获“首届华语国际大专辩论邀请赛最佳辩手”称号的蒋昌建的总结陈词：

谢谢主席，谢谢各位。经过刚才一番的唇枪舌剑，我的肚子的确有些饿了，但是我仍然要把道德问题谈清楚。

下面我总结对方的几个基本错误。对方犯的第一个错误就是：“李代桃僵”，对方用温饱等同于生存来构建他们的立论基础，这显然是错误的。对方犯的第二个错误就是：“扬汤止沸”，认为一个贫寒的人只要教唆他追求温饱就可以了，从来不问用什么手段。我刚才已经说过，如果到麦当劳里面打砸抢的话，这难道就能合法地追求到温饱了吗？这显然又是荒谬的。对方犯的第三个错误就是：“避实就虚”，对方始终告诉我们温饱能够给谈道德提供更好的条件，但是没有说在不温饱的情况下绝对不能谈道德。对方犯的第四个错误就是：“指鹿为马”，把谈道德与谈道德的效果混为一谈。对方今天的论点可谓是云山雾绕，让我们一头雾水，不知所云。相反，今天我们已经从逻辑、理论、事实上论证了，只要基于理性的人类存在就能够谈道德。下面我主要从价值层面论述我方的立场。

第一，……

谈到这里，我不由得想起一百多年前生活在哥尼斯堡的一位名叫康德的老人说过的一句话：“这个世界唯有两样东西能让我们的心灵感到深深的震撼，一是我们头顶上灿烂的星空，一是我们内心崇高的道德法则！”谢谢各位！（掌声）

点评　这一总结陈词，开篇就显不凡，短短一句话，看似信手拈来，却与辩题密切相关，颇见幽默风趣。通过双方激烈的争论，辩手听出了对方的四个“基本错误”，然后条理清楚地加以概括，既形象，又简洁鲜明。用“相反”一语转而总结己方观点，结构十分紧凑。对于己方观点的论述，先提示中心论点“只要基于理性的人类存在就能够谈道德”，再用“第一”“第二”“第三”“第四”做阐述，可谓纲举目张。引用名言结尾，贴切有力。他那抑扬顿挫的语调，也值得我们揣摩、学习。

技巧扫描

一、辩论中“说”的技巧

1．要清晰明白

为了让听者听得十分明白，一般可在每层意思的起首用简明扼要的话来揭示要旨，然后展开论述。论述的内容要紧扣论点，做到条分缕析，脉络分明。可用“第一”“第二”“第三”……有条有理地进行分析论证。

2．要理直气壮

辩论是针锋相对的“舌战”，要理直气壮，甚至咄咄逼人，但必须以理服人，不能使用刺激性的语言。可多用排比、反问、对偶等修辞手法，使自己的论述更有气势。

3．要言简意赅

辩论的语言要简洁明快，“简洁是智慧的灵魂，冗长是肤浅的藻饰”。简洁的语言中往往蕴含着伟大的真理，特别是在与对方答辩时，应尽可能做到点到为止、一语破的。

4．要自然流畅

辩论时，要语气恰当、态势自然，不宜一味地追求高频率、大嗓门，偶尔也要放慢速度、稍作停顿，给人留下思考和回味的时间。必要时还可配以优美有力的手势。应根据内容的需要和自身的特点来变换语气语调，或抑扬顿挫，或快捷舒缓，力求吸引人、打动人。

二、辩论中“听”的技巧

1．听对方有无常识性的错误

在辩论比赛中，尤其是在自由辩论阶段，双方剑拔弩张、唇枪舌剑、气氛紧张、风云突变，稍有疏忽，个别辩手就有可能急不择言，把本来是十分简单的常识讲错了。一旦听出对方的失误，就要及时给予指正，给对方造成一定的心理压力。

2．听对方的论点是否有破绽

论点是议论的中心，必须稳固周密，才能无懈可击。找到了对方论点中的破绽，也就有了攻击对方的突破口，可以势如破竹，使对方无法招架，全线崩溃。

3．听对方论据是否真实可靠

论据是论证论点的重要材料，必须真实可靠。只有真实可靠的论据，才能论证论点。所以，对对方辩论中所提到的论据，必须在细心倾听的基础上仔细推敲是否真有其事。

4．听对方所列论据是否能论证论点

为了论证论点，在辩论中总会列举或多或少的论据。但或因受到认识水平的限制，或因仓促之中顺口道来，或因分析不够、未能紧扣论点，即使是真实可靠的论据，也未必都能论证论点，甚至会风马牛不相及。这些也得靠听得仔细，才能听清，才能当机立断，迅速构思出恰当的辩词，适时地给对方以当头一击。否则，时过境迁，错过最佳战机，攻击力就将大为削弱。及时指出对方的论据未能论证他们的论点，对方的辩论也就不战而败了。

5. 听对方辩论中是否偷换概念

偷换概念在辩论中是常有的事。所以，一定要仔细倾听对方的辩论，辨析他们是否有意无意地偷换了概念，是在哪里偷换了概念，是怎样偷换概念的。

6. 听对方辩论中有无自相矛盾

在辩论中，有时也会有自相矛盾的地方，这无异于给对方提供了攻击的弹药；但这也是稍纵即逝的战机，只有听得仔细，方可捕捉到手。发现并指出对方的自相矛盾之处，也将造成对方的心理紧张和情绪沮丧，甚至会使对方阵脚大乱、斗志瓦解，有利于己方组织更有效的进攻。

7. 听对方辩论中有无利于己方的言辞

双方辩论，辩手情绪激动，求胜心切，难免会有措辞欠妥、语意不周，或举例不当、分析疏误之处，造成事与愿违，适得其反。发现并指出对方的失误之处，有利于我方组织语言予以反击。

实用训练

一、在辩论中说重要还是听重要？谈谈你的看法。

二、在某商店里，一位顾客气势汹汹找上门来，喋喋不休地说：“这双鞋鞋跟太高了，样式也不好……”营业员与顾客之间势必发生一场辩论，如果你是营业员你将如何展开辩论？

三、实践活动。

1. 以“先就业后择业”还是“先择业后就业”为辩题，将全班同学分成两组展开辩论。要求首先撰写一份辩词，然后再运用辩论相关知识展开辩论。

2. 精彩辩论赏析：了解辩论比赛的全过程，并在仔细阅读中学习辩论的技巧与方法，领略辩论的无穷魅力。

辩题：人性本善还是人性本恶（节选）

【正方立论】吴淑燕：大家好！哲学家康德主张，人不分聪明才智、贫富美丑都具有理性。孟子认为人性本善，所以进一步又加了一句，每个人都有恻隐之心。而佛家说，一心迷是真身，一心觉则是佛。正因为人性本善，所以人随时随地都可以放下屠刀、立地成佛。我方主张人性本善，就是主张人性的根源点是善的，有善端才会有善行。我方不否认在人类社会中存在恶行，但是恶行的产生则是由外在环境所造成的，所以恶是结果而不是原因。如果硬要说恶是因不是果，也就是说人性本恶，那么人世间根本不能产生真正的道德。虽然英国哲学家霍布斯极力主张在人性本恶的前提下人类可以形成道德，但是想想看，如果人性本恶，人类一切道德规范都是作为人类最大的利己手段，当道德成为手段时，道德还是道德吗？也就是说，人一旦违犯道德而不会受到处罚，人就不会遵守道德的约束了。深夜两点我走在道路上看到红灯，如果人性本恶我就会闯过去，因为不过是为了个人方便。但事实上并不是如此，仍然有许多人遵守交通规则。而根据人性本恶的前提假设，霍布斯认为必须有一个绝对的、无所不在的权威监督每个人履行道德规约。如果人性本恶，没有一个人会心甘情愿地遵守道德规约，但是事实证明：人还是有善行、还是有道德、还是有利他的行为。如果人性本恶，那么我们只有两种选择：第一个是活在一个“老大哥”无时无刻不监督我们的世界当中；

第二个是我们人类社会将不再相信彼此。如果这样的话，我们就会看到一个老太太跌倒了，有人把她扶起来，人们却说他居心不良；而我们在辩论会中建立起来的友谊都是虚假的装腔作势。但是我们会发现，在人类历史社会当中，没有一个绝对权威的君主曾经产生过，但是舍己为人的事情在不断地发生。在生活当中，为善不为人知的生徒小民更是比比皆是。泰瑞莎修女的善行，大乘佛教中所说的“众生永远不得渡，则已终身不作佛”的慈悲宏愿，难道不正是人性本善的最佳引证吗？

【反方立论】姜丰：谢谢主席，大家好！我先要指出的一点是，康德并不是一个性善论者。康德也说过这样一句话：“恶折磨我们的人，时而是因为人的本性，时而是因为人的残忍的自私性。”对方不要断章取义。另外对方所讲到的种种善行，那完全是后天的，又怎么能够说明我们命题当中的“本”呢？神话归神话，现实归现实。对方同学请你们摘下玫瑰色的眼镜看看这个现实的世界，就在你陈词的这三分钟当中，这个世界又发生了多少战争、暴力、抢劫、强奸。如果人性真是善的话，那么这些罪恶行为到底从何而来呢？对方为什么在他们的陈词当中，自始至终对这个问题避而不答呢？我方立场是：人性本恶。

第一，人性是由社会属性和自然属性组成的，自然属性指的就是无节制的本能和欲望，这是人的天性，是与生俱来的；而社会属性则是通过社会生活、社会教化所获得的，它是后天属性。我们说人性本恶当然指的是人性本来的、先天的就是恶的。

第二，提到善恶，正如一千个观众会有一千个“哈姆雷特”，一千个人心目当中也许会有一千个善恶标准。但是，归根到底恶指的就是本能和欲望的无节制地扩张，而善则是对本能的合理节制。我们说人性本恶正是基于人的自然倾向的无限扩张的趋势。那个曹操不是说过“宁可我负天下人，不可天下人负我”吗？那个路易十五不是也说过“在我死后哪怕洪水滔天”？还有一个英国男孩，他为了得到一辆自行车竟然卖掉自己三岁的妹妹。这些对方还能说人性本善吗？

第三，虽然人性本恶，但是我们这个世界并没有在人欲横流中毁灭掉，这是因为人有理性（时间警示）。人性可以通过后天教化加以改造。当人的自然倾向无限向外扩张的时候，如果社会属性按照同一方面推波助澜，那么人性就会更加堕落；相反，如果我们整个社会倡导扬善避恶，那么人性就有可能向善的方向发展，这一点也不正说明了儒家思想所倡导的修齐、治平、内圣、外王是何等重要吗！对方辩友，如果真的是人性本善的话，那么孔老夫子何必还诲人不倦呢？

今天，对方辩友所犯的错误就在于以理想代替现实，以价值评判代替了事实评判。从感情上讲我们同所有善良的人一样也是希望人性是善的。但是历史、现实和理性都告诉我们，人性是恶的！这是一个事实，我们只有正视这个事实，才有可能扬善避恶。

【正方二辩论证辩驳】蔡仲达：大家好！刚才对方同学谈得很多，我们就一一来检视到底善是本还是恶是本，到底善是表象还是恶是表象。我们先举一个例子来说吧。如果我们今天要吃西瓜，是不是先要种西瓜种子呢？如果我们种红豆、绿豆，长得出西瓜吗！所以人世间为什么这么多善行呢？当然是在人的本性中就有着善的种子嘛。那人世中为什么有恶的表象呢？很简单嘛，我们都知道我们种西瓜只要丢西瓜种子就好了吗？我们还要施肥，还要浇水啊，而且一不小心，万一再下了十几天的大雨，那么西瓜不仅长不好，而且还会烂掉。所以同样的嘛，在人类充满污染的环境中，我们承认有些人他虽然有善根，但是呢，他长不出善果。他是长得不好，但是这并不是说他的人性中没有善的种子啊！所以我们发现很多犯罪的人到最后都良心发现。我们说他是良心未泯，那么想想看，如果人的良心自始就不存在于人的本性中的话，那么我们怎样去解释人有后悔的行为呢？大家不都曾经后悔过吗？

好的，对方同学又指出了另外一点，说人的恶是因为人有欲望，人有这样的本质，那我就不懂了，为什么欲望一定带来恶呢？我今天喜欢一个女生，这个女生也喜欢我，我们都想跟对方结婚，我们组成美好家庭，这是恶吗？再说吧，人有本能，人肚子饿了就想吃饭，那人跟狮子不就是一样了吗？对方同学您如何解释呢？另外我们再想一想吧，对方同学说人的本性可以教育，所以恶的本性可以教育成善，我们就来想一想，为什么人的本性可以被教育成善呢？我们说小鸟会飞，它只要学了飞就可以飞，为什么我们人怎么教，我们都不会自己飞呢？因为我们本性中没有飞的本性嘛，那么人为什么被教成行善呢？就是因为我们相信人的本性中有善性嘛。如果说人的本性是恶的而能够教成善的，那我们就觉得很奇怪了。如果人的本性没有善性为什么我们一学就知道什么是善，一教就知道怎么行善，而教怎么飞再怎么教你都不会呢？就算如果本性是恶，那到底谁来教我们？是本恶的人来教我们本恶的人吗？他们为什么要教我们呢？他们到底有什么动机，我们能够信任他们吗？他们教育我们行善，孔夫子要教育我们行善，他们背后是不是有一个更大的恶的动机呢？我们觉得很奇怪，对不对？比如说吧，一个老人跌倒了，我们把他扶起来；我们来新加坡，交这么多朋友，以辩会友，我们情意真挚；我们看到非洲饥民，人人心中都有悲哀、悯天地不悯的心情，如果说扶老人就是沽名钓誉；交朋友这是虚伪矫情……

【反方二辩论证辩驳】季翔：谢谢主席，各位好！对方辩友我倒真想请问你这样一个问题，既然社会是由人构成的，对方却认为社会环境中的恶和人之恶没有关系，那请问：外界环境中的恶是从哪里来的呢？你的善又是怎样导出恶的呢？我方从来不认为本能和欲望就是恶，本能和欲望的无节制地扩展才是恶。对方辩友，孔子早就告诉过我们："道听途说，德之弃也。"我方认为，人性本恶主要基于如下理由。

第一，人性本恶是古往今来人类理性认识的结晶。早在两千年前，所谓人类文明的轴心时代，荀子的性恶论与犹太教的原罪说便遥相呼应。而到近代，从马基雅维里到弗洛伊德，无一不主张人性本恶，这难道仅是历史的巧合吗？不！伟大的哲学家黑格尔一语道破天机："人们以为当他们说人性本善时是说出了一种伟大的思想，但他们忘记了，当他们说人性本恶时，他们是说出了一种伟大得多的思想。"令人遗憾的是，对方辩友面对这样的真知灼见，至今未能幡然醒悟，这不由得使我想起乔西·比林斯的那句话："真理尽管稀少，却总是供过于求。"

第二，人性本恶是日常生活一再向我们显示的道理。从李尔王的不孝女儿们到《联合早报》上拳击妻子脸部的丈夫们，从倒卖血浆的联合国维和部队到杀人不眨眼的拉美毒枭，恶人恶事真可谓横贯古今，不胜枚举。对方辩友，难道你还要对着《天龙八部》中恶贯满盈、无恶不作、凶神恶煞、穷凶极恶这四大恶人谈什么人性本善吗？

第三，尽管我们承认人性本恶，但并不意味着人类前途一片黑暗，人之所以成为宇宙之精华、万物之灵长，并不因为他白璧无瑕，完美无缺，而在于他有认识自己的勇气，承认人性本恶；人有判断是非的理性，能够扬善弃恶。为了矫治本恶的人性，人们不仅制定法律以平息暴力、规范道德以减少争斗、设立政府以处罚叛逆，而且倡导坚贞以反对意乱行迷、编写童话去诅咒忘恩负义。真可谓苦心孤诣、殚精竭虑。而对方辩友却坚持人性本善，言下之意人类所有的道德教化都是多此一举了！心痛之余我不禁请问对方辩友，如果人性本善，那么我们要道德法律、交通规则干什么呢？如果人性本善的话，个人修养、社会教化还有存在的必要吗？

【正方三辩论证辩驳】许金龙：孔老夫子孜孜不倦，因为他是个勤于灌溉善根的人。对方辩友，大家好！我想请问对方辩友，今天提出了这么多，如果说人性真的是本恶的，我们来请问下面几个问题：如果说驯兽师可以改变狮子的本性的话，那么我们想想看，我们可以教狮子敬礼，也可以教狮子行善吗？我再想请问对方辩友，如果说今天是人性本恶的话，对方辩友说的种种教育，那可能实行吗？谁会信任谁，由哪一个性善的人来教，还是性恶的人来教呢？如果说性恶的人来教的话，那谁会服谁呢？他教的凭什么就是善的呢？今天对方辩友最根本的关键的矛盾错误就在于说，他相信人性本恶，但本恶的人会摒弃恶的价值吗？本恶的人会喜欢恶吧，他讨厌的是什么呢？讨厌的是某一个人加在他身上的恶行。所以说，本恶的人应当是非常快乐地去行恶才对，他最讨厌、难过的是别人的恶加在他身上才对。所以说，今天对方辩友在这样的错误矛盾之下，怎么能告诉我们说，人性本恶，但人又会摒弃恶的价值呢？既然人性本恶，人就会欢欢喜喜地接受恶的价值。接下来我们再来看对方辩友今天说的什么？对方辩友，今天说啊，人性有两层，一层是自然属性，是天性，另一层是社会属性，是后天的。自然属性就是说人的天性就跟动物一样，有欲望的本能。对了，对方辩友说得好，自然属性，人就只有自然属性，本能的欲望而已吗？那人跟动物有什么差别呢？跟狮子老虎又有什么差别呢？对方辩友，请您待会儿要解释给大家听。那么再说到人的社会属性，我就不懂了，人的社会属性，为什么就是后天的，不是本性？人的社会属性就是说人可以被教，人有善根，人有善端，那这不就是人的本性了？对方辩友，如果说今天本性可以移来移去，从恶换到善，从善换到恶，那我想请问，本来的性到底是什么？如果对方辩友说今天坚信，历史演进过程当中都是往恶的方向移动的话，我方今天没有话说。今天就在于说，整个历史过程都是往善的方向去移动，所以我们相信，对方辩友也相信，该往善的方向去移动，可是谁会相信，社会该往善的方向去移动呢？是那些本恶的人吗？如果说对方辩友真的坚信本恶的话，那我就要称赞对方辩友一句：你是泯灭天性，没有天良的人了！我们再来想想看，如果说我们建立起来一个本恶的世界的话，我们的社会会是怎样的？相信我，我们在这里谈，不是谈输赢，是谈真理。如果说人性本恶，我们彼此无法信任。你坐在那里，我坐在这里，我们彼此有什么样的语言可以进行沟通？因为你会怀疑我，我会猜忌你，如果没有本，如果没有善良的端行，没有善良的种子，我们怎么在这里进行流畅的沟通呢？在这里，我方要一再强调的是，对方辩友，如果相信人性本恶的话，就不会有我们这群和善的人群了。

【反方三辩论证辩驳】严嘉：谢谢主席，各位好！对方一辩说，有的人是“放下屠刀，立地成佛”的，这不错，但我请问，如果人都是本善的话，谁会拿起屠刀呢？第二，对方二辩说，人一教一学就能够会善，那我们看到好多人他们做恶事的时候，是不要教、不要学，就会去做的。我们再看到，对方辩友认为恶都是外因，但我请问，如果鸡蛋没有缝的话，苍蝇会去叮它吗？所以，还是它有内因在起作用的。至于说到善端是从哪儿来的，我告诉对方辩友，如果人人皆自私的话，那么人人都不能自私。因此制约、权衡中产生节制，这就是最早的善源。至于后天的教化，它自然而然形成了。对方辩友不要对历史事实视而不见。好，下面我从现实和历史的层面进一步阐述我方观点。

第一，人类在诞生之初，就已经把本恶的人性充分地显示出来。人类学研究表明，周口店猿人就已经懂得用火来把同类的头骨烤着吃，这种生猛烧烤，是何等凶残啊！而《人类的起源》一书中告诉我们，当一个土人的小孩不小心把一筐海胆掉进海里的时候，土人竟把他活活地摔死在石崖上。面对着原始人这种凶残的天性，对方辩友，难道还告诉我们，人性本善吗？

第二，正是由于人性本恶的存在，所以，在人类社会沧海桑田的演进过程之中，教化才显得尤其重要，而且也相当艰巨。“十年树木，百年树人”，我方从来不否认，通过后天的教化和修养，人是可以对他的人性加以改变，甚至形成伟大的人格的。但是，正因为有本恶的人性存在，所以，我们要知道，学好三年，学坏三天，“病来如山倒，病去如抽丝”呀。请大家想一想，看暴力片、色情片，是从来没有什么公开的倡导和鼓励的，但为什么总有那么多人趋之若鹜呢？

第三，认识到人性本恶，其实并不是人类的羞耻。真正应该反省的，是面对着真理，却不敢去正视它。其实，人类社会演进的过程，从某种意义上也就是人的尊严这种虚假的虚荣被不断剥去的过程。我们看到在神学灵光笼罩之下，人类曾经是相当的夜郎自大。但是，哥白尼的日心说，抹去了人在宇宙中的中心地位；达尔文的进化论揭示人与动物之间必然的内在联系；而弗洛伊德则披露了在理性的冰山尖之下，人的巨大的本能的冲动与欲望。今天，我们也只有真正地认识到人性本恶这一基础，才能做到抑恶扬善。谢谢！

……

【反方总结陈词】蒋昌建：谢谢各位，一个严肃的辩论场需要一个严肃的概念。对方多次问我们人性怎么样，人性怎么样，始终没有问我们人性本怎么样。我想请问对方，人性是什么和人性本是什么是同样的一个概念吗？你们如果连这个概念都没有建立根本基础的话，那你们的立论从何而来呢？我们多次问对方恶花里面如何结出善果，对方说要浇水，要施肥呀。那我就不懂了，同样是“浇水”“施肥”为什么还有那么多罪行横遍世界呢？难道这个水、那个肥还情有独钟吗？

今天我们本着对真理的追求来同对方一起探讨这个千年探讨不完的话题。无论是从性善论的孟子也好还是性恶论的荀子也好，又有哪一家哪一派不要我们抑恶扬善呢？抑恶扬善是我方今天确立立场的一个根本出发点。下面我再一次总结我方的观点。

第一，只有认识人性本恶，才能正视历史和现实。回顾历史的时候，我的内心总感到痛苦而颤抖。从希波战争到十字军东征，从希特勒的奥斯维辛集中营到日寇在华北的细菌试验场，真可谓是“色情与贪婪齐飞，野心共暴力一色”。以往的人类历史，可以说是交织着满足人类无限贪欲而展开的狼烟与铁血啊！可见，本恶的人性如果不加以控制的话，将会给这个世界带来什么呢？

第二，只有认识人性本恶，才能重视道德、法律教化的作用，才能重视人类文明引导的结果，培养健全而又向上的人格。在历史的坎坷当中，人类并没有自取灭亡。尤其是在彬彬有礼、亲切友善的新加坡朋友面前，我们更有理由相信，人类明天会更好。这其中我们要感谢新加坡孜孜不倦地建立起他们优良的社会教化系统。人类文明是在人类智慧之光照耀下不断茁壮成长的。饮水思源，借此我们要感谢那些在人类教化路途中洒进他们含辛茹苦汗水的这些中西先哲们。正因为从他们的理论智慧当中，从他们的身体力行当中，人们才有可能从外在的强制走上理性的自约，自约人的本性的恶，从而培养一个健全而又向善的人格。可见，人性本恶，并不意味着人终身成为恶，只要通过社会的教化系统就可以弃恶扬善，化性起伪啊！

第三，只有认识人性本恶，才能调动一切社会教化的手段来扬善避恶。光阴荏苒，逝者如斯，在物质和科学技术突飞猛进的同时，人类的精神家园可谓是花果飘零。在这个时候，我们要警惕，人性本恶这个基本的命题。可喜的是，在东方的大地上，传统文化的发扬光大，已经从一阳来复开始走向了新的春天。我们也相信，传统文化的精华，必将使人类对无节制的欲望进行合理的扼制并加以引导，从他律走向自律，从执法走向立法。人类才可能挽狂澜于既倒，扶大厦于将倾。“黑夜给了我黑色的眼睛，而我却要用它来寻找光明！”谢谢各位！

【正方总结陈词】王信国：大家好！让我们先回到对方所建构的一个恶的世界来看看这个世界里边到底发生了什么事情。对方辩友告诉我们人性本恶，首先就犯了三大错误。第一大错误就是从经验事实的法则里面归纳出来的错误。对方辩友举出了人世间很多的恶事，告诉我们因此人性本恶，这是错的！为什么呢？对方辩友的立论告诉我们，人是有欲望的。但是我们想，我方已经论证过了，欲望是有好有坏，今天我喜欢你，我想要跟你结婚，这是一个不好的欲望吗？所以最终我们知道了，今天对方辩友是看到人世间的恶行，某些恶行，然后告诉我们说人性本恶。那为什么对方辩友忽略了经验事实上面呈现的善行呢？人世间的很多善行，你一定听过了，有人跌倒在地上你把他扶起来，你在汽车上让座给老人，或者是，你定也听过无名氏的指教。这些难道不是人世间的善行吗？这是对方辩友犯的第一大错误。第二大错误，对方辩友犯的是倒果为因的错误。对方辩友借用一种经验事实的法则告诉我们说，我们有恶的果，所以导出来恶就是因。如果真的这样说的话，我们发现是什么呢？每一个人都是恶，尤其对方辩友口口声声告诉我们要教育，要道德教育，你如何去教育呢？每一个人都是恶，由此来定出真正的法律，而定出的法律就是善法吗？恶人定出来的是恶法。如果你定出了法律，如何去遵循，每一个人都恶，我为什么要信任你，好像大家在这个地方，我为什么要相信你呢？你可能在骗我，于是我们这里所有的人都戴上面具。大家互相欺骗、互相蒙蔽，这样的世界是对方辩友所建构出来的。他告诉我们由于有欲望就建构出来个恶的世界。对方辩友犯的第三个错误是什么呢？他告诉我们人性的性就是欲望，我们根本就晓得说，我方一开始就论证了，人性就是人的心。孟子告诉我们：“人有四端之心。”这是一个善的种子，我们从来没有否认过说，人世间没有恶行。你有善苗，不见得你就不会有恶行。为什么呢？我们发现了，因为外在环境，因为资源缺乏，所以我们人在无形之中会做出一些恶的行为来伤害别人，这是不得已的。所以，我们教育跟法律就在于纠正人的行为。如果按照对方辩友告诉我们是恶行的话，你为什么去纠正它？人性本恶，人纠正的结果还是回到本。我们的人是性本善，因为我们知道每一个人都有一颗向善的心，于是通过道德、通过教育、通过法律，他有可能会转变为好。教育跟法律的功能就是要辅导，辅导他走上善途，于是乎，教育就在这个地方茁壮了。对方辩友举了个例子告诉我们说，原始人如何地烧杀掳掠，原始人如何地生灵涂炭。我们告诉大家的是，原始人民，他一开始那个求生的欲望，这跟本性是要区分的。因为当有五个人同时处于饥饿的状态时，有一块面包在那边，一个人跑过去吃，这个时候绝对不会有人用道德来非难他。因为这个时候生存是立于道德之上的。你没有个人的生命，你没有生存的欲望，你如何来谈道德呢？所以原始人那个状况是一种动物性的本能。所以，开始对方辩友犯的错误就是告诉我们说，人性是欲望，如果真的是欲望的话，人跟动物怎么分呢？人之异于禽兽者，己心就是一个本心的问题。人有善苗。当我们遇到恶的行为时，要纠正他，让他走向善的世界大同。所以，我们来看看世界上所有善行的发生吧！从历史上，从目前经验事实上面，我们发现，古往今来，志士仁人杀身成仁，等等之类。还有目前，泰瑞莎修女等等之类，甚至说，大陆发生了安徽水荒，正严法师的慈济行为，对方辩友如何来解释呢？孟子就告诉我们了，“见孺子，掉落于井”，在这么一刹那之间你都会救他，你不可能把他推下去。为什么？人的本性是善的，你不要告诉我说，原来你救那个小孩子是为了虚名。原来你过马路遵守交通规则是不得已的，你是虚假的。原来，泰瑞莎修女救了你，那是一个骗人的行为。到最后，你会发现，只有浅水湾的鲨鱼才是一个大善人。这是一个什么样的世界，这是一个恐怖的世界，这个世界之所以能够存在，就是因为我们有善根。谢谢！

启示：正方一辩高屋建瓴地引述康德、孟子和佛教，建立了性善为本、恶行为果的基本理论，脱俗不凡，条理简洁。反方一辩，有排山倒海之势，坚持“人性本恶，其外者伪也”的观点，分辨自然属性和社会属性，简洁明了，很有震撼力。而且，用词精练，有条不紊。

正方二辩，承接了一辩论述，又以西瓜种子为例，很贴切。认为欲望本身不是恶，也有理趣，使观点做了进一步的深入展开，还做了一些实证的补充。反方二辩，妙语如珠，既承接了一辩的观点加以发挥，又猛攻正方二辩的经验基础，并且旁征博引荀子、犹太教、黑格尔，甚至《天龙八部》，使正方好像陷入了防御的态势。

正方三辩做了一个转折，很有新意，但是没有充分地发挥。反方三辩大有异军突起之势，从新的思维角度展示了一些观点，比如说“放下屠刀”，屠刀何来呀，也很恰当地引用了达尔文、弗洛伊德各方面的观点。在资料运用方面，正反方都能引经据典，而且也可以说妙语联珠。那么，似反方的知识结构比较谨严，也比较全面。在语气方面，正方是严厉质问，恳切坦诚。反方，义正辞严，轻松活泼，而且引逗幽默。但是，用词显得有点华丽。

反方四辩表述流畅，好像行云流水。在结论这方面可以说是缝隙不留，圆而不滑。正方四辩呢？很有理据，特别是举出原始人的凶残是为了求生欲望，也很有说服力。

第六节　推　　销

知识点津

一、推销的概述

“推”是指推动的意思，是一个运动过程；“销”则包含着使对方采纳、承认、接受等意思。因此说广义的推销，是指提出建议，说服别人使之相信并采纳自己意见的过程。

毕业生求职的过程也是自我推销的过程。狭义的推销，是针对商品经营活动而言的，就是千方百计帮助买方认识商品和劳务，并激发买方的购买欲望，实现商品或劳务转移的一系列活动。简单说，推销就是运用一切可能的方法把产品或服务提供给客户，使其接受或购买。

二、推销的基本要求

1．不怕拒绝

在推销的过程中不可能碰到“好，就照你讲的价格、条件，我全接受”这样的美事。“门难进，脸难看，话难听，事难办”是推销员最常见的“待遇”，有时客户甚至连让你说话的机会都不给。如果一听到客户说“不”，就气馁、退缩，那么你永远不可能成为一名优秀的推销员。

2．礼貌尊重

在推销的过程中，礼貌与尊重主要表现在言行上，因而除了态度恭敬，还要把文明礼貌用语挂在嘴边。“请”字当头，“谢”字不离口。

3．真诚可信

推销必须以“诚”为中心，才能真正赢得顾客，并建立长久的商业关系。“王婆卖瓜，自卖自夸”是人们对推销的一般心理感受，也就是说，顾客是本能地对推销存有戒心的，因此推销员必须让顾客感觉到真诚可信，他们才会消除这种戒心，转而建立信任。例如：

有个人十年来始终开着一辆车，未曾换过。有许多汽车推销员跟他接触过，劝他换辆新车。甲推销员说：“你这种老爷车很容易发生车祸。”乙推销员说：“像这种老爷车，修理费相当可观。”这些话触怒了他，他固执地拒绝了。有一天，有个中年推销员到他家拜访，对他说：“我看你那辆车子还可以用半年；现在若要换辆新的，真有点可惜！”事实上，他心中早就想换辆新车，经推销员这么一说，遂决定实现这个心愿，次日他就向这位与众不同的推销员购买了一辆崭新的汽车。

4．热情友善

热情是推销员成功的助动力。一个热情的推销员，总能创造一种无拘无束的谈话气氛，能调动顾客的热情，从而更容易促成购买。顾客往往喜欢和热情、开朗的推销员谈生意，因为他们能给顾客一个愉快的心情和周到的服务。

5．话不在多

尽管推销员的口才十分重要，但这并不意味着在推销中口若悬河、滔滔不绝就是口才好的表现。事实上，真正优秀的推销员是用脑子而不是用嘴巴来达到推销目的的。推销的成败主要不是取决于说了什么，而取决于说话的方式。“话不投机半句多”，不得体的话说得再多也没用。精明的推销员往往能在三言两语中实现自己的推销目的。

三、推销的语言

1．称呼恰当得体，招呼热情妥帖

推销时对客户的称呼非常重要。要能用尊重的声调说出客户的尊姓及头衔，如陈主任、王经理等。对于上了年纪的客户，则应热情乖巧地称呼，如老伯、阿姨等。对于上班一族的职业人士，则以先生、女士称呼为佳，并且注意在称呼时，仪态大方，不卑不亢。打招呼尽量热情，用礼貌用语，如“您好，您需要我的帮忙吗？”等。

2. 突出重点，展示产品优势

推销者对产品的介绍要言简意赅、突出重点，让客户明白产品的特别之处。在突出产品性能时，要加强语气，注意声调，同时选择适当、鲜明的词汇，但是一定要正确评价产品的功能、价值及质量等。

3. 注意否定技巧

在推销过程中，如不可避免地要否定客户的观点，语言要委婉，不可伤和气。可用“应该”“我认为”等词汇，尽量不要与客户对立。

4. 道别要恰如其分

如果你已说服客户，推销成功，不要忘记说声“谢谢！”这样会给客户留下好印象。如果推销失败，可以说“生意不在情意在，有机会我再来拜访您！”若是因为推销说服的方式不佳造成的，则可以说“对不起，占用了您宝贵的时间，我没能把产品的优点全部表达出来。如果有机会，相信您会进一步了解我们的产品的”。

案例点评

案例1

亚伯特·安塞尔是铅管和暖气材料的推销商，多年以来一直想跟布洛克林的某一位铅管包商做生意。那位铅管包商业务极大，信誉也出奇地好。但是安塞尔一开始就吃足了苦头。那位铅管包商是一位喜欢使人窘迫的人，以粗线条、无情、刻薄而感到骄傲。每次安塞尔打开他办公室的门时，他就咆哮着说：“今天我什么也不要！不要浪费你我的时间！走开吧！”

然后有一天，安塞尔的公司正在商谈，准备在长岛皇后新社区办一间新的公司。那位铅管包商对那个地方很熟悉，并且做了很多生意，因此，安塞尔去拜访他时就说：“某先生，我今天不是来推销什么东西的。我是来请你帮忙的。不知道你能不能拨出一点时间和我谈一谈？”

“什么事？快点说。”

“我们的公司想在皇后新社区开一家公司，”安塞尔先生说，“你对那个地方了解的程度和住在那里的人一样，因此我来请教你对这里的看法。这是好呢还是不好呢？”

一听是请教意见，那位包商的态度立刻发生了变化：“请坐请坐。”接着，他用一个多小时，详细地解说了皇后新社区铅管市场的特性和优点……

那天晚上，安塞尔先生离开时，口袋里装了一大笔初步的装备订单。

点评　安塞尔先生通过求教的方式开场，满足了对方的自尊心，赢得了对方的好感从而成功了。也就是说，在推销的过程中，一定要能满足对方的心理需求，这样对方就会心情舒畅，对你抱有好感，从而不自觉地接受你的推销。

案例 2

大名鼎鼎的推销行家阿玛诺斯在推销一块土地时，并不是依照惯例，向顾客介绍这地何等地好，如何富有经济效益，地价如何便宜等。他首先很坦率地告诉顾客："据调查，这块地的四周有几家工厂，若拿来盖住宅，居民可能会嫌吵，因此价格比一般的便宜。"但当他带顾客到现场参观时，顾客不禁反问："哪有你说的那样吵？现在无论搬到哪里，噪声都是无可避免的。"

点评 大多数顾客对推销都是存有戒心的，因此推销员必须让顾客感觉到真诚可信，他们才会消除这种戒心，转而建立信任。因此，在推销的过程中，一定要实事求是，并且可以坦率地说出自己的缺点。

案例 3

小张在一家保险公司从事销售工作，听说几个同事都从一家车行吃了闭门羹回来，就决定过去见识一下。小张走进车行，看见大厅的门口写着"谢绝推销"四个大字。他径直走入大厅，给车行经理递上名片，只听那位经理大怒道："难道你没长眼睛，没看到门上的字吗？""对，我当然看到了，我是帮您改字来了，您应该把字换成'谢谢推销'或者是'谢绝客户'。"小张面带微笑地说。经理勃然大怒，高呼保安送客。

这时车行的老总闻声赶了过来。小张恭恭敬敬地对车行老总说了三句话。第一，贵公司销售汽车不也是在推销吗？第二，这字贴在门上，是顾客见得多，还是你们自己的员工见得多？这"谢绝推销"会给你们的销售人员带来什么暗示？第三，请问每天来车行推销的人有多少？

那经理气势汹汹地大叫：50 人都不止！

小张点点头："就算每天 30 人，那一个月就是 900 人，一年就是 10800 人。这些人三年之后肯定有 20%的人要刮目相看，他们绝对能买得起您车行里的车。但这些遭受冷漠拒绝的人会来你们这里买车吗？他们的亲友同事会来你们这里买车吗？这些人不但自己不会来，而且他们的言语可能会传播给数万人，这样庞大的群体为车行做负面广告会带来什么影响？相反，倘若能在有空的时候请他们坐下来喝杯水或者聊聊天，那这数万人就都是车行的准客户和免费宣传员啊！"

听到这里，车行的老总马上叫保安把门上的字清理掉，并邀请小张共进晚餐。后来这家车行给了他 20 万元的生意。

点评 小张推销成功了。与其他同事相比，他也没什么诀窍，只是他没有被"不"吓到，而是用自己的聪明才智说服了老总。通常情况下，推销员在遇到"谢绝推销"时，会灰溜溜地离开，而小张凭借自己的智慧，不但没有使自己受到伤害，反而为自己赢得了订单。作为一个成功的推销员，并不是努力就能成功，只有站在客户的立场考虑问题，为客户解决问题，才能取得成功。

案例 4

某食品添加剂的推销员去石家庄向当地最大的食品添加剂经销商推销自己的商品。本来与经理约好 2 点钟见面。可是等到 2 点 10 分的时候，推销员才到。他穿一套旧的皱皱巴巴的浅色西装，打一条领带。领带飘在西装外面，有些脏，好像有些油污。

这名推销员到了之后就急不可耐地讲他所推销的产品如何之好，经理打量了这名推销员一会儿，就说："你把资料放下，我自己看就可以了。"

事后，经销商的经理说："我的心里没有接受他，本能地想拒绝他……"

点评　与客户的第一次见面在一笔交易中十分重要，因此一定要提前做好准备，了解客户的基本情况，确定明确的推销目标，准备好推销的开场白，设计好推销的思路，组织好语言；认真倾听对方的需要，然后了解对方真正的需求，而不是夸夸其谈，"王婆卖瓜"式地介绍自己的产品。除此之外还一定要注意着装，并且千万不能迟到。

案例5

英国著名作家毛姆，年轻时默默无闻，苦于自己的书无人问津。要知道，一位作者要让读者接受自己，必须通过他的著作。如果他向人介绍他的作品如何之好，我想是没有几个人会信服他而购买他的书的。于是毛姆别出心裁地在报纸上登了这样一则广告："某年轻百万富翁，性情温和，爱好体育、音乐，希望能与毛姆最新作品中女主角性格相同之女士为友，而后论婚嫁……"几天以后，毛姆的著作大为畅销，竟使毛姆跻身于著名作家之列。

点评　一则小小的广告竟能带来如此神奇的效果，这不能不说毛姆自我推销技巧之高明。他巧妙地利用了人们的好奇心理，让人们对他的作品感兴趣，从而也将自己"推销"给了读者。

案例6

有甲、乙两家面店，每天的客流量都差不多，食用标准也类似，但是每天晚上清账的时候，乙店的收入总比甲店的收入多不少。

顾客在甲店吃面时，服务员微笑地问道："面需要加鸡蛋吗？"

有的顾客想吃鸡蛋就会说，来一个鸡蛋吧。不想吃鸡蛋的就说，不需要。

顾客来到乙店，服务员微笑地问道："面是加一个鸡蛋还是两个鸡蛋？"

顾客一般都会从中做出选择，要么一个鸡蛋，要么两个鸡蛋。极少数顾客不需要放鸡蛋。

点评　乙店的问话与甲店的问话只有一点小小的区别，却就产生了不一样的效果。乙店服务员在问话中隐含着对顾客心理了解的营销策略，诱导顾客跟随着服务员的思维来做出选择。在提出选择性的问题时，一般人都会有从众的心理，从中做出选择。这就是甲、乙两店收入有差距的原因。

技巧扫描

一、开场白技巧

推销的开场白起着吸引顾客兴趣，促使其了解产品，产生购买欲望的作用。开场白要简洁明晰、表述生动，声调要略高，语速要适中。好的开场白有以下几种方式。

1．以提问开场

推销员可以提出一个与顾客的需要有关系的、预计他们会做出正面答复的问题来激发他们的兴趣，如“你希望降低20%的原料消耗吗？”甚至可以连续地向对方发问，以引导对方注意你的产品——“你看过我们的某某产品吗？”“没听过呀”“这就是我们的产品”，并同时将样品展示……

2．以讲趣事开场

所讲的趣事一定要与所推销的产品有关，或者能够直接引导顾客去考虑你的产品。

3．以引证他人意见开场

经人介绍，了解到顾客对自己产品的需求，就可以这样说：“王先生，您的同事张先生要我前来拜访您，跟您讲一个您有可能感兴趣的话题……”以此来引起对方的注意，同时，对方对你也会感觉比较亲切。

二、提问的技巧

1．单刀直入法

开门见山地推销。例如，在推销某搅拌器时可以这样说：“家里有高级的食品搅拌器吗？”然后顺势进行介绍。

2．连续肯定法

让顾客对其推销说明中所提出的一系列问题，连续地回答“是”。如“很乐意和您交谈，提高贵公司的营业额对您一定很重要，是不是？”“我想向您介绍我们的×产品，这将有助于您达到您的目标，您很想达到自己的目标，对不对？”等。

3．诱发好奇心

如一个推销员给一个多次拒绝见他的顾客递上一张纸条，上面写道：“请您给我10分钟好吗？我想为一个生意上的问题征求您的意见。”

4．诱导选择法

提出选择性的问题，诱导顾客的思维，使其从中做出选择。往往人们都有从众心理，很少数的人能够提出自己的主张、做法。

三、自我推销的技巧

1）明确出发点，相信自己，不怕被拒绝。

2）不要出卖自己，即不为了一时的利益而放弃自我原则，出卖自己或者出卖他人。

3）遵守诺言，赢得信任。

4）注意外表，取得好感。

实用训练

一、自我推销的技巧有哪些？用5分钟的时间做一次自我推销。

二、推销中如果你被拒绝了，你会怎么办？

三、用所学的知识，分析案例中推销员设计问题的利弊。如果你是这名推销牛奶的学生，你会怎样说？

一天，某宿舍里来个学生推销蒙牛学生奶，问了如下问题：

有没有喝牛奶的习惯？

知不知道蒙牛学生奶？

现在我们蒙牛学生奶搞促销，有6种口味，并且可以送货上门，你需要吗？

四、你将到学生寝室去推销一款签字笔，现在请你先设计一下推销时的开场白。

五、分析下列案例中推销员的推销方法，并谈谈在推销过程中应该注意的问题。

书店里，一对年轻夫妇想给孩子买一些百科读物，于是就问推销员这套百科全书有些什么特点。

推销员：你看这套书的装帧是一流的，整套都是这种真皮套封烫金字的装帧，摆在您的书架上，非常好看。

客户：里面有些什么内容？

推销员：本书内容按字母顺序编排，这样便于资料查找。每幅图片都很漂亮逼真，比如这幅，多美。

客户：我看得出，不过我想知道的是……

推销员：我知道您想说什么！本书内容包罗万象，有了这套书您就如同有了一套地图集，而且还是附有详尽地形图的地图集。这对你们一定会有用处。

客户：我是为孩子买的，让他从现在开始学习一些东西。

推销员：哦，原来是这样。这个书很适合小孩的。它有带锁的玻璃门书箱，这样您的孩子就不会将它弄脏，小书箱是随书送的。我可以给您开单了吗？

客户：哦，我考虑考虑。

六、实践活动。

以班级为单位，组织一次推销活动，推销的物品可以是品牌服饰、学习用品、生活用品等。

第七节　洽谈与协商

知识点津

一、洽谈与协商的概述

洽谈，即接洽商谈，一般是指在商业活动中对商业、商品交易、买卖进行的交谈行为。协商，是指在发生争议后，由当事人双方直接进行磋商，自行解决纠纷。

事实上，无论是洽谈还是协商，都往往是与谈判密切相连的，而三者之间的关系是相辅相成的。在洽谈的过程中必然会有协商、谈判的环节，在协商基础上开始或继续谈判、在谈判中不断进行协商、以协商一致的方式产生谈判结果等，它们往往很难严格区分开。

二、洽谈与协商的基本原则

1．守法原则

合法是第一位的。无论是洽谈还是协商，都必须遵守国家的有关法律、政策并尊重对方国家的有关法规、惯例等。

2．诚信原则

谈判双方既有竞争的一面，又有合作的一面。但从根本上说，双方是为了合作以取得谈判成功才走到一起来的。为此，双方都应抱有合作的诚意，高度重视信用问题，以诚相待，遵守诺言，在双方之间建立一种互相信任的关系，为签约后的长期合作打下基础。

3．平等互利原则

即如何正确处理双方利益的矛盾。具体地说，它又分为平等协商和互利互惠两条原则。

4．求同存异原则

双方在谈判的过程中，都会千方百计地为己方适当多争取一点利益，这是自然的，也是正当的，但是一定要尽可能地兼顾对方利益，求同存异，达到双赢。

三、洽谈与协商的语言

洽谈与协商的语言要求基本上是相同的，可概括为以下几点：

1．表达清晰、专业

洽谈、协商中，向对方阐述自己的实施方案、方法、立场等观点时，表达要清晰，应使对方听懂；不谈与主题关系不大的事情；所说内容要与资料相符合；数字的表达要确切，避免使用“大概”“可能”“也许”等词语，这些词语会使对方觉得你不够专业。

2．巧妙入题

可以以关心、赞誉、请教、探讨等方式入题，尽量做到自然、轻松、适时，顺利地提出洽谈、协商的内容，以引起客户的注意和兴趣。

3．谦虚谨言，认真倾听

注意在洽谈、协商的过程中不要口若悬河，而是要让客户多说话，并认真倾听。通过倾听，不但可以寻找对方真正的需求，而且可以探索对方的动机，这样，洽谈、协商人员就能调整自己的应变策略。倾听时还要认真分析对方话语中所暗示的用意与观点。对不清楚或模棱两可的语句，应先记录下来，等对方说完再认真咨询对方。

4．说话要灵活变通

洽谈、协商时，说话要因人而异、因物而异，切忌千篇一律，言语死板。对不同的洽谈对象要采用不同的语言方式，或委婉，或直接，但同时也必须通俗易懂，不犯禁忌。

5．要掌握好时间

洽谈、协商时间的长短，要视具体情况而定。但一般时间不长，因此，对洽谈、协商的内容应先做妥善的安排，以便于在最短的时间内以最有效的方式来进行。

6. 注意仪表和服饰

要留给客户一个良好的印象，服饰要整洁得体，言行举止要文明、礼貌、有修养，做到稳重而不呆板、活泼而不轻浮、谦逊而不自卑、直率而不鲁莽、敏捷而不冒失。

案例点评

案例1

某推销员小王在与客户洽谈生意时，有如下的对话：

小王：赵总，我发现你们这儿的老李这个人很实在，很讲义气。

赵总：是吗？

小王：可不，上次我……

这时，小王发现赵总的脸色已经很难看，后来才知道赵总和老李向来不和。就是因为小王的一时嘴快，导致了生意失败。

点评　该推销员与赵总洽谈的目的是销售产品，客户的其他事情与其并不相干。客户的内部关系相当复杂，很多是你想不到的，千万不要图一时口舌之快，触犯“雷区”。同时，在洽谈的过程中，千万不要为了推销自己的产品，对客户采购的其他厂家的设备或人员贸然指指点点，妄加评论。

案例2

在一次交易会上，某外贸部门与一客商洽谈出口业务。在第一轮谈判中，客商采取各种招数来摸外贸部门的底，然后故意压低购货的数量。外贸部门就设法中止谈判，去搜集相关的情报。他们了解到日本一家同类厂商发生重大事故停产，又了解到该产品可能有新用途。在仔细分析了这些情报以后，谈判继续开始。外贸部门告诉对方：我方的货源不多、产品的需求很大、日本厂商不能供货……客商立刻意识到外贸部门对这场交易背景的了解程度，甘拜下风。

评点　在商业谈判中，口才固然重要，但是最本质、最核心的是对谈判的把握，而这种把握常常是建立在对谈判背景的把握上的。

案例3

在一次中日商品洽谈会上，谈判开始后，双方人员彼此做了介绍，并马上投入技术性的谈判。中方商务人员利用谈判休息时间，对日方技术人员表示赞赏：“技术熟悉，表述清楚，水平不一般，我们就欢迎这样的专家。”该技术人员很高兴，表示他在公司的地位重要，知道的事情也多，中方商务人员顺势问道：“贵方主谈人是你的朋友吗？”“那还用问，我们常在一起喝酒，这次与他一起来中国，就是为了帮助他。”他回答得很干脆，中方又挑逗了一句：“为什么非要你来帮助他，没有你就不行吗？”日方技术人员迟疑了一下：“那倒也不是，但这次他希望成功，这样他回去就可升为部长了。”中方随口跟上：“这么讲，我也得帮助他了，否则，我就不够朋友。”

在此番谈话后，中方认为对方主谈人为了晋升，一定会全力以赴要求谈判的结果——合同。于是，在谈判中巧妙地加大压力，谨慎地向前推进，成功地实现了目标，也使对方得到合同这一升官的条件。

点评 中方在休息时间，利用闲聊的方式，探索对方的信息；语言谦虚谨慎，并且适时发问，耐心倾听，寻求对方正真的动机，从而调整自己的应变策略。而在谈判中，日方却犯了洽谈中最忌讳的问题：没能为信息保密，使对手有机可乘。

案例4

在一次集体活动中，当一队人马风尘仆仆地赶到事先预订的旅馆中时，却被告知当晚因工作失误，原来订好的套房（有单独浴室）中竟没有热水。为了此事，领队约见旅店经理，进行了以下洽谈：

领队：对不起，这么晚还把您从家里请来。但大家满身是汗，不洗澡怎么行呢？何况我们预订时说好供应热水的呀！这事只有请您来解决了。

经理：这事我也没有办法，锅炉工回家去了，他忘了放水。我已叫他们开了集体浴室，你们可以去洗。

领队：是的，我可以让大家到集体浴室去洗澡。不过话要讲清：套房一人150元一晚是有单独浴室的。现在到集体浴室洗澡，那就等于降低到普通房间水平，我们只能照普通房间的标准，降到一人100元一晚了。

经理：那不行，那不行的！

领队：那只有供应套房浴室热水。

经理：我没有办法！

领队：您有办法！

经理：你说有什么办法？

领队：您有两个办法：一是把失职的锅炉工找回来。二是您可以给每个房间拎两捅热水。当然我会配合您去劝大家耐心等待。

这次洽谈的结果是经理派人找回了锅炉工，40分钟之后每间套房的浴室都有了热水。

点评 洽谈成功的关键在于抓住“对等”原则。这位经理管理不善，对属下的失职一味姑息，还安排旅客去集体浴室。而领队先表示同意，然后运用“对等”原则提出享受普通房间待遇，付普通房间的价钱。这时经理才悟到自己在损害旅客利益的同时也必然损害自己的利益，于是才下决心去纠正属下的失职。

案例5

一位个体鞋商向某商场推销一批质次价高的旅游鞋。在谈判的过程中，鞋商极力吹嘘鞋的质量：“经理，你就拍板吧，鞋的质量绝对没问题，它的寿命将和您的寿命一样长。”经理翻了翻样品，微笑着说：“我昨天刚查过身体，一点毛病都没有，我可不信我很快就会死。”

点评 案例中的经理在协商的过程中，虽然看出来了鞋的质量差，但是为了避免和这位个体鞋商发生冲突，利用鞋商过分夸大鞋的质量的时机，用幽默的话语道出了其对鞋质量的看法，既调节了现场的气氛，又使鞋商无法辩解，只能知难而退。

案例6

在某家知名的大酒店，1506房间的客人陈先生，在退房时拒绝支付其账单上的数笔餐费，金额共人民币3465元。值班经理赶到前台与客人交涉。陈先生称其从未在酒店餐厅用过餐，不承认有餐饮消费。值班经理要求收银主管出示由客人签名确认的入房账的明细单与客人核对。客人却称明细单上的签名非他所为，值班经理将明细单上的签名式样与入住登记单上的签名式样一对比，发现名字一样，笔迹却不同。遂急呼餐厅经理×××，根据餐厅经理陈述1506房的客人每次来餐厅签单入房账时，都有出示房卡，所以挂账时未与前台核对签名式样，就直接入了房账。值班经理询问陈先生为何签单人会持有1506的房卡，并且拿着它去消费。陈先生称房间是他登记的，住的人是他请来的客人。他只负责房费，不负责其他费用。值班经理反问陈先生："房间既然是您登记的，按照公安局现行的住宿登记规定，'谁登记，谁住宿'。是您登记的房间，而您却把房间让给朋友住，已经违反了住宿登记法。首先，我们就未查核签名式样一事向您郑重道歉。但是，您的朋友在明明知道登记入住的是您的情况下，还在餐厅冒充您的名字签单挂账、肆意消费，其行为属于蓄意欺骗行为。本酒店随时保留上诉的权利。"最后，客人同意结清所有账目。

点评 协商的过程中，在遵照事实的原则之上，一定要据理力争，维护自己的利益，向对方提出职责之内合情合理的要求。这时就不必顾虑你的话会给他什么样的感觉了，必要时还应施加一点儿压力。

案例7

娇娇和丁丁两位小朋友发生了冲突，为此，娇娇的家长要到丁丁的家里面谈此事，他们的谈话是这样开始的：

丁丁家长：欢迎您，有机会见面真高兴！

娇娇家长：是很高兴！可昨天两个孩子不愉快了。

丁丁家长：不急不急，坐下慢慢谈，请坐，喝茶！最近忙吧！

娇娇家长：是忙，太忙了，可孩子的事，再忙也得管啊！

丁丁家长：是啊是啊！看您那么忙，还耽误工夫让您来，真不好意思啊！

结果两位家长在一种和谐的氛围下解决了两个孩子之间的冲突。

点评 当娇娇家长出现在丁丁家门前时，丁丁家长采取了热情接待、询问工作等嘘寒问暖的方式来消除对方的防范心理，使娇娇家长的"临战状态"有所改变，神经松弛下来，戒备解除。协商进行得非常顺利。

案例8

在一次关于交通事故的协商中，肇事者一开始就说："我们是否就程序问题讨论一下？你们同意吗？"

对方回答："好。"这时肇事者又强调一下："那我们双方同意先讨论程序！"

在这一议程结束之后，肇事者又提出：

"下面我们各自做些介绍，行不行？"

"行！"这时他又刻意强调一下：

"刚才我们双方在程序方面已经达成一致意见，而且双方一致认为有必要先行各自介绍情况。"然后问对方：

"那么，可以让我先来介绍吗？"

谁先介绍是无关紧要的，所以对方必然很爽快地答应：

"好！"

点评 这样一连串的“可以！”“同意！”“好！”恰恰是问话人所需要的。这些表示一致的词反复、成串地出现会使协商的气氛变得轻松，人与人之间的关系变得融洽起来，双方的合作精神也容易体现出来。千方百计强调“一致”是使协商取得成功的法宝。

技巧扫描

一、洽谈的技巧

1．不随便评头论足

在洽谈的过程中，一定不要轻易对竞争对手的情况进行评价，并且不谈脱离洽谈主题的其他话题。

2．充分的准备

为了对洽谈的成功有更大的把握，洽谈之前就要先了解对方的情况，不打无准备之仗。并且可以充分利用洽谈休息的时间，与对手进行沟通交流，从中获得更多的信息。

二、协商的技巧

1．调节气氛

协商中，要尽量保持气氛融洽，不与对方发生正面冲突。

2．据理力争

据理力争就是要依据道理，竭力维护自己方面的权益、观点等。

3．消除防范

当协商双方在约定的时间见面时，彼此都会有一种临战心理，因为协商的内容是事先约定的，在准备时必然要对对方的意见、状况做一个分析和估计。这样一来就必然形成相互摸底的局势，甚至对对方派出的代表本人的性格特点等也会做出估计，因此在相互接触时，彼此都免不了会有一点防范心理。要使协商在和谐气氛中进行，就要消除这种防范心理。

4．寻求一致

协商的最终目的就是寻求一致，但在协商过程中免不了会有分歧。在协商时应该尽可能创造“一致”，而每遇有可能不一致的提法则要尽量避免。

实用训练

一、谈谈洽谈与协商的基本原则是什么。谈谈洽谈除了要注意语言技巧之外还应该注意什么。

二、分析下列案例中，推销人员在洽谈的过程中有哪些优点和不足，结合案例谈谈在洽谈的过程中应该注意什么。

1．大华公司的销售人员小王，在洽谈的过程中是这样说的：赵总，你好，我是大华公司的销售人员小王，这是我们产品的资料，你看你们是否感兴趣？

赵总：放我这吧！我感兴趣的话给你打电话。

小王：你看看，我们的设备质量好，而且价格也便宜……

赵总：对不起，我还有个会，我会和你联系的，好吗？

而该公司的另外一名推销员小李则改变了策略。

小李：赵总，您好，我是大华公司的销售人员小李，这是我们产品的资料，您看您是否感兴趣？

赵总：放我这吧！我感兴趣的话给你打电话。

小李：如果用我们的设备，会比您现在用的W型号的设备效率提高30%，而且节能10%……

赵总：效率提高30%？你讲讲。

小李：……

赵总：好、好、好！我将认真考虑你们的设备。

2. 某公司的经理向推销员小王问及另一家公司同类商品的情况，小王为了洽谈成功，就说："您可千万别买他们的产品，他们的服务非常差，您买了肯定后悔。而且他们的产品质量也有问题。"而另外一名推销员则是这样说的："竞争对手的问题我不好说，关于他们的服务、质量您可以打听一下，但是我们的服务、质量我很有信心。"

三、有这样一件有趣的事：据说有一位外国人早晨路过一个报摊，他想买一份报纸却找不到零钱。这时他在报摊上拿起一份报纸，扔下一张拾元钞票，漫不经心地说："找钱罢！"报摊上的老人很生气地说："我可没工夫给你找钱。"从他手中拿回了报纸。

如果是你买家，你会怎样做？

四、认真阅读下面案例，回答问题：意方的戏做得如何？效果如何？他们还有别的方式做戏吗？中方破戏的戏做得怎么样？结合案例谈谈洽谈应该注意什么。

意大利与中国某公司洽谈出售某项技术。双方经过一周的谈判，仍进展缓慢，于是意方代表罗尼先生在前一天进行一次发问后告诉中方代表李先生："还有两天时间可谈判，希望中方配合，在次日拿出新的方案来。"

次日上午，中方李先生在分析的基础上拿出了一个方案，方案比中方原要求（要求意方降价40%）让步5%（要求意方降价35%）。意方罗尼先生讲："李先生，我已降了两次价，计15%，还要再降35%，实在困难。"双方相互解释、争论一阵后，建议休会，下午2:00再谈。

下午复会后，意方先要中方报新的条件，李先生将其定价的基础和理由向意方做了解释并再次要求意方考虑其要求。谈判到4:00时，罗尼先生说："我为表示诚意，向中方拿出最后的价格，请中方考虑，最迟明天12:00以前告诉我是否接受。若不接受我就乘下午2:30的飞机回国。"说着把机票从包里抽出，在李先生面前晃了一下。中方把意方的条件（意方再降5%）理清后，表示仍有困难，但可以研究。谈判即结束。

中方研究意方价格后认为还差15%，但能不能再压价呢？明天怎么答？李先生一方面与领导汇报，与助手、项目单位商量对策，一方面派人调查第二天下午是否有2:30的航班。

结果该日下午2:30没有去欧洲的飞机，李先生认为意方的最后还价、机票是演戏，判定意方还有降价空间，于是在次日10:00给意方去了电话，表示："双方需要进一步协商。中方可以再降5%，即从30%，降到25%。"

意方听到中方有改进的意见后，没有走。

五、实践训练。

以小组为单位，分别扮演企业领导和学生两个角色，组织开展一次就业洽谈会。

附　录

附录 A　国家语言文字工作委员会

关于颁布《普通话水平测试等级标准（试行）》的通知

各省、自治区、直辖市及新疆生产建设兵团语委（语文工作机构）：

为适应新时期推广普通话工作的需要，1986 年全国语言文字工作会议提出制定“普通话水平测试等级标准”的设想。根据会议精神，国家语委于 1988 年成立由国家社会科学基金会资助的“普通话水平测试等级标准”课题组。该课题组历时三年深入调查研究，广泛征求意见，并在若干省市对学校师生和“窗口”行业职工进行试测，在此基础上拟订了《普通话水平测试等级标准》，于 1991 年通过专家论证。1992 年由国家语委原普通话推广司印发给各省、自治区、直辖市试行（国语普[1992]4 号文件）。

该《标准》把普通话水平划分为三个级别（一级可称为标准的普通话，二级可称为比较标准的普通话，三级可称为一般水平的普通话），每个级别内划分甲、乙两个等次。1994 年，国家语委普通话水平测试课题组对该《标准》做了文字修订。国家语委、国家教委、广播电影电视部联合发出的《关于开展普通话水平测试工作的决定》（国语[1994]43 号）将修订后的《标准》作为附件印发给各省市继续试行。试行六年来，该《标准》已为广大群众所熟悉，各地测试实施机构也积累了一定经验。实践证明，该《标准》具有科学性和可行性。为使该《标准》在推广普通话工作中发挥更大的作用，该《标准》经我委再次审订，作为部级标准予以正式颁布，请按照执行。

附件：《普通话水平测试等级标准（试行）》

国家语言文字工作委员会

1997 年 12 月 5 日

附录 B　普通话水平测试等级标准（试行）

（国家语言文字工作委员会 1997 年 12 月 5 日颁布，国语[1997]64 号）

一 级

甲等　朗读和自由交谈时，语音标准，语汇、语法正确无误，语调自然，表达流畅。测试总失分率在 3%以内。

乙等　朗读和自由交谈时，语音标准，语汇、语法正确无误，语调自然，表达流畅。偶有字音、字调失误。测试总失分率在8%以内。

二 级

甲等 朗读和自由交谈时，声韵调发音基本标准，语调自然，表达流畅。少数难点音（平翘舌音、前后鼻尾音、边鼻音等）有时出现失误。词汇、语法极少有误。测试总失分率在13%以内。

乙等 朗读和自由交谈时，个别调值不准，声韵母发音有不到位现象。难点音（平翘舌音、前后鼻尾音、边鼻音、fu-hu、z-zh-j、送气不送气、i-ü不分、保留浊塞音、浊塞擦音、丢介音、复韵母单音化等）较多，失误较多。方言语调不明显。有使用方言词、方言语法的情况。测试总失分率在20%以内。

三 级

甲等 朗读和自由交谈时，声韵母发音失误较多，难点音超出常见范围，声调调值多不准。方言语调较明显。词汇、语法有失误。测试总失分率在30%以内。

乙等 朗读和自由交谈时，声韵调发音失误多，方音特征突出。方言语调明显。词汇、语法失误较多。外地人听其谈话有听不懂的情况。测试总失分率在40%以内。

附录C 容易读错的字词

a

1．挨紧 āi
2．挨打 ái
3．白皑皑 ái
4．狭隘 ài
5．不谙水性 ān
6．熬菜 āo
7．煎熬 áo
8．鏖战 áo
9．拗断 ǎo
10．拗口令 ào

b

1．纵横捭阖 bǎi
2．稗官野史 bài
3．扳平 bān
4．同胞 bāo
5．炮羊肉 bāo
6．剥皮 bāo
7．薄纸 báo
8．并行不悖 bèi
9．蓓蕾 bèi
10．奔波 bēn bō
11．投奔 bèn
12．迸发 bèng
13．包庇 bì
14．麻痹 bì
15．奴颜婢膝 bì
16．刚愎自用 bì
17．复辟 bì
18．濒临 bīn
19．针砭 biān
20．屏气 bǐng
21．摒弃 bìng
22．剥削 bō
23．波涛 bō
24．菠菜 bō
25．停泊 bó
26．淡薄 bó
27．哺育 bǔ

c

1．粗糙 cāo
2．嘈杂 cáo
3．参差 cēn cī
4．差错 chā
5．偏差 chā
6．差距 chā

7. 搽粉 chá
8. 猹 chá
9. 刹那 chà
10. 差遣 chāi
11. 谄媚 chǎn
12. 忏悔 chàn
13. 羼水 chàn
14. 场院 cháng
15. 一场雨 cháng
16. 赔偿 cháng
17. 徜徉 cháng
18. 绰起 chāo
19. 风驰电掣 chè
20. 瞠目结舌 chēng
21. 乘机 chéng
22. 惩前毖后 chéng
23. 惩创 chéng chuàng
24. 驰骋 chěng
25. 鞭笞 chī
26. 痴呆 chī
27. 痴心妄想 chī
28. 白痴 chī
29. 踟蹰 chí chú
30. 奢侈 chǐ
31. 整饬 chì
32. 炽热 chì
33. 不啻 chì
34. 叱咤风云 chì
35. 忧心忡忡 chōng
36. 憧憬 chōng
37. 崇拜 chóng
38. 惆怅 chóu chàng
39. 踌躇 chóu chú
40. 相形见绌 chù
41. 黜免 chù
42. 揣摩 chuǎi
43. 椽子 chuán
44. 创伤 chuāng
45. 凄怆 chuàng
46. 啜泣 chuò
47. 辍学 chuò
48. 宽绰 chuò
49. 瑕疵 cī
50. 伺候 cì
51. 烟囱 cōng
52. 从容 cóng
53. 淙 cóng
54. 一蹴而就 cù
55. 璀璨 cuǐ
56. 忖度 cǔn duó
57. 蹉跎 cuō
58. 挫折 cuò

d

1. 呆板 dāi
2. 答应 dā
3. 逮老鼠 dǎi
4. 逮捕 dài
5. 殚精竭虑 dān
6. 虎视眈眈 dān
7. 肆无忌惮 dàn
8. 档案 dàng
9. 当（本）年 dàng
10. 追悼 dào
11. 提防 dī
12. 瓜熟蒂落 dì
13. 缔造 dì
14. 掂掇 diān duo
15. 玷污 diàn
16. 装订 dīng
17. 订正 dīng
18. 恫吓 dòng
19. 句读 dòu
20. 兑换 duì
21. 踱步 duó

e

1. 阿谀 ē
2. 婀娜 ē
3. 扼要 è

f

1. 菲薄 fěi
2. 沸点 fèi
3. 氛围 fēn
4. 肤浅 fū
5. 敷衍塞责 fū
6. 仿佛 fú
7. 凫水 fú
8. 篇幅 fú
9. 辐射 fú
10. 果脯 fǔ
11. 随声附和 fù

g

1. 准噶尔 gá
2. 大动干戈 gē
3. 诸葛亮 gě
4. 脖颈 gěng
5. 提供 gōng
6. 供销 gōng

7. 供给 gōng jǐ
8. 供不应求 gōng
9. 供认 gòng
10. 口供 gòng
11. 佝偻 gōu
12. 勾当 gòu
13. 骨朵 gū
14. 骨气 gǔ
15. 蛊惑 gǔ
16. 商贾 gǔ
17. 桎梏 gù
18. 粗犷 guǎng
19. 皈依 guī
20. 瑰丽 guī
21. 刽子手 guì
22. 聒噪 guō

h

1. 哈达 hǎ
2. 尸骸 hái
3. 稀罕 hǎn
4. 引吭高歌 háng
5. 沆瀣一气 hàng
6. 干涸 hé
7. 一丘之貉 hé
8. 上颌 hé
9. 喝彩 hè
10. 负荷 hè
11. 蛮横 hèng
12. 飞来横祸 hèng
13. 发横财 hèng
14. 一哄而散 hòng
15. 糊口 hú
16. 囫囵吞枣 hú
17. 华山 huà
18. 怙恶不悛 hù
19. 豢养 huàn
20. 病入膏肓 huāng
21. 讳疾忌医 huì
22. 诲人不倦 huì
23. 阴晦 huì
24. 污秽 huì
25. 浑水摸鱼 hún
26. 混淆 hùn
27. 和泥 huó
28. 搅和 huò
29. 豁达 huò
30. 霍乱 huò

j

1. 茶几 jī
2. 畸形 jī
3. 羁绊 jī
4. 羁旅 jī
5. 放荡不羁 jī
6. 无稽之谈 jī
7. 跻身 jī
8. 通缉令 jī
9. 汲取 jí
10. 即使 jí
11. 开学在即 jí
12. 疾恶如仇 jí
13. 嫉妒 jí
14. 棘手 jí
15. 贫瘠 jí
16. 狼藉 jí
17. 一触即发 jí
18. 脊梁 jǐ
19. 人才济济 jǐ
20. 给予 jǐ
21. 觊觎 jì
22. 成绩 jì
23. 事迹 jì
24. 雪茄 jiā
25. 信笺 jiān
26. 歼灭 jiān
27. 草菅人命 jiān
28. 缄默 jiān
29. 渐染 jiān
30. 眼睑 jiǎn
31. 间断 jiàn
32. 矫枉过正 jiǎo
33. 缴纳 jiǎo
34. 校对 jiào
35. 开花结果 jiē
36. 事情结果 jié
37. 结冰 jié
38. 反诘 jié
39. 拮据 jié jū
40. 攻讦 jié
41. 桔梗 jié
42. 押解 jiè
43. 情不自禁 jīn
44. 根茎叶 jīng
45. 长颈鹿 jǐng
46. 杀一儆百 jǐng
47. 强劲 jìng
48. 劲敌 jìng
49. 劲旅 jìng
50. 痉挛 jìng
51. 抓阄 jiū
52. 针灸 jiǔ
53. 韭菜 jiǔ
54. 内疚 jiù
55. 既往不咎 jiù
56. 狙击 jū
57. 咀嚼 jǔ jué
58. 循规蹈矩 jǔ
59. 矩形 jǔ
60. 沮丧 jǔ

61. 龃龉 jǔ
62. 前倨后恭 jù
63. 镌刻 juān
64. 隽永 juàn
65. 角色 jué
66. 口角 jué
67. 角斗 jué
68. 角逐 jué
69. 倔强 jué jiàng
70. 崛起 jué
71. 猖獗 jué
72. 一蹶不振 jué
73. 诡谲 jué
74. 矍铄 jué
75. 攫取 jué
76. 细菌 jūn
77. 龟裂 jūn
78. 俊杰 jùn
79. 崇山峻岭 jùn
80. 竣工 jùn
81. 隽秀 jùn

k

1. 同仇敌忾 kài
2. 不卑不亢 kàng
3. 坎坷 kě
4. 可汗 kè
5. 恪守 kè
6. 倥偬 kǒng
7. 会计 kuài
8. 窥探 kuī
9. 傀儡 kuǐ

l

1. 邋遢 lā
2. 拉家常 lā
3. 丢三落四 là
4. 书声琅琅 láng
5. 唠叨 láo
6. 落枕 lào
7. 奶酪 lào
8. 勒索 lè
9. 勒紧 lēi
10. 擂鼓 léi
11. 羸弱 léi
12. 果实累累 léi
13. 罪行累累 lěi
14. 擂台 lèi
15. 罹难 lí
16. 潋滟 liàn
17. 打量 liáng
18. 量入为出 liàng
19. 撩水 liāo
20. 撩拨 liáo
21. 寂寥 liáo
22. 瞭望 liào
23. 趔趄 liè
24. 恶劣 liè
25. 雕镂 lòu
26. 贿赂 lù
27. 棕榈 lǘ
28. 掠夺 lüè

m

1. 抹桌子 mā
2. 阴霾 mái
3. 埋怨 mán
4. 耄耋 mào
5. 联袂 mèi
6. 闷热 mēn
7. 扪心自问 mén
8. 愤懑 mèn
9. 蒙头转向 mēng
10. 蒙头盖脸 méng
11. 靡费 mí
12. 萎靡不振 mǐ
13. 静谧 mì
14. 分娩 miǎn
15. 酩酊 mǐng
16. 荒谬 miù
17. 脉脉 mò
18. 抹墙 mò
19. 蓦然回首 mò
20. 牟取 móu
21. 模样 mú

n

1. 羞赧 nǎn
2. 呶呶不休 náo
3. 泥淖 nào
4. 口讷 nè
5. 气馁 něi
6. 拟人 nǐ
7. 隐匿 nì
8. 拘泥 nì
9. 亲昵 nì
10. 拈花惹草 niān
11. 宁死不屈 nìng
12. 泥泞 nìng
13. 忸怩 niǔ ní
14. 执拗 niù
15. 驽马 nú
16. 虐待 nüè

o

偶然 ǒu

p

1. 扒手 pá
2. 迫击炮 pǎi
3. 心宽体胖 pán
4. 蹒跚 pán
5. 滂沱 pāng
6. 彷徨 páng
7. 炮制 páo
8. 咆哮 páo
9. 炮烙 páo
10. 胚胎 pēi
11. 香喷喷 pēn
12. 抨击 pēng
13. 澎湃 péng pài
14. 纰漏 pī
15. 毗邻 pí
16. 癖好 pǐ
17. 否极泰来 pǐ
18. 媲美 pì
19. 扁舟 piān
20. 大腹便便 pián
21. 剽窃 piāo
22. 饿殍 piǎo
23. 乒乓 pīng pāng
24. 湖泊 pō
25. 居心叵测 pǒ
26. 糟粕 pò
27. 解剖 pōu
28. 前仆后断 pū
29. 奴仆 pú
30. 风尘仆仆 pú
31. 玉璞 pú
32. 匍匐 pú fú
33. 瀑布 pù
34. 一曝十寒 pù

q

1. 休戚与共 qī
2. 蹊跷 qī qiāo
3. 祈祷 qí
4. 颀长 qí
5. 歧途 qí
6. 绮丽 qǐ
7. 修葺 qì
8. 休憩 qì
9. 关卡 qiǎ
10. 悭吝 qiān
11. 掮客 qián
12. 潜移默化 qián
13. 虔诚 qián
14. 天堑 qiàn
15. 戕害 qiāng
16. 强迫 qiǎng
17. 勉强 qiǎng
18. 强求 qiǎng
19. 牵强附会 qiǎng
20. 襁褓 qiǎng
21. 翘首远望 qiáo
22. 讥诮 qiào
23. 怯懦 qiè
24. 提纲挈领 qiè
25. 锲而不舍 qiè
26. 惬意 qiè
27. 衾枕 qīn
28. 倾盆大雨 qīng
29. 引擎 qíng
30. 亲家 qìng
31. 曲折 qū
32. 祛 qū
33. 黢黑 qū
34. 水到渠成 qú
35. 清癯 qú
36. 瞿塘峡 qú
37. 通衢大道 qú
38. 龋齿 qǔ
39. 兴趣 qù
40. 面面相觑 qù
41. 债券 quàn
42. 商榷 què
43. 逡巡 qūn
44. 麇集 qún

r

1. 围绕 rào
2. 荏苒 rěn rǎn
3. 稔知 rěn
4. 妊娠 rèn
5. 仍然 réng
6. 冗长 rǒng

s

1. 缫丝 sāo
2. 稼穑 sè
3. 堵塞 sè
4. 刹车 shā
5. 芟除 shān
6. 潸然泪下 shān

7. 禅让 shàn
8. 讪笑 shàn
9. 赡养 shàn
10. 折本 shé
11. 慑服 shè
12. 退避三舍 shè
13. 海市蜃楼 shèn
14. 舐犊之情 shì
15. 教室 shì
16. 有恃无恐 shì
17. 狩猎 shòu
18. 倏忽 shū
19. 束缚 shù fù
20. 刷白 shuà
21. 游说 shuì
22. 吸吮 shǔn
23. 瞬息万变 shùn
24. 怂恿 sǒng
25. 塑料 sù
26. 簌簌 sù
27. 虽然 suī
28. 鬼鬼祟祟 suì
29. 婆娑 suō

t

1. 趿拉 tā
2. 鞭挞 tà
3. 叨光 tāo
4. 熏陶 táo
5. 体己 tī
6. 孝悌 tì
7. 倜傥 tì tǎng
8. 恬不知耻 tián
9. 殄灭 tiǎn
10. 轻佻 tiāo
11. 调皮 tiáo
12. 妥帖 tiē
13. 请帖 tiě
14. 字帖 tiè
15. 恸哭 tòng
16. 如火如荼 tú
17. 湍急 tuān
18. 颓废 tuí
19. 蜕化 tuì
20. 囤积 tún

w

1. 逶迤 wēi
2. 违反 wéi
3. 崔嵬 wéi
4. 冒天下之大不韪 wěi
5. 为虎作伥 wèi
6. 龌龊 wò
7. 斡旋 wò
8. 深恶痛疾 wù

x

1. 膝盖 xī
2. 檄文 xí
3. 狡黠 xiá
4. 厦门 xià
5. 纤维 xiān
6. 翩跹 xiān
7. 屡见不鲜 xiān
8. 垂涎三尺 xián
9. 勾股弦 xián
10. 鲜见 xiǎn
11. 肖像 xiào
12. 采撷 xié
13. 叶韵 xié
14. 纸屑 xiè
15. 机械 xiè
16. 省亲 xǐng
17. 不朽 xiǔ
18. 铜臭 xiù
19. 星宿 xiù
20. 长吁短叹 xū
21. 自诩 xǔ
22. 抚恤金 xù
23. 酗酒 xù
24. 煦暖 xù
25. 眩晕 xuàn
26. 炫耀 xuàn
27. 洞穴 xué
28. 戏谑 xuè
29. 驯服 xùn
30. 徇私舞弊 xùn

y

1. 倾轧 yà
2. 揠苗助长 yà
3. 殷红 yān
4. 湮没 yān
5. 筵席 yán
6. 百花争妍 yán
7. 河沿 yán
8. 偃旗息鼓 yǎn
9. 奄奄一息 yǎn
10. 赝品 yàn
11. 佯装 yáng
12. 怏怏不乐 yàng
13. 安然无恙 yàng
14. 杳无音信 yǎo
15. 窈窈 yǎo

16. 发疟子 yào
17. 耀武扬威 yào
18. 因噎废食 yē
19. 揶揄 yé yú
20. 陶冶 yě
21. 呜咽 yè
22. 摇曳 yè
23. 拜谒 yè
24. 笑靥 yè
25. 甘之如饴 yí
26. 颐和园 yí
27. 迤逦 yǐ
28. 旖旎 yǐ
29. 自怨自艾 yì
30. 游弋 yì
31. 后裔 yì
32. 奇闻轶事 yì
33. 络绎不绝 yì
34. 造诣 yì
35. 友谊 yì
36. 肄业 yì
37. 熠熠闪光 yì
38. 一望无垠 yín
39. 荫凉 yìn
40. 应届 yīng
41. 应承 yìng
42. 应用文 yìng
43. 应试教育 yìng
44. 邮递员 yóu
45. 黑黝黝 yǒu
46. 良莠不齐 yǒu
47. 迂回 yū
48. 向隅而泣 yú
49. 愉快 yú
50. 始终不渝 yú
51. 逾越 yú
52. 年逾古稀 yú
53. 娱乐 yú
54. 舆论 yú
55. 尔虞我诈 yú
56. 伛偻 yǔ
57. 囹圄 yǔ
58. 参与 yù
59. 驾驭 yù
60. 家喻户晓 yù
61. 熨帖 yù
62. 寓情于景 yù
63. 鹬蚌相争 yù
64. 卖儿鬻女 yù
65. 断瓦残垣 yuán
66. 苑囿 yuàn yòu
67. 头晕 yūn
68. 允许 yǔn
69. 晕船 yùn
70. 酝酿 yùn

Z

1. 扎小辫 zā
2. 柳荫匝地 zā
3. 登载 zǎi
4. 载重 zài
5. 载歌载舞 zài
6. 怨声载道 zài
7. 拒载 zài
8. 暂时 zàn
9. 臧否 zāng
10. 宝藏 zàng
11. 确凿 záo
12. 啧啧称赞 zé
13. 咋舌 zé
14. 谮言 zèn
15. 憎恶 zēng
16. 赠送 zèng
17. 驻扎 zhā
18. 咋呼 zhā
19. 挣扎 zhá
20. 札记 zhá
21. 择菜 zhái
22. 占卜 zhān
23. 客栈 zhàn
24. 破绽 zhàn
25. 精湛 zhàn
26. 颤 zhàn
27. 高涨 zhàng
28. 涨价 zhǎng
29. 着慌 zháo
30. 沼泽 zhǎo
31. 召开 zhào
32. 肇事 zhào
33. 折腾 zhē
34. 动辄得咎 zhé
35. 蛰伏 zhé
36. 贬谪 zhé
37. 铁砧 zhēn
38. 日臻完善 zhēn
39. 甄别 zhēn
40. 箴言 zhēn
41. 缜密 zhěn
42. 赈灾 zhèn
43. 症结 zhēng
44. 拯救 zhěng
45. 症候 zhèng
46. 诤友 zhèng
47. 挣脱 zhèng
48. 脂肪 zhī
49. 踯躅 zhí zhú
50. 近在咫尺 zhǐ
51. 博闻强识 zhì
52. 标识 zhì
53. 质量 zhì
54. 脍炙人口 zhì

55. 鳞次栉比 zhì
56. 对峙 zhì
57. 中听 zhōng
58. 中肯 zhòng
59. 刀耕火种 zhòng
60. 胡诌 zhōu
61. 啁啾 zhōu
62. 压轴 zhòu
63. 贮藏 zhù
64. 莺啼鸟啭 zhuàn
65. 撰稿 zhuàn
66. 谆谆 zhūn
67. 弄巧成拙 zhuō
68. 灼热 zhuó
69. 卓越 zhuó
70. 啄木鸟 zhuó
71. 着陆 zhuó
72. 穿着打扮 zhuó
73. 恣意 zì
74. 浸渍 zì
75. 作坊 zuō
76. 柞蚕 zuò

易读错的成语

安步当车（dàng）
安分（fèn）守己
安居乐（lè）业
安土重（zhòng）迁
按捺（nà）不住
按图索骥（jì）
嗷嗷待哺（bǔ）
拔苗助长（zhǎng）
白璧微瑕（xiá）
百发百中（zhòng）
百废俱兴（xīng）
半夜三更（gēng）
杯盘狼藉（jí）
本末倒（dào）置
鞭辟（pì）入里
便（biàn）宜行事
别无长（cháng）物
屏（bǐng）气凝神
屏（bǐng）声息气
并行不悖（bèi）
病入膏肓（huāng）
伯（bó）仲之间
博闻强（qiáng）志
不绝如缕（lǚ）
不可胜数（shǔ）
不念旧恶（è）
不为（wéi）已甚
不屑（xiè）一顾
不省（xǐng）人事
草菅（jiān）人命
草长（zhǎng）莺飞
谄（chǎn）上骄下
参（cēn）差不齐
长歌当（dàng）哭
长吁（xū）短叹
车载（zài）斗量
陈词滥调（diào）
称（chèn）心如意
瞠（chēng）乎其后
瞠（chēng）目结舌
魑魅（mèi）魍魉
出没（mò）无常
出头露（lòu）面
处（chǔ）心积虑
处（chǔ）之泰然
穿红着（zhuó）绿
穿凿（záo）附会
创（chuāng）巨痛深
吹毛求疵（cī）
垂头丧（sàng）气
绰（chuò）绰有余
绰（chuò）约多姿
从（cóng）容不迫
大而无当（dàng）
大腹便便（pián）
大模（mú）大样
大义凛（lǐn）然
大张挞（tà）伐
待价而沽（gū）
箪食（sì）壶浆
弹（dàn）丸之地
当头棒喝（hè）
刀耕火种（zhòng）
得不偿（cháng）失
等量（liàng）齐观
颠倒（dǎo）黑白
颠来倒（dǎo）去
颠三倒（dǎo）四
调（diào）虎离山
丢三落（là）四
东奔（bēn）西走
东倒（dǎo）西歪
东挪（nuó）西借
斗转参（shēn）横
斗（dòu）鸡走狗
多难兴（xīng）邦
多财善贾（gǔ）
咄（duō）咄逼人
夺眶（kuàng）而出
度德量（liàng）力
阿（ē）弥陀佛

阿其所好（hào）
罚不当（dāng）罪
反躬自省（xǐng）
飞来横（hèng）祸
风声鹤唳（lì）
封妻荫（yìn）子
凤鸣朝（zhāo）阳
改朝（cháo）换代
各奔（bèn）前程
功亏一篑（kuì）
沽（gū）名钓誉
冠盖相属（zhǔ）
鬼使神差（chāi）
沆（hàng）瀣一气
好逸恶（wù）劳
涸（hé）泽而渔
呼天抢（qiāng）地
灰心丧（sàng）气
昏定晨省（xǐng）
吉人天相（xiàng）
间（jiān）不容发
教学相长（zhǎng）
岿（kuī）然不动
乐善好（hào）施
寥寥可数（shǔ）
绿（lù）林好汉
毛骨悚（sǒng）然
明窗净几（jī）
模棱（léng）两可
目不转（zhuǎn）睛
拿手好（hǎo）戏
宁（nìng）死不屈
皮开肉绽（zhàn）
片言只（zhī）字
千里迢迢（tiáo）
强（qiǎng）词夺理
翘（qiáo）足而待
轻重倒（dào）置
曲（qǔ）高和寡

阿（ē）谀逢迎
法不阿（ē）贵
犯而不校（jiào）
非分（fèn）之想
风调（tiáo）雨顺
峰回路转（zhuǎn）
桴鼓相应（yìng）
改弦更（gēng）张
各行（xíng）其是
供（gōng）不应求
古为（wéi）今用
规行（xíng）矩步
好（hào）大喜功
好（hào）整以暇
荷（hè）枪实弹
怙恶不悛（quān）
毁家纾难（nàn）
积重（zhòng）难返
急公好（hào）义
将（jiāng）错就错
居心叵（pǒ）测
揆情度（duó）理
力不胜（shèng）任
鳞次栉（zhì）比
麻痹（bì）大意
门当（dāng）户对
明眸善睐（lài）
没（mò）齿不忘
目空（kōng）一切
拈（niān）轻怕重
排难（nàn）解纷
蚍（pí）蜉撼树
气势磅（páng）礴
千丝万缕（lǚ）
强（qiǎng）人所难
切（qiē）磋琢磨
情不自禁（jīn）
全军覆没（mò）
人声鼎沸（fèi）

发人深省（xǐng）
法家拂（bì）士
防不胜（shèng）防
风驰电掣（chè）
风雪载（zài）途
凤冠霞帔（pèi）
负隅（yú）顽抗
刚正不阿（ē）
公诸同好（hào）
觥（gōng）筹交错
寡廉鲜（xiǎn）耻
鬼鬼祟（suì）祟
好（hào）为人师
何乐不为（wéi）
恒河沙数（shù）
患难（nàn）与共
诲淫诲（huì）盗
畸（jī）轻畸重
济（jǐ）济一堂
矫（jiǎo）揉造作
苦心孤诣（yì）
老牛舐（shì）犊
良莠（yǒu）不齐
令人发（fà）指
卖官鬻爵（jué）
面面相觑（qù）
摸门不着（zháo）
目不暇接（jiē）
沐猴而冠（guàn）
宁（nìng）缺毋滥
被（pī）发文身
否（pǐ）极泰来
千钧一发（fà）
千载（zǎi）难逢
翘（qiáo）首而待
亲密无间（jiàn）
屈指可数（shǔ）
热血沸（fèi）腾
日薄（bó）西山

人财两空（kōng）
如火如荼（tú）
弱不禁（jīn）风
丧（sàng）权辱国
深恶（wù）痛疾
鬼蜮伎（jì）俩
夙兴（xīng）夜寐
随声附和（hè）
提纲挈（qiè）领
同仇敌忾（kài）
万头攒（cuán）动
巍然屹（yì）立
为虎作伥（chāng）
闻风丧（sàng）胆
喜怒哀乐（lè）
相形见绌（chù）
心劳日拙（zhuō）
兴（xìng）高采烈
栩（xǔ）栩如生
言归正传（zhuàn）
一脉（mài）相承
一丘之貉（hé）
引吭（háng）高歌
勇冠（guàn）三军
有恃（shì）无恐
晕（yūn）头转向
至纤（xiān）至悉
自怨自艾（yì）
戎马倥偬（zǒng）
乳臭（xiù）未干
散（sǎn）兵游勇
丧（sàng）心病狂
神出鬼没（mò）
海市蜃（shèn）楼
十恶（è）不赦
素昧（mèi）平生
所向披靡（mǐ）
啼饥号（háo）寒
头昏目眩（xuàn）
望洋兴（xīng）叹
为（wéi）富不仁
未雨绸缪（móu）
稳操胜券（quàn）
细针密缕（lǚ）
邂逅（hòu）相遇
心广体胖（pán）
凶神恶煞（shà）
徇（xùn）情枉法
咬文嚼（jiáo）字
一盘散（sǎn）沙
一无是处（chù）
隐晦（huì）曲折
忧心忡（chōng）忡
羽扇纶（guān）巾
知难（nán）而退
抓耳挠（náo）腮
如法炮（páo）制
锐不可当（dāng）
丧（sàng）尽天良
少不更（gēng）事
审时度（duó）势
生杀予（yǔ）夺
拾金不昧（mèi）
随行（háng）就市
腾挪（nuó）跌宕
挑拨离间（jiàn）
玩物丧（sàng）志
威风凛（lǐn）凛
惟妙惟肖（xiào）
温情脉脉（mò）
无的（dì）放矢
弦（xián）外之音
心潮澎湃（pài）
信手拈（niān）来
虚与委蛇（yí）
烟熏火燎（liǎo）
一了百了（liǎo）
一曝（pù）十寒
因噎（yē）废食
应（yīng）有尽有
有求必应（yìng）
圆凿方枘（ruì）
直言不讳（huì）
装模（mú）作样

附录D　普通话水平测试题（一）

一、读单音节字词100个

铡 zhá	白 bái	杀 shā	鹤 hè	痣 zhì	舌 shé	逮 dài
若 ruò	池 chí	筛 shāi	得 dé	字 zì	给 gěi	二 èr
鳃 sāi	棉 mián	宰 zǎi	拣 jiǎn	凹 āo	淋 lín	槽 cáo

品 pǐn	朝 zhāo	腔 qiāng	挠 náo	巷 xiàng	泡 pào	柄 bǐng
藕 ǒu	另 lìng	邹 zōu	氢 qīng	轴 zhóu	腹 fù	岸 àn
努 nǔ	榄 lǎn	筑 zhù	瘫 tān	哭 kū	判 pàn	粗 cū
忍 rěn	藏 cáng	午 wǔ	缸gāng	震 zhèn	纺 fǎng	挂guà
忙 máng	耍 shuǎ	憎 zēng	祸 huò	乘 chéng	索 suǒ	正 zhèng
踹 chuài	缝 féng	坏 huài	梦 mèng	隋 suí	戏 xì	褪 tuì
溺 nì	霞 xiá	款 kuǎn	颊 jiá	环 huán	掖 yè	蒜 suàn
谢 xiè	弯 wān	爹 diē	舜 shùn	飘 piāo	损 sǔn	表 biǎo
闯 chuǎng	修 xiū	撞 zhuàng	玖 jiǔ	童 tóng	约 yuē	胸 xiōng
劝 quàn	孔 kǒng	徐 xú	绒 róng	俊 jùn	翁 wēng	略 lüè
宋 sòng	群 qún	掘 jué	总 zǒng	荀 xún	穷 qióng	旅 lǚ
婶 shěn	卷 juàn					

二、读双音节字词 50 个

把手	美妙	盆地	逆流	铁道	强盛	凝结
快速	轮廓	居然	酗酒	略微	穷苦	捐献
雄壮	法郎	配合	号召	约会	北面	反映
一下儿	运动	放心	更加	小孩儿	普遍	亲戚
抓紧	有点儿	讲座	推广	问题	群众	原料
荣辱	闯荡	酸楚	琐碎	串供	催促	婶婶
揣测	耍弄	惨败	傻眼	死扣儿	崽子	使馆
早产						

三、朗读

雨声渐渐地住了，窗帘后隐隐地透进清光来。推开窗户一看，呀！凉云散了，树叶上的残滴，映着月儿，好似萤光千点，闪闪烁烁地动着—— 真没想到苦雨孤灯之后，会有这么一幅清美的图画！凭窗站了一会儿，微微地觉着凉意侵入。转过身来，忽然眼花缭乱，屋子里的别的东西，都隐在光云里；一片幽辉，只浸着墙上画中的安琪儿。—— 这白衣的安琪儿，抱着花儿，扬着翅儿，向着我微微地笑。“这笑容仿佛在哪里看见过似的，什么时候，我曾……”我不知不觉地便坐在窗下想—— 默默地想。严闭的心幕，慢慢地拉开了，涌出五年前的一个印象——一条很长的古道。驴脚下的泥，兀自滑滑的。田沟里的水，潺潺地流着。近村的绿树都笼在湿烟里。弓儿似的新月，挂在树梢。一边走着，似乎道旁有一个孩子，抱着一堆灿白的东西。驴儿过去了，无意中回头一看—— 他抱着花，赤着脚儿，向着我微微地笑。“这笑容又仿佛在哪儿见过似的！”我仍是想—— 默默地想。又现出一重心幕来，也慢慢地拉开了，涌出十年前的一个印象—— 茅檐下的雨水，一滴一滴地落到衣上来。土阶边的水泡儿，泛来泛去地乱转。门前的麦垄和葡萄架子，都濯得新黄嫩绿的非常艳丽。

（节选自冰心《笑》）

四、说话（任选一个题目说 3～4 分钟）

1. 对“假日经济”的看法
2. 我的读书生活

附录E　普通话水平测试题（二）

一、读单音节字词 100 个

偶 ǒu	铡 zhá	红 hóng	我 wǒ	姨 yí	秋 qiū	次 cì
剜 wān	逮 dài	平 píng	翁 wēng	挠 náo	氧 yǎng	食 shí
判 pàn	镖 biāo	佣 yōng	涩 sè	糖 táng	野 yě	敏 mǐn
痣 zhì	丢 diū	遍 biàn	捐 juān	而 ér	仍 réng	接 jiē
水 shuǐ	日 rì	音 yīn	劣 liè	奖 jiǎng	花 huā	邹 zōu
源 yuán	兄 xiōng	咱 zán	润 rùn	发 fā	旬 xún	线 xiàn
扯 chě	拐guǎi	虐 nüè	品 pǐn	爱 ài	尚 shàng	约 yuē
劝 quàn	梦 mèng	留 liú	共gòng	撕 sī	否 fǒu	案 àn
框 kuàng	旅 lǚ	搓 cuō	瘫 tān	踹 chuài	蛙 wā	踩 cǎi
纫 rèn	怀 huái	襄 xiāng	瓜guā	俩 liǎ	主 zhǔ	撒 sā/sǎ
鸣 míng	准 zhǔn	击 jī	穿 chuān	嘣 bēng	迟 chí	肥 féi
均 jūn	窜 cuàn	混 hùn	销 xiāo	偏 piān	苔 tái	醉 zuì
你 nǐ	擂 léi	阔 kuò	缺 quē	克 kè	胞 bāo	裆 dāng
女 nǚ	苏 sū	子 zǐ	氢 qīng	申 shēn	门 mén	光 guāng
掐 qiā	度 dù					

二、读双音节词语 50 个

选举	鹌鹑	用力	军事	豆芽儿	赌博	运输
原则	恳请	全面	草包	约会	女子	旅馆
光明	荒唐	削弱	死扣儿	海洋	痛快	遵守
暖气	推动	挂号	抓紧	恐怖	牛奶	支持
描写	灯笼	穷人	群岛	略微	装配	旦角儿
损坏	着想	柠檬	硫酸	藕节儿	夹杂	篡改
怪癖	耍滑	飘洒	帮厨	搀扶	非分	惨然
恶心						

三、朗读

那时候刚好下着雨，柏油路面湿冷冷的，还闪烁着青、黄、红颜色的灯光。我们就在骑楼下躲雨，看绿色的邮筒孤独地站在街的对面。我白色风衣的大口袋里有一封要寄给在南部的母亲的信。樱子说，她可以撑伞过去帮我寄信。我默默点头，把信交给她。“谁叫我们只带一把小伞哪。”她微笑着说，一面撑起伞，准备过马路去帮我寄信。从她伞骨渗下来的小雨点溅在我眼镜玻璃上。随着一声尖厉的刹车声，樱子的一生轻轻地飞了起来，缓缓地，飘落在冷湿的街面，好像一只夜晚的蝴蝶。虽然是春天，好像已是深秋了。她只是过马路去帮我寄信。这样简单的动作，却要叫我终生难忘了。我缓缓睁开眼，茫然站在骑楼下，眼里裹着滚烫的泪水。世上所有的车子都停了下来，人潮涌向马路中央。没有人知道那躺在街面的，就是我的蝴蝶。这时，她只离我五公尺，竟是那么遥远。更大的雨点溅在我的眼镜上，溅到我的生命里。为什么呢，只带一把伞？然而我又看到樱子穿着白色的风衣，撑着伞，静静地过马路了。她是要帮我寄信的。那，那是一封写给在南部的母亲的信，我茫然站在骑楼下，我又看到永远的樱子走到街心。其实雨下得并不很大，却是一生一世中最大的一场雨。而那封信是这样写的，年轻的樱子知不知道呢？妈妈：我打算在下个月和樱子结婚。

（节选自陈启佑《永远的蝴蝶》）

四、说话（任选一个题目说3～4分钟）

1．环境与生存
2．我最尊敬的一个人

参考文献

[1] 王光耀．这样说话最有效[M]．北京：中国长安出版社，2006．
[2] 卓雅．说话的艺术全集[M]．北京：中国城市出版社，2009．
[3] 憨氏．精通说话技巧[M]．呼伦贝尔：内蒙古文化出版社，2007．
[4] 智言．青年必备实用口才全书[M]．呼和浩特：内蒙古人民出版社，2001．
[5] 张遗成．思维与口才训练[M]．北京：中国商业出版社，2001．
[6] 麻美英．现代实用礼仪[M]．杭州：浙江大学出版社，2002．
[7] 交际与口才杂志社．学生实用口才[M]．上海：上海社会科学院出版社，2003．
[8] 牛殿庆．口才、社交与礼仪教程[M]．上海：上海财经大学出版社，2007．
[9] 胡大奎，金锦英．社交口语学练指导[M]．北京：高等教育出版社，1994．
[10] 李建南．口语交际的艺术[M]．北京：中国青年出版社，1994．
[11] 李晓华．实用口语技能[M]．郑州：河南人民出版社，1991．
[12] 张波．口才与交际[M]．北京：机械工业出版社，2008．
[13] 郑红梅．口语实训教程[M]．杭州：浙江大学出版社，2004．
[14] 高捍东．有效演讲口才技能[M]．长沙：中南大学出版社，2002．
[15] 李元授，邹昆山．演讲学[M]．武汉：华中科技大学出版社，2003．
[16] 刘建祥．演讲与口才应用知识大全[M]．长沙：湖南人民出版社，2006．
[17] 张韬，施春华，尹凤芝．沟通与演讲[M]．北京：清华大学出版社，2005．
[18] 徐左平．演讲与口才[M]．杭州：浙江大学出版社，2007．
[19] 陈国强．面试礼仪与口才[M]．北京：中国经济出版社，2008．